「学びの場」を変えたいすべての人へ

インタラクティブ・ティーチング
――アクティブ・ラーニングを促す授業づくり――

[編著]
栗田佳代子 東京大学准教授
日本教育研究イノベーションセンター

河合出版

はじめに

　本書を手にとっていただきありがとうございます。
　「いかに教えたか」から「いかに学んだか」へ。現在、教育は大きな転換期にあります。インターネット環境が飛躍的に進歩している今、単なる知識獲得は動画等がその役目を果たしつつあり、学ぶ者が直接顔をあわせる教室という場および教員の存在価値が改めて問われています。また、「学ぶ」ということも、従来のいわゆる知識の詰め込みではなく、問題の解決さらには問題を発見する、といった、より深い活動が目指されるようになってきました。そのためには「学習者の主体的な学び」が重要であり、こうした学びの姿勢をいかに引き出し、支え、促進できるのか、そして、教育者として自身はどうありたいのか、教員はこれらの問いに今までよりもずっと真摯に向かいあわなくてはいけません。

　本書は、こうした教育者のあり方に必要と思われる基礎的な内容を扱っており、2014年に公開された同名のオンライン講座「インタラクティブ・ティーチング」の内容および発展的事項に基づいています。この講座は一般財団法人日本教育研究イノベーションセンターの支援・協力を得て、東京大学 大学総合教育研究センターが社会貢献事業として企画・実施しました。

　このオンライン講座は、日本語MOOCプラットフォーム*のgaccoにおいて8週間のプログラムとして公開されました。大学教員を目指す大学院生および経験の浅い大学教員を想定して設計されたものでしたが、実際には高等教育関係者だけではなく、初等中等教育機関の教員や民間企業の人材育成部門関係者等多岐にわたった他、世界44カ国からの受講登録がありました。結果として、2014年11月から2016年9月にかけて4回にわたって開講され、受講登録者数は総計約25,000人に至りました。オンライン講座開講中は、ディスカッションボードでは建設的かつ活発な議論が続き、各所で自主的な勉強会が開催される等、オンラインの場およびリアルの場での学習者中心の学習活動がみられました。

　そして、閉講後の今、こうした内容を継続して学習する必要性が多くの方々から要望として寄せられ、誕生したのが本書です。

　本書が想定する読者は、オンライン講座と同じく、基本的に大学教員を目指す大学院生および経験の浅い大学教員であり、高等教育の現場を中心にしています。しかしながら、教育の転換は、高等教育の現場にとどまりません。初等中等教育機関の教員や民間企業の人材開発担当の方々など「学習者の主体的な学び」を大切にしたいと考える方々にとっても役立つ内容であると考えています。ぜひ本書を手に、教育を変えていきましょう。

2017年2月吉日
栗田佳代子

＊MOOCはMassive Open Online Courseの略で大規模無料オンライン講座と訳される。海外ではこれらの講座を提供するプラットフォームとしてCoursera, edX, Udacity, Future Learn等が有名であるが、gaccoは日本語で提供されるプラットフォームの一つである。

本書の構成と使い方

　本書は、オンライン講座「インタラクティブ・ティーチング」の内容をもとに構成されています。このオンライン講座は8週間のプログラムであり、毎週の内容が、基礎的な授業づくりなど教授知識に関する「ナレッジ・セッション」、場の作り方やファシリテーションなど教授技術に関する「スキル・セッション」、専門家との教育に関する対談「ストーリー・セッション」の3部構成でした。これらをもとに本書の構成を説明すると、第1章から第8章までが「ナレッジ・セッション」、第9章が「スキル・セッション」、第10章が「ストーリー・セッション」に相当します。

　このオンライン講座はより良い大学教員を目指す人に向けた「東京大学フューチャーファカルティプログラム」を基盤にしているため、本書も高等教育関係者を読者として想定していますが、本書が目指す「学習者が主体的に学ぶ授業づくり」は、初等中等教育、あるいは企業研修の場などにも広く共通すると考えられることから、これらの方々のお役に立つと考えられます。

　オンライン講座の動画は、現在は東大FDのサイト（http://www.utokyofd.com/mooc）で視聴可能です。本書はこれらの動画を視聴する傍らのテキストとしてお使いいただけますし、動画を参照せず、本書のみでも学習することができます。

　各章には随所に問いが設定されていますので、それらに各自で取り組んでみてください。また、章末には確認問題がありますから、学んだことの確認に活用してください。更に、資料としてクラスデザインシートなど各種ワークシートがありますので、適宜ご利用ください。

　以下に、本書の内容について説明します。

ナレッジ・セッション ― 第1章〜第8章

　ナレッジ・セッションは全部で8章の構成で「学生が主体的に学ぶ」教育力に必要な知識をとりあげます。各章はオンライン講座の構成に加えて、関連内容が新たに追加されています。ここでは、各章の学習内容の関係性について、下記グラフィック・シラバスと呼ばれる、学習内容の関係性を示した図によって説明します（第5章参照）。図の「ナレッジ」という部分をご覧ください。

　ここでは、ロッククライミングの場面が示されており、少し先を登る教員に学習者が続き、両者とも上を目指して登っているところで「教育」を例えています。どうすれば学生がロッククライミ

ングを楽しみ自ら登っていけるのか、そのために必要な知識を授けサポートするのが教員の役割です。斜めの文字で表現されているのが、このナレッジ・セッションで扱うテーマです。

　少し詳しくみていきましょう。少し先を登る教員が、何かを手渡して学習者を助けようとしているのがわかるでしょうか。この手渡しているものが「授業」です。そして、この「授業」が拡大されて右下に表されています。ここでの「授業」は一つの科目を指し「コース」と呼びます。コース全体を通して「目的・目標」があり、その目的・目標を実現するための「内容」、そして、目的・目標の達成を確認する「評価」という構成です。本書では「コース」のあり方をシラバスの作成という観点から第5章にてとりあげます。さらに「コース」は、例えば90分の「クラス」の集合によって構成されます。「クラス」もまた、「目的・目標」、「内容」、「評価」からなり、これらについて「クラスデザイン」として第4章でとりあげます。また、各クラスの内容を学習者に主体的に学んでもらうため「アクティブ・ラーニング」についてとりあげますが、これについては第1章および第2章で扱います。さらに、「クラス」にも「コース」にも、目的・目標を確認したり、学習を促すために「評価」があります。これは第6章で学びます。

　また、教員がいくら良い授業を提供しても、教員が学習者側のモチベーションや熟達の仕方などの理解をしていなければ、学習者の学びにはつながりません。そうした「学習の科学」について第3章で扱います。

　更に、教員自身も身をおく高等教育という環境や自身のキャリアパスについて考える必要があります。高等教育の現状はいわばロッククライミングにおける岩肌の理解に例えられますが、これを第7章で、そして、自身のあり方や今後について考えることを第8章でとりあげます。

　以上がナレッジ・セッションの構成です。グラフィック・シラバスの説明の順番と章立ての順序が異なっていますが、最初の章の方がよりとりかかりやすく、章が進むにしたがい高等教育の専門性が高くなるように並んでいます。

スキル・セッション ― 第9章

　第9章がスキル・セッションです。各節はオンライン講座の各週の内容を書きおろしたもので、見出しのとおり、授業を行う際の伝えるための技術を扱います。伝え方の本質、空間のつくり方、伝わる話し方、緊張のほぐし方、リアクションの生み出し方、そして、質疑応答、まとめ、という順に学びます。第9章は動画とともに学習することをおすすめします。

ストーリー・セッション ― 第10章

　第10章がストーリー・セッションです。教育に関する先達との対談形式で提供された多彩な教育観をまとめています。大学教員だけでなく、多彩な顔ぶれからなる専門家の知見に富んだ対話をまとめています。

巻末「資料・付録」

　資料および付録を巻末にまとめました。第1章から第8章までの確認問題の解答と解説の他、クラスデザインシート、シラバスの例、およびルーブリックの事例、SAPチャートなどをおさめています。また、講座スタッフの編集後記も所収しました。

本書と動画の対照表

　本書の内容と動画（http://www.utokyofd.com/mooc）の対応についてまとめたものです。動画を参照しながらの学習の際にお役立てください。なお、本書は動画の内容に加筆・修正を行っているため、完全には対応しておりません。動画のないところおよび内容が異なるところもある点をご了承ください。

本書	動画
1.1. アクティブ・ラーニングとは	Week1-1, 1-2
1.2. アクティブ・ラーニングの現状	Week1-3
1.3. アクティブ・ラーニングを選ぶ	Week1-4
1.4. アクティブ・ラーニングの方法を適用する	Week1-5
1.5. アクティブ・ラーニングの方法の効果	なし
1.6. 初回の授業：自己紹介の意義	Week1-6
2.1. シンク・ペア・シェア	Week2-1, 2-2
2.2. ジグソー法	Week2-3
2.3. ポスターツアー	Week2-4
2.4. ピア・インストラクション	Week2-5
2.5. 大人数講義で使えるアクティブ・ラーニングの技法	なし
3.1. モチベーション	Week3-1, 3-2, 3-3
3.2. ARCS モデル	なし
3.3. 熟達への道	Week3-4
3.4. 練習とフィードバック	Week3-5
3.5. なぜ学習の科学を学ぶのか	なし
4.1. クラス・デザインの意義	Week4-1, 4-2
4.2. ADDIE モデル	Week4-2, 4-3
4.3. クラス構成の基本型	Week4-4
4.4. デザインシートの利用	Week4-5
4.5. デザインシートを使いこなす	なし
5.1. もっとあるシラバスの役割	Week5-1, 5-2
5.2. 目的と目標の設定	Week5-3
5.3. スケジュールのデザイン	Week5-4
5.4. 授業の構造の可視化	Week5-5
5.5. 評価情報の書き方	Week5-6
5.6. 授業の目標を設定してみよう	Week5-7
6.1. 評価の目的	Week6-1, 6-2
6.2. 評価を設定する際のポイント	Week6-3

6.3.	ルーブリック	Week6-4, 6-5
7.1.	変わりゆく大学	Week7-1, 7-2
7.2.	大学教員のあり方	Week7-3
7.3.	目指す大学教員像を考える	Week7-4
7.4.	理想の大学教員像	Week7-5
8.1.	構造化アカデミック・ポートフォリオ（SAP）	Week8-1, 8-2
8.2.	構造化アカデミック・ポートフォリオ・チャート（SAP チャート）	Week8-3
8.3.	SAP チャートの作成 1：はじめに・教育	Week8-4
8.4.	SAP チャートの作成 2：研究	Week8-5
8.5.	SAP チャートの作成 3：サービス・総合	Week8-6
9.1.	スキルの哲学：肝心なものは目に見えない	スキル 1
9.2.	導入編 1：空間をつくる	スキル 2
9.3.	導入編 2：伝わる話し方	スキル 3
9.4.	交流編 1：まずは自分の緊張をほぐす	スキル 4
9.5.	交流編 2：リアクションを生み出すために	スキル 5
9.6.	質疑応答 1：伝え方について	スキル 6
9.7.	質疑応答 2：クラスルーム・コントロールについて	スキル 7
9.8.	まとめ：失敗を恐れるな	スキル 8
10.1.	平岡秀一「理系のアクティブ・ラーニング」	ストーリー1
10.2.	髙木晴夫「経営学のケースメソッド」	ストーリー2
10.3.	本田由紀「講読票と二本のマイクで行う『教育社会学概論』の授業」	ストーリー3
10.4.	三宅なほみ「協調学習における『知識構成型ジグソー法』」	ストーリー4
10.5.	渋谷まさと「『解剖生理学』におけるアクティブ・ラーニング型授業」	ストーリー5
10.6.	上田信行「プロジェクト型学習に学生を巻き込む」	ストーリー6
10.7.	斎藤兆史「講義一辺倒から進化する英語教育の現在と課題」	ストーリー7
10.8.	苅谷剛彦「オックスブリッジのチュートリアルと大学教員の育成」	ストーリー8
10.9.	ヘルマン・ゴチェフスキ「音楽史を学ぶのではなく音楽史をつくる」	ストーリー9
10.10.	山邉昭則「学習者とともに創る授業」	ストーリー10
10.11.	入江直樹「まだわかっていないことをテーマに生物学を考える」	ストーリー11
10.12.	加藤雅則「社会人向けワークショップでのアクションラーニング」	ストーリー12
10.13.	山内祐平「MOOC、反転授業、対面授業」	ストーリー13
10.14.	浅田孝紀「演劇の要素をとりいれた高校『古典』の授業」	ストーリー14
10.15.	吉見俊哉「マクロな立場から見た『高等教育』」	ストーリー15

目次

はじめに ………… 1
本書の構成と使い方 ………… 2
本書と動画の対照表 ………… 4

第1章　アクティブ・ラーニングの基礎　　10

1.1. アクティブ・ラーニングとは ………… 10
1.2. アクティブ・ラーニングの現状 ………… 12
1.3. アクティブ・ラーニングを選ぶ ………… 18
1.4. アクティブ・ラーニングの方法を適用する ………… 20
1.5. アクティブ・ラーニングの方法の効果 ………… 21
1.6. 初回の授業：自己紹介の意義 ………… 21
　　第1章　確認問題 ………… 24
　　参考文献 ………… 25

第2章　アクティブ・ラーニングの技法　　27

2.1. シンク・ペア・シェア ………… 27
2.2. ジグソー法 ………… 29
2.3. ポスターツアー ………… 31
2.4. ピア・インストラクション ………… 34
2.5. 大人数講義で使えるアクティブ・ラーニングの技法 ………… 36
　　第2章　確認問題 ………… 38
　　参考文献 ………… 39

第3章　学習の科学　　41

3.1. モチベーション ………… 41
3.2. ARCSモデル ………… 45
3.3. 熟達への道 ………… 47
3.4. 練習とフィードバック ………… 50
3.5. なぜ学習の科学を学ぶのか ………… 52
　　第3章　確認問題 ………… 53
　　参考文献 ………… 54

第4章 90分授業のデザイン　　55

- 4．1．クラス・デザインの意義 …………… 55
- 4．2．ADDIEモデル …………… 56
- 4．3．クラス構成の基本型 …………… 62
- 4．4．デザインシートの利用 …………… 66
- 4．5．デザインシートを使いこなす …………… 67
  - 第4章　確認問題 …………… 68
  - 参考文献 …………… 70

第5章　もっと使えるシラバスを書こう　　71

- 5．1．もっとあるシラバスの役割 …………… 71
- 5．2．目的と目標の設定 …………… 73
- 5．3．スケジュールのデザイン …………… 76
- 5．4．授業の構造の可視化 …………… 78
- 5．5．評価情報の書き方 …………… 86
- 5．6．授業の目標を設定してみよう …………… 88
  - 第5章　確認問題 …………… 89
  - 参考文献 …………… 90

第6章　学びを促す評価　　91

- 6．1．評価の目的 …………… 91
- 6．2．評価を設定する際のポイント …………… 92
- 6．3．ルーブリック …………… 94
  - 第6章　確認問題 …………… 103
  - 参考文献 …………… 104

第7章　大学教員としてのあり方　　105

- 7．1．変わりゆく大学 …………… 105
- 7．2．大学教員のあり方 …………… 109
- 7．3．目指す大学教員像を考える …………… 112
- 7．4．理想の大学教員像 …………… 114
  - 第7章　確認問題 …………… 117
  - 参考文献 …………… 118

第8章　ポートフォリオの作成　119

- 8．1．構造化アカデミック・ポートフォリオ（SAP）……………119
- 8．2．構造化アカデミック・ポートフォリオ・チャート（SAPチャート）……………121
- 8．3．SAPチャートの作成1：はじめに・教育……………123
- 8．4．SAPチャートの作成2：研究……………125
- 8．5．SAPチャートの作成3：サービス・統合……………127
  - 第8章　確認問題……………129
  - 参考文献……………130

第9章　伝え方のスキル　131

- 9．1．スキルの哲学：肝心なものは目に見えない……………131
- 9．2．導入編1：空間をつくる……………132
- 9．3．導入編2：伝わる話し方……………134
- 9．4．交流編1：まずは自分の緊張をほぐす……………136
- 9．5．交流編2：リアクションを生み出すために……………137
- 9．6．質疑応答1：伝え方について……………138
- 9．7．質疑応答2：クラスルーム・コントロールについて……………139
- 9．8．まとめ：失敗を恐れるな……………140

第10章　先達に学ぶ　142

- 10．1．平岡秀一「理系のアクティブ・ラーニング」……………142
- 10．2．髙木晴夫「経営学のケースメソッド」……………146
- 10．3．本田由紀「講読票と二本のマイクで行う『教育社会学概論』の授業」……………150
- 10．4．三宅なほみ「協調学習における『知識構成型ジグソー法』」……………154
- 10．5．渋谷まさと「『解剖生理学』におけるアクティブ・ラーニング型授業」……………158
- 10．6．上田信行「プロジェクト型学習に学生を巻き込む」……………162
- 10．7．斎藤兆史「講義一辺倒から進化する英語教育の現在と課題」……………166
- 10．8．苅谷剛彦「オックスブリッジのチュートリアルと大学教員の育成」……………170
- 10．9．ヘルマン・ゴチェフスキ「音楽史を学ぶのではなく音楽史をつくる」……………174
- 10．10．山邉昭則「学習者とともに創る授業」……………178
- 10．11．入江直樹「まだわかっていないことをテーマに生物学を考える」……………182
- 10．12．加藤雅則「社会人向けワークショップでのアクションラーニング」……………186
- 10．13．山内祐平「MOOC、反転授業、対面授業」……………190
- 10．14．浅田孝紀「演劇の要素をとりいれた高校『古典』の授業」……………194
- 10．15．吉見俊哉「マクロな立場から見た『高等教育』」……………198

資料・付録　　203

1．確認問題の解答・解説 …………… 203
2．クラスデザインシート …………… 208
3．クラスデザインシートの記入例 …………… 210
4．シラバスの事例：東京大学フューチャーファカルティプログラム …………… 212
5．ルーブリック採点用レポート課題とルーブリック …………… 218
6．SAP チャート …………… 221
7．オンライン講座「インタラクティブ・ティーチング」講師・スタッフ紹介 …………… 222
8．講座スタッフの編集後記「オンライン講座の舞台裏」…………… 226

執筆者一覧 …………… 231
おわりに …………… 232

第1章 アクティブ・ラーニングの基礎

1.1. アクティブ・ラーニングとは

ここでは「アクティブ・ラーニング」について理解を深めていきましょう。以下が本章の目的と到達目標です。

> **目的** アクティブ・ラーニングについて理解を深める
> **目標** アクティブ・ラーニングとは何かを説明できる
> アクティブ・ラーニングの現状を説明できる
> アクティブ・ラーニングの手法を的確に適用できる

まず、アクティブ・ラーニングとは何かについて、その定義や近年の動向を確認します。そのうえで、授業にどのように適用するのかについて考えていきます。そして、最終節において、インタラクティブな授業の要となる、初回の授業での自己紹介について考えます。

1.1.1. アクティブ・ラーニングって何でしょう？

近年「アクティブ・ラーニング」という言葉を耳にすることが多くなってきたのではないかと思います。皆さんは「アクティブ・ラーニング」をどうとらえていますか。

もっとも学んだと感じたあなたの考える「アクティブ・ラーニング」を書いてください。何の科目で、先生はどう指示をし、学生はどんな活動をしていましたか。

「アクティブ・ラーニングって何ですか」と聞かれたらどう説明しますか。
書き出してみましょう。

1.1.2. 日本におけるアクティブ・ラーニングをめぐる取り組み

近年、社会情勢・構造の変化、技術の進展等を受け、教育機関に求められる教育のあり方が大きく変わってきています。それに対応するための主な動向を表1にまとめました。

表1　教育関連の政策

2012 年	答申「新たな未来を築くための大学教育の質的転換に向けて〜生涯学び続け、主体的に考える力を育成する大学へ〜」
2013 年	第二期教育振興基本計画
2014 年	大学教育再生加速プログラム開始 答申「新しい時代にふさわしい高大接続の実現に向けた高等学校教育、大学教育、大学入学者選抜の一体的改革について」

「答申」とは、中央教育審議会から出され、文部科学省が打ち出す政策に大きく影響を与える文書ですが、2012 年、2014 年の答申にはいずれも「アクティブ・ラーニング」という言葉が登場します。

第二期教育振興基本計画には、「アクティブ・ラーニングの推進」がうたわれています。また、2014 年に開始された大学教育再生加速プログラムは、「国として進めるべき大学教育改革を一層推進するため、教育再生実行会議等で示された新たな方向性に合致した先進的な取り組みを実施する大学を支援することを目的として」いるものです。開始一年目にはテーマの一つとしてアクティブ・ラーニングがとりあげられました。

このようにアクティブ・ラーニングは教育において注目されています。ただし、「注目されているから」ではなく、「学びを促すから重要である」という意識が重要です。

1.1.3. アクティブ・ラーニングの定義

次にアクティブ・ラーニングはどのように定義されているのか、見てみましょう。

- ◆学生を巻き込んだ、学生自身が活動し、その活動自体について思考する取り組みの全て（Bonwell & Eison, 1991）
- ◆授業において、学生が単に「見たり」「聞いたり」「ノートをとったり」する以上の活動をするようデザインされた教授内容に関係すること全て（Felder & Brent, 2009）
- ◆教員による一方向的な講義形式の教育とは異なり、学習者の能動的な学習への参加を取り入れた教授・学習法の総称（中央教育審議会, 2012）

これらの定義からいえることは、アクティブ・ラーニングとは能動的な学習の総称であること、そして、大変広い概念であることです。

これらの定義に加え、更に「能動的」の中身について言及されたアクティブ・ラーニングの定義を紹介します。「活動自体について考えることである」というメタ認知への言及や、「認知プロセス

の外化を伴う」という側面もアクティブ・ラーニングを理解するうえでは重要でしょう。

◆ 活動および活動自体について考える（メタ認知）こと（Bonwell & Eison, 1991）
◆ 一方向的な知識伝達型講義を聴くという（受動的）学習を乗り越える意味での、あらゆる能動的な学習のこと。能動的な学習には、書く・話す・発表するなどの活動への関与と、そこで生じる認知プロセスの外化を伴う（溝上, 2014）

1.1.4. アクティブ・ラーニングを促す方法

　アクティブ・ラーニングについて理解すべき重要なことは、あくまでもアクティブ・ラーニングの方法は、学生の学習を促す手段であって目的ではない、ということです。アクティブ・ラーニングの方法は「目の前にいる学生の学びを促すかどうか」という点から選択されなくてはいけません。
　また、「活発な議論に見えて雑談になっている」「一見静かだが学生の脳はフル回転している」こともあり得ます。学ぶ主体である学生を理解し、学生が学ぶべき内容を確かに学ぶためにもっとも適した方法は何か、そして、どのようなファシリテーションが必要か、どのくらい時間をかけるのか、といったことを勘案してアクティブ・ラーニングの方法を選び、本来の学習目的を見失わないようにすることがもっとも重要です。

1.2. アクティブ・ラーニングの現状

　ここでは、栗田（東京大学）と成田（一般財団法人日本教育研究イノベーションセンター、河合塾）の対話形式で、アクティブ・ラーニングの現状についてとりあげます。

栗田　ここでは、「アクティブ・ラーニングの現状」について、河合塾の教育イノベーション本部に所属され、そして初年次教育学会理事でもいらっしゃる成田先生に、河合塾が取り組む「大学のアクティブラーニング調査」での知見をもとにお話しいただきます。では、河合塾での調査の背景からおうかがいします。

成田　河合塾がこの調査に取り組んだことには、二つの理由があります。
　第一に、社会の変化に対応した教育がどれほど充実しているのかを把握したかったということです。近年、社会の変容とともに、学生が社会で求められている力（表2）も変わってきており、これに大学教育がどう対応しているのかを調査したいと考えました。
　加えて第二に、偏差値に代わる大学選びの指標を開発したかったということです。ここには、社会が変容するなかで、受験学力を中心とした偏差値だけで大学を評価していていいのかという問題意識がありました。

表2 社会で求められている力

社会人基礎力（経済産業省）
1. 前に踏み出す力
   主体性、働きかけ力、実行力
2. 考え抜く力
   課題発見力、計画力、創造力
3. チームで働く力
   発信力、傾聴力、柔軟性、情況把握力、規律性、ストレスコントロール力

学士力（文部科学省）
1. 知識・理解
   文化、社会、自然　等
2. 汎用的技能
   コミュニケーションスキル、数量的スキル、問題解決能力等
3. 態度・志向性
   自己管理力、チームワーク、倫理観、社会的責任等
4. 総合的な学習経験と創造的思考力

1.2.1. 社会で求められている力とは

成田　では、実際に社会で求められている力が具体化された二つの例を挙げます。

一つは、経済産業省が提唱する社会人基礎力（経済産業省，2006）という考え方です。社会人基礎力は、「前に踏み出す力」、「考え抜く力」、「チームで働く力」の三つの力で大枠が構成されています。「前に踏み出す力」というのは、ただ指示を待っているだけではなく、自ら物事に積極的に関わっていこうとする力のことです。「考え抜く力」とは、ただ与えられたマニュアル通りに物事に取り組むだけではなく、自らその本質を考えて問題解決に取り組めるような力のことです。そして、「チームで働く力」とは、社会の多くの場面にあるように、自分一人で問題解決に取り組むのではなく、チームや組織のメンバーとともに問題解決に取り組めるような力のことです。

二つ目は、文部科学省が示す学士力（中央教育審議会，2008）という考え方です。学士力では、学士課程4年間で身につけてほしい力の大枠として、1．知識・理解、2．汎用的技能、3．態度・志向性、4．総合的な学習経験と創造的思考力の四つを示しています。ジェネリックスキル等とも呼ばれる汎用的技能や態度・志向性を構成する能力要素のなかには、コミュニケーションスキル、問題解決能力、自己管理力、チームワーク、リーダーシップ等があります。

ここに挙げられたコミュニケーションスキルやチームワーク等は、教員が一方向的に話すような講義型の授業ではなかなか身につけられません。専門教育が重要であることはいうまでもありませんが、学生が社会から求められている力を、授業でいかに涵養させるのかということも、これからの大学教育では重要なのではないでしょうか。このようなことから、教員と学生、あるいは学生同士が互いにコミュニケーションをしながら学ぶようなアクティブ・ラーニングを促す授業も必要だということになります。

1.2.2. アクティブ・ラーニング型授業の分類

成田 河合塾が取り組む「大学のアクティブラーニング調査」では、アクティブ・ラーニング型授業を、授業で扱う知識によって、すなわち専門知識を扱うのか一般的知識を扱うのかによって、まず、わけて考えています。

専門知識を扱うアクティブ・ラーニング型授業については、その目的によって、専門知識の定着を目的とした**知識定着型**と、専門知識を活用した課題解決を目的とした**課題解決型**とに分類しています。**知識定着型**には、演習科目や実験科目の他、講義科目のなかでもディスカッションやグループワーク等をとりいれた科目が該当し、**課題解決型**には、与えられた大まかなテーマのなかで、学生自らが課題を設定してその解決を試みるような取り組みを含む科目や、専門ゼミ、卒業論文・研究等が該当します。

一方、一般的知識を扱うアクティブ・ラーニング型授業については、**初年次教育科目**等が該当します。初年次教育科目とは、新入生を大学での学びにスムーズに移行させるための科目で、調査、思考、ディスカッション、プレゼンテーション等の体験を通して、アカデミックスキルを身につけさせることを目的とした科目のことです。初年次（1年次）ではまだ専門知識を学んでいないので、ここでのアクティブ・ラーニング型授業では、高校までに学んだこと等の一般的知識を扱うことになります。

このように、調査では、アクティブ・ラーニングへの大学の取り組み状況を**知識定着型**、**課題解決型**、**初年次教育型**の三つに分けて調査しました。

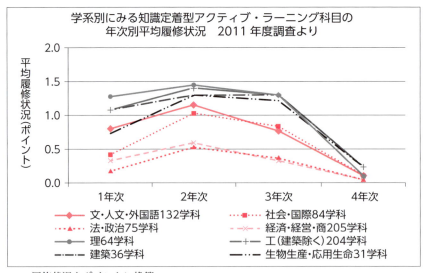

図2　知識定着型アクティブ・ラーニング科目の平均履修状況

1.2.3. アクティブ・ラーニングの実施状況

栗田 では、これら三つの分類を念頭に、大学でのアクティブ・ラーニング型授業の実施状況について教えてください。

成田 まず、図2をご覧ください。これは、専門科目で知識定着型アクティブ・ラーニングをとりいれている科目の学生の履修状況を年次別に示したグラフです。

　全体的には、専門科目の履修が多い2・3年次でアクティブ・ラーニングがもっとも多く行われ、4年次ではそれまでに学んだ知識を活用して卒業論文や卒業研究等の課題解決に取り組むことが主となるため、ポイントが低くなるという傾向があります。学科系統別に2011年度調査の結果を見ると、理系学科では、文系学科よりも4年間を通じて知識定着型のアクティブ・ラーニングの導入が進んでいることがわかります。しかし、当調査では、前期と後期で一科目ずつ当該科目が必修で配置されていれば6ポイント（満点）になるということを考えれば、理系学科であっても、もっとも高い平均履修率のポイントが1.5ポイント程度であるので、知識定着型アクティブ・ラーニングが十分にとりいれられているとはいえません。

　図3は、4つの文系学科にフォーカスして、課題解決型のアクティブ・ラーニング科目の履修状況を見るために、初年次ゼミ、専門ゼミ、そして課題解決型科目の履修状況のポイン

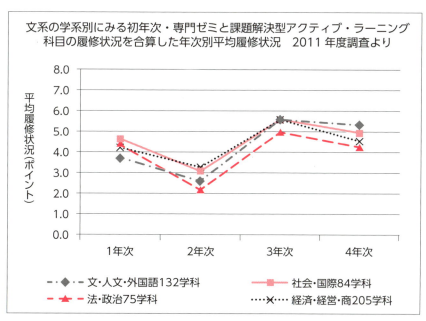

図3　課題解決型アクティブ・ラーニング科目の平均履修状況

トを合算し、年次別の平均値をグラフ化したものです。
　ここでの特徴は三つあり、一つ目が、1年次では、学びへの導入としての初年次ゼミでアクティブ・ラーニングが広く行われていること、二つ目が、3、4年次では卒業論文を含め、専門ゼミ等で課題解決型のアクティブ・ラーニングが広くとりいれられていること、そして三つ目が、2年次では、課題解決型科目や専門ゼミでのアクティブ・ラーニングが、エアポケットのように他の年次と比べて希薄になる傾向があるということです。
　では、大学で学生自らが学ぶという学習スタイルを確立するために重要だとされる初年次ゼミで、どのような取り組みがなされているのかを見てみましょう。

　アクティブ・ラーニングを促す方法の形態を、「グループ学習」、「ディベート」、「フィールドワーク」、「プレゼンテーション」、「振り返り」に分類し、調査しました。調査結果では、特にグループ学習とプレゼンテーションが広くとりいれられていることがわかりました。また、アクティブ・ラーニングを促す方法そのものではありませんが、初年次ゼミで「授業外学習」を課しているかどうかも調査しています。アクティブ・ラーニング型授業を効果的に実施するためには、事前に調べてきたり、予習してきたりといった授業外学習は欠かせません。調査では半分以上の授業で課題が課されているということがわかりました。

表2　初年次ゼミでのアクティブ・ラーニングの形態

2011年度調査	対象科目数	グループ学習	ディベート	フィールドワーク	プレゼンテーション	振り返り	授業外学習
文・人文・外国語	187	1.6	1.2	0.7	1.6	1.5	1.6
社会・国際	128	1.9	1.6	0.8	2.0	1.5	1.6
法・政治	114	1.8	1.5	0.8	1.8	1.3	1.5
経済	112	1.8	1.4	0.8	1.8	1.4	1.5
経営・商	193	2.0	1.3	0.8	1.8	1.4	1.5
教育	58	2.1	1.4	1.0	1.9	2.0	1.9
理	85	1.9	1.2	0.8	1.7	1.3	1.9
工（建築除く）	257	2.0	1.2	1.0	1.4	1.5	1.6
建築	43	2.4	1.6	1.5	2.1	1.4	1.8
生物生産・応用生命	34	2.3	1.4	1.0	1.6	1.1	1.4
総合・環境・人間・情報	131	1.9	1.2	0.9	1.6	1.6	1.5
全体	1,342	1.9	1.3	0.9	1.7	1.4	1.6

・科目ごとにアクティブ・ラーニングの各要素の実施頻度をポイントに換算
　頻度大＝3、頻度中＝2、頻度小＝1、記載なし＝0。
・系統ごとに平均ポイントを算出。

1.2.4. 効果がどの程度上がっているのか

栗田　大学4年間のカリキュラムでは2年次でのアクティブ・ラーニングの導入が希薄になる傾向があり、また文系と理系では、理系の方が比較的多くとりいれられているということですね。それでは、こうしたアクティブ・ラーニングの導入によって、どの程度効果が上がっているのかについて、引き続きおうかがいします。

成田　これまでご覧いただきましたように、アクティブ・ラーニングをいかに導入するかということを現在も課題としている大学や学部があることも事実ですが、それでも社会から求められている力を意識して、積極的にその導入を進めている大学も数多くあります。ですので、その効果については全体としてまだ十分に論じられる段階ではありませんが、先行的にアクティブ・ラーニングを導入し、その効果が出始めている事例もありますので、その一例として立教大学経営学部の事例をご紹介します。

　立教大学経営学部では、2006年度より、グローバル社会で活躍できる人材の養成を目的に「権限なきリーダーシップ」の涵養を教育目標に掲げ、ビジネス・リーダーシップ・プログラム（BLP）を展開してきました。このプログラムは、1年次前期から3年次前期まで連続的に配置された科目で構成され、各年次の前期には企業から与えられた課題の解決に取り組むPBL科目（Project Based Learning）、各年次の後期には理論やスキルの習得を目指した科目がそれぞれ配置され、実践と知識・スキル習得とを往還しながら学び進めていく構造になっています。

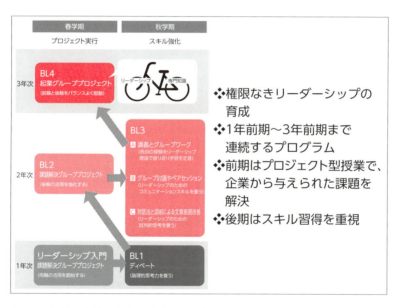

図4　事例：立教大学経営学部　ビジネス・リーダーシップ・プログラム

　この教育効果は、毎学期、学生に書かせている「リーダーシップ持論」を通して、定性的ではありますが、示されています。学生はこれをeポートフォリオ上にアップし、各時期に記述したものを比較して閲覧できるようになっています。ここからは、多くの学生が、実践と習得を通して学期を追うごとに考えを深め、そして進化していることが明らかに見てとれます。また、授業に対してただ不満を主張するのではなく、改善提案をする学生が増えたこと、学生アンケートで学部の教育方針に理解を示す学生が他学部と比べて飛躍的に増えたこと等も、BLPの教育効果であるとされています。

1.2.5. 今後の展望

栗田 では最後に、今後の展望についておうかがいします。

成田 アクティブ・ラーニング導入後に重要になってくるのは、教育目標を達成するためにデザインされたカリキュラム設計、これを構成する個々の科目、それらの授業のなかにアクティブ・ラーニングをいかにプロットしていくのか、そしてそれらの学生の成果をいかにアセスメントしていくのか、という視点です。もちろん、まずはアクティブ・ラーニングを導入した一つの授業を設計してみるということは、第一歩として重要です。しかし、そこに留まることなく、次には、他科目との連携も意識しながら、教育目標の達成のためにアクティブ・ラーニングをいかにとりいれていくのか、そしてその活動・成果を、教育目標に基づいていかにアセスメントしていくのかという課題に取り組んでいく必要があるということです。教育目標には社会で必要とされる力の涵養も包含されていますから、教育目標を達成するということは、アクティブ・ラーニングを通して涵養される問題解決力、他者との向きあい方、自己との向きあい方、課題に向かう姿勢等も身につけたということになるはずです。更には、こうして完成させたカリキュラム・デザインを運用し、PDCAサイクルをまわし、より適切なものに改善していくということも重要でしょう。

1.3. アクティブ・ラーニングを選ぶ

アクティブ・ラーニングの方法は、名前のついているものだけでも、たくさんあります。例えば、表3には、特徴に応じて大まかに分類された、様々な方法が提案されています。どういった観点で方法を選べば良いでしょうか。

まず、もっとも重要なのは、その方法が学習の目的にかなったものであるかどうかです。ここでの目的とは、「学んで欲しいこと」に合致しているかどうかです。方法はあくまでも手段ですから、目的を第一に考えることがもっとも重要です。そして、学習者視点をもつことも必要です。この方法は学習者にとって興味をひくものであるのかどうか、適したレベルにあるのかどうか、等を考慮して選ばなければなりません。学習者の集団が異なれば同じ方法が必ずしも最適であるとは限りません。常に目の前にいる学習者の視点に立った選択が必要となります。

以上の点をふまえたうえで、アクティブ・ラーニングの方法を検討する観点として、更にここでは、以下の四つを紹介します。

・形態
・時間
・構成
・大人数講義への適用

表3　アクティブ・ラーニングの方法

ディスカッションを導く：
　シンク・ペア・シェア、ソクラテス式問答法、ディベート、ブレインストーミング、ラウンドロビン、ワールドカフェ、フィッシュボウル、LTD（話しあい学習法）

書かせて思考を促す：
　ミニッツペーパー、大福帳、リフレクティブ・ジャーナル、ピア・エディティング、クリエイティブ・セッション

学生が相互に学ぶ：
　ピア・インストラクション、タップス、アナリティック・チーム、ラーニングセル、ジグソー法

経験から学ぶ：
　ロールプレイ、サービスラーニング

事例から学ぶ：
　ケースメソッド、Problem Based Learning、Team Based Learning

授業に研究をとりいれる：
　フィールドワーク、ポスターセッション、Project Based Learning

授業時間外の学習を促す：
　反転授業

(中井，2016 より抜粋)

　「形態」は、一人なのか、ペア、グループあるいは全体で行うものなのか、という編成の観点です。アウトプットを重視する、協調性を育む、等の目的に応じて形態を考える必要があるでしょう。「時間」は、文字通りの所要時間です。例えば、90 分という限られた授業時間において、目的の達成に対して必要十分な時間を考えることは、適用する方法を決定するうえで重要な観点となります。「構成」は、単純なのか、複雑なのかという観点です。これは、適用したい技法についての、準備に必要な時間や、実施時の自由度の大きさといったことです。最後の「大人数講義への適用」は、実施可能なクラスサイズについての観点です。100 人、200 人に対しても適用が可能なものと、そうでないものがあります。

1.3.1.　事例：ミニッツペーパー

　アクティブ・ラーニングを促す方法を用いて、「その日の授業で学んだことを振り返ってもらいたい」とします。ここでは、ミニッツペーパーを例に先述した観点について考えてみましょう。

　ミニッツペーパーとは、その名の通り、数分で一人ひとりが書き込めるワークシートです。出欠代わりにも使えるよう、受講日や名前、学籍番号等とともに「本日の授業で学んだことを挙げてください。」「本日の授業で生じた疑問点やわからなかったことを挙げてください。」といった少数の問いを設定し、それを学生各自に記入してもらいます。そして、記入後は教員が回収します。学生自身の振り返りにもなりますし、教員にとっては目的が達成されたかどうかの確認と理解の至っていない点の把握ができます。

このミニッツペーパーについて、形態はどうでしょうか。一人ひとりが記入するものですから、「一人」ですね。時間は、いくつの項目について、どのくらい詳しく記入してもらうかにもよりますが、一般的には授業の終わりの数分を使います。構成としては、設問を書いた紙を配布して記入してもらうだけなので、「単純」です。そして、配布・回収の工夫は必要ですが、大人数でも適用可能です。以上のように考え、最終的に目的にかなった方法として、ミニッツペーパーを適用するかどうかを決定します。

しかし、観点はこれらが全てではありません。他にどのような観点があるか考えてみましょう。

他に追加したら良いと思う観点を挙げてみましょう。

1.4. アクティブ・ラーニングの方法を適用する

アクティブ・ラーニングには多くの方法がありますが、ここでは、通常の一方向の講義も、ちょっとした工夫を加えていくことでアクティブ・ラーニングになる、ということを見ていきましょう。

ここでは「豆腐のさいの目切り」の学習を例にします。目的は、「豆腐という素材の特徴を理解し、おいしく調理できる」ですが、この目的を達成するために「豆腐のさいの目切りができる」ことを目標とします。

> **例**
>
> **豆腐の「さいの目切り」**
> 目標：豆腐の「さいの目切り」ができる
> 説明
> ・さいの目切りとは1センチ角の正六面体になる切り方です。
> ・掌に豆腐を乗せます。
> ・まず包丁を寝かせて水平に2、3本の切り目を入れます。
> ・横・縦に垂直に切ってでき上がりです。
> ・【注意点】垂直に切るとき包丁を前後に動かしてはいけません。

このとき、説明を単に教員が読み上げるだけであれば、「一方向の講義」ということになります。実際には、「できるようになること」を目指しますので、もっとも好ましいアクティブ・ラーニングの方法は実際に豆腐のさいの目切りを行ってみる「実習」ということになるでしょう。しかしながら、予算や時間等の理由から全てを実習にできない場合には、動画を見せたり、教員が前で「実

演」したりする、等が考えられます。また、切り方に限らず調理には非常に多くの学ぶことがあるため、学生がより「能動的に学べる」多様な方法を適用することも考えられます。

皆さんはどのような方法を考えますか？

> 豆腐のさいの目切りについて、実演や実習ができない場合に、適用できる一方向ではない授業方法を考えてください。

1.5. アクティブ・ラーニングの方法の効果

　アクティブ・ラーニングの方法の説明においてよく用いられるものに、ラーニングピラミッドと呼ばれるものがあります。これは学習したことについて、講義＜読書＜視聴覚＜デモンストレーション＜グループ討論＜実習＜人に教える、の順で定着しやすいとし、それぞれの定着率を示したものです。例えば、「講義」であれば学んだことの5％しか定着しないが、他の人に教えると90％定着する、といった具合です。ところが、これらの数値に関しては実は根拠がなく、また、各段階の順序や学習定着の定義が曖昧であることから、このラーニングピラミッドの信頼性および妥当性には疑問が多いとされています（Letrud, 2012）。

　しかしながら、数値はともかくとして、ただ聞くだけより、直接的に経験したり、他者へ教えたりする経験が学習成果を良好にすることは、多くの人の直観と異ならないことから、広く受け入れられているのかもしれません。

　実際に、アクティブ・ラーニングの効果に関しては既に多くの研究があります。例えば、初等物理学において、ベテラン教員による一方向の講義よりも、クイズに対して学生同士が教えあう形式の授業にした方が、その内容に関する試験成績が著しく良かったという研究があります（Deslauriers, Schelew, & Wieman, 2011）。また、理系教育科目におけるアクティブ・ラーニングの効果についての225の研究を調べた結果、総体として、アクティブ・ラーニングの方法を使った授業には平均的に6％成績上昇の効果があると結論づけられています（Freeman, Eddy, McDonough, Smith, Okoroafor, Jordt, & Wenderoth, 2014）。

1.6. 初回の授業：自己紹介の意義

　さて、初回の授業は、受講経験あるいは教授経験の長短に関わらず、教員・学生双方が緊張するものです。初回の授業では自己紹介をすることが多いと思いますが、皆さんはその意義について考えたことがあるでしょうか。

自己紹介において、授業の説明や自分の研究、ときには趣味やプライベート等も含めて話すことで、双方の緊張を和らげ、授業に対する学生のモチベーションを高め、場を協調的な雰囲気にすることができます。例えば、その授業科目の内容に対応する自分自身の研究の面白さや、研究に対する熱意を伝えることは、学生の関心をひくことにつながるでしょう。これらは、詳しくは第3章で述べますが、これから先の効果的かつ円滑な授業運営において非常に重要です。

　自己紹介には、例えば次のような内容が含まれます。
　　・挨拶
　　・科目名
　　・名前
　　・授業の内容・目的
　　・自分の研究
　　・学生へのメッセージ

　これらをだいたい1〜2分で話せるように、上述した意義を心に留めて準備しておくと良いでしょう。

　そして、学生同士でも簡単で良いので自己紹介をしてもらいましょう。クラスサイズが大きければ、近くに座っているペアやグループ内でも良いのです。所属学科や受講動機等話す内容を明確に指定して時間をとります。一人1〜2分程度で十分です。インタラクティブな授業では、グループワークも多くなりますから、自己紹介をうまく活用して早いうちに話をすることに慣れてもらい協調的な雰囲気をつくりましょう。

自分の授業担当科目を一つ選び、その冒頭の自己紹介を準備してみましょう。

コラム

自己紹介の価値を実感中

　アクティブ・ラーニングというものにはじめて接すると、多くの人が是非それを自分の授業でもとりいれたいと思うのではないでしょうか。私もその一人でしたが、同時に心配なこともありました。自分が頑張るだけではなく、受講者をうまく巻き込んでいかないことには、実質的な双方向の授業にならないのではないか……。そんなときに教わったのが、授業冒頭の自己紹介の時間から、良い雰囲気をつくっていくことの重要性でした。些細なことのようでありながら、とても実践的なアドバイスだと思ったものです。

　それから、2年余り。専門とする国際政治学の授業にアクティブ・ラーニングを導入していますが、自己紹介の時間に力を入れるようにしています。自分についての自己紹介を工夫することもそうですが、受講者の自己紹介の内容をなるべく覚えておいて、関連する話題が授業で出てきたときに言及する等しています。まだまだ試行錯誤の日々ですが、受講者同士が互いの自己紹介をよく覚えていて、それを機に打ち解けているのをみたとき等は、ちょっぴり我が意を得たりという感じがするものです。（中村長史）

第 1 章　確認問題

1.1. アクティブ・ラーニングの説明として、適切なものを全て選んでください。
　1）学生が主体的・能動的に学習に取り組めるように、教員が授業方法を設計する。
　2）学生が、見たり聞いたりノートをとったりする以上の活動をする。
　3）教員が少人数の学生を相手に授業を行う際の方法を指す。
　4）学生自身が活動し、その活動について思考することで学ぶ。

1.2. アクティブ・ラーニングが注目されるようになった背景の説明として、適切なものを全て選んでください。
　1）専門分化が進む社会において、各人が高い専門性を習得しなければならないという認識から、高度な知識やスキルを習得するための受動的な学習形態が注目され始めた。
　2）「考え抜く力」や「チームで働く力」を含む「社会人基礎力」（経済産業省）のように、従来の知識伝達型の授業では培えない能力が求められるようになってきた。
　3）受験学力を中心とした偏差値を基準として学校・大学をみるのではなく、その学校や大学が社会で求められている力をどのように育成しているかが重視されるようになってきた。
　4）コミュニケーション能力や問題解決能力の重要性が認識されるなかで、「汎用的技能」（文部科学省）やジェネリックスキルを養える教育方法への注目が高まった。

1.3. 様々あるアクティブ・ラーニングの手法のなかから自分の授業にあうものを選ぶ際、どのような点を考慮するべきでしょうか。適切な事項を全て選んでください。
　1）クラスのサイズ
　2）その手法を用いることによって達成できること
　3）その手法に割くことができる授業内の時間
　4）その手法の知名度

1.4. アクティブ・ラーニングの方法を適用するということについて、適切なものを全て選んでください。
　1）「（一方向）講義」＜「実演」＜「実習」＜「人に教える」の順で学習が定着しやすくなるといわれている。
　2）ちょっとした工夫でアクティブ・ラーニングを実現することができる。
　3）初学者レベルの学生同士に「人に教える」プロセスをたどらせることは、主体的な学びにつながらない。
　4）「（一方向）講義」による授業は、学生が主体的に学べる方法の代表である。

（解答・解説は巻末資料にあります）

参考文献

Bonwell, Charles C. & Eison, James A.(1991) *Active Learning: Creating Excitement in the Classroom*, Jossey-Bass. (邦訳：ボンウェル, C.・エイソン, J.（著）高橋悟（監訳）（書籍）『最初に読みたいアクティブラーニングの本』海文堂, 2017年)

Deslauriers, L., Schelew, E. & Wieman, C. (2011) Improved learning in a large-enrollment physics class, *Science*, 332(6031), 862-864.

Felder, Richard M. & Brent, Rebecca. (2009) Active Learning: An introduction, *ASQ Higher Education Brief*, 2(4).

Freeman, S., Eddy, S. L., McDonough, M., Smith, M. K., Okoroafor, N., Jordt, H. & Wenderoth, M. P. (2014) Active learning increases student performance in science, engineering, and mathematics, *Proceedings of the National Academy of Sciences*, 111(23), 8410-8415.

Letrud, K. (2012) A rebuttal of NTL Institute's learning pyramid, *Education*, 133(1), 117-124.

経済産業省（2006）社会人基礎力　経済産業省
　http://www.meti.go.jp/policy/kisoryoku/ (accessed 2016.12.15)

中央教育審議会（2008）答申「学士課程教育の構築に向けて」
　http://www.mext.go.jp/b_menu/shingi/chukyo/chukyo0/toushin/1217067.htm (accessed 2016.12.15)

中央教育審議会（2012）答申「新たな未来を築くための大学教育の質的転換に向けて〜生涯学び続け、主体的に考える力を育成する大学へ〜」
　http://www.mext.go.jp/b_menu/shingi/chukyo/chukyo0/toushin/1325047.htm (accessed 2016.12.15)

中井俊樹編（2016）『アクティブラーニング』玉川大学出版部

溝上慎一（2014）『アクティブラーニングと教授学習パラダイムの転換』東信堂

文部科学省（2013）第2期教育振興基本計画
　http://www.mext.go.jp/a_menu/keikaku/detail/1336379.htm (accessed 2016.12.15)

文部科学省（2014）大学教育再生加速プログラム
　http://www.mext.go.jp/a_menu/koutou/kaikaku/ap/ (accessed 2016.12.15)

【アクティブ・ラーニングの現状についての文献】

河合塾（2011）『アクティブラーニングでなぜ学生が成長するのか ―経済系・工学系の全国大学調査からみえてきたこと―』東信堂

河合塾（2013）『「深い学び」につながるアクティブラーニング ―全国大学の学科調査報告とカリキュラム設計の課題―』東信堂

河合塾（2014）『「学び」の質を保証するアクティブラーニング ―3年間の全国大学調査から―』東信堂

河合塾（2016）『大学のアクティブラーニング ―導入からカリキュラムマネジメントへ―』東信堂

【その他アクティブ・ラーニングについての文献】

池田輝政、戸田山和久、近田政博、中井俊樹（2001）『成長するティップス先生 ― 授業デザインのための秘訣集』玉川大学出版部
　授業づくりについてわかりやすく解説された入門書的な位置づけの書籍です。

Nilson, L. B. (2010) Teaching at its best: A research-based resource for college instructors, John Wiley & Sons.
　研究に基づいた授業方法についてとりあげられています。

バークレイ・クロス・メジャー著、安永悟監訳（2009）『協同学習の技法 ― 大学教育の手引き』ナカニシヤ出版
　アクティブ・ラーニングの諸技法について説明された翻訳書です。

第2章 アクティブ・ラーニングの技法

ここでは「アクティブ・ラーニングの技法」について理解を深めていきましょう。

> **目的** 多様なグループワークの特徴を理解し、実施方法を習得する
> **目標** 次のグループワークの特徴と実施方法が説明できる
> 　　　　シンク・ペア・シェア
> 　　　　ジグソー法
> 　　　　ポスターツアー
> 　　　　ピア・インストラクション

まず、それぞれの技法について説明し、どのように実施するのかについて考えていきます。そして、最終節において、大人数講義でのアクティブ・ラーニングの導入について考えます。

2.1. シンク・ペア・シェア

2.1.1. シンク・ペア・シェア（Think-Pair-Share）とは

シンク・ペア・シェアとは、まず一人で考え、次にペアになり、考えたことを共有あるいは議論し意見交換をするという設定によって、議論をガイドするものです。

いきなり隣の人と話しあうように指示を出しても、活発に議論ができる関係性がないとなかなかうまくいきません。まず、シンク・ペア・シェアの適用により、個別に考える時間を与えて、話しあう内容を事前につくっておくことで、スムーズに議論を進めることができます。

2.1.2. 実施方法

(1) 学生に課題を提示します。
(2) 各自が課題について考える時間をとります。時間の設定については、課題の量や質によりますが、1分あるいは2分くらいが良いでしょう。
(3) ペアになって一人で考えたことを他者と意見交換し共有します。ペアをくっつけてグループを大きくしたバズ・セッション等の形でシェアの範囲を広げていくことも可能です。
(4) 更に全体で共有します。何名かに発表してもらい、学んでほしいこととの関連性などの補足をします。

<モデルケース>「小選挙区比例代表制の長所と短所を考えよう」所要時間：15分

(1) 課題および配分時間を提示する

「各自、小選挙区比例代表制の長所と短所を考えてみてください。時間は2分です。」　1分

↓

(2) 各自が課題に取り組む

講師は教室前方にタイマーを大きく表示し、机間巡視を行い、進捗状況を把握します。ここで考えを書き留める場合は、Write-Pair-Share と呼ばれます。　2分

↓

(3) ペアになり、意見を述べあう

「机の端からペアをつくります。余っている人はいませんか。ペアができたら、考えたことを発表していってください。2分ずつです。」　5分

↓

(4) 【発展】全体で意見を共有する

「ペアで出てきた意見を発表してもらいます。まずは長所。出てきた全ての意見をお願いします。はい、そこのペアの●●さん。」　7分

2.1.3. 特徴

- 意見交換の前に一人で考える時間を確保し、また話す時間を一人ずつに分けて設定することで、他者とのコミュニケーションの練習になります。
- 様々なワークの基礎として利用できる方法です。複雑なグループワークをさせる前に、自分の意見をもつための準備ワークとして使えます。

2.1.4. 留意点

- 留意点：課題によっては、学生が雑談を始めてしまうことがあります。
- 解決策：明確な課題設定を行い、難易度を適切に設定して学生のモチベーションを高めることが必要です。また、何をすべきなのか明確に指示を出すことも重要です。

2.1.5. 方法を検討する際の観点

形態　一人、(ペア)、グループ、全体
時間　(～5分、15分、)30分、60分～
構成　(単純、)複雑
大人数講義　★★★

> **コラム**
>
> ### アクティブ・ラーニングを導入した実践
>
> 　第2章ではアクティブ・ラーニングの技法について学びました。様々な技法があるなかで、それぞれの特徴をふまえて導入すること、また、学びの促進と学生のモチベーションの維持を両立し得る課題設定をすることが肝要だと感じました。
>
> 　私は現在、医療職養成の専門学校で講義を担当しています。講義では、本セッションでも紹介されたThink-Pair-Shareや、現場を想定したロールプレイングを積極的にとりいれています。課題設定にあたって、初回のオリエンテーションの際に、学生にミニッツペーパーに自己紹介を書いてもらい、各人の興味関心や学習段階を把握し参考としています。また、私の場合、同じ科目を複数の学科で開講しているのですが、学科によってクラスサイズに40～80名と幅があります。そのため、ワークは、受講者の人数が異なっても実施可能なように基本設計し、細かい部分でアレンジを加えてクラスサイズの違いに対応できるようにしています。（堀内多恵）

授業で使えるシンク・ペア・シェアの課題を作成してみましょう。

2.2. ジグソー法

2.2.1. ジグソー法（Jigsaw Method）とは

　ジグソー法とは、アロンソン（Aronson, 1997）が考案したグループ活動を支援するための方法から発展した、協調学習という学習方法に基づく方法です。

　ジグソーパズルのように、部品として組み合わせると全体像や内容が理解できたり、課題に多角的に取り組んだりすることができるような、複数の課題を準備します。教材研究が重要であるとともに、グループ分けや時間配分の想定等、周到な事前準備が求められます。

　また知識構成型ジグソー法（三宅ほか、2012）は、明確な問いを設定して、学習の前後で問いに対する解答を求める等の特徴があります。

2.2.2. 実施方法

(1) 3～4種類の課題を用意します。
(2) 学生をグループ（エキスパートグループ）に分け、グループごとに異なる資料に取り組みます。同じグループの人は、皆同じ資料に取り組むことになります。
(3) 学生一人ひとりが唯一のエキスパート（専門家）になるように新しいグループ（ジグソーグループ）を構成し、協力しあって知識の共有や新たな課題解決等をはかります。
(4) 【発展】更に全体で共有することもできます。再びエキスパートグループに戻って振り返りをすることも学びを深めるのに有効です。

＜モデルケース＞ 「英文の長文読解」所要時間：40分（事前準備含まず）

(1) 課題を3種類準備する	
英文の長文をA、B、Cの三つのパートに分けます。	事前

↓

(2) 学生をエキスパートグループに分け、課題の分析を行う	
学生を3グループに分けて、資料A、B、Cを配布します。グループ内で協力して、配布された英文の和訳をしていきます。	12分

↓

(3) ジグソーグループを再構成し、知識を共有する	
各グループから一人ずつ、A、B、Cそれぞれを訳した3人で新しいグループをつくり、パートごとの和訳を共有して英文和訳をまとめます。	18分

↓

【発展】(4) 全体で意見を共有する	
2～3のジグソーグループに和訳を発表してもらいます。	10分

2.2.3. 特徴

- 学習場面において、一人ひとりに責任感をもたせます。
- 基本的なコミュニケーションのトレーニングになる方法です。
- 課題設定によっては一人ひとり意見が違うということを許容する姿勢を育みます。

2.2.4. 留意点

- **留意点1**：学びが深まるような課題を作成することが重要です。
  解決策1：課題全てをあわせることによって全体像が見える、ということを念頭においてみま

しょう。次の例のように、三つの事象の共通点やそれらが社会全体にどのような影響を与えたのかを考察する課題設定も考えられます。

＜課題の例　授業テーマ：なぜ起こった？　イギリスのEU離脱＞
　　課題　（1）　EUと国内政治（EU法の位置づけと四つの自由）
　　　　　（2）　社会保障と税負担（移民流入によるイギリスの労働者の負担増）
　　　　　（3）　EUにおける民主主義（ギリシャ債務危機とユーロ圏経済の低迷）
　解決策2：ある問題解決に向けて多様なアプローチをとり得ることから学びが深められる課題設定を考えてみましょう。例えば、三平方の定理の説明の仕方等、数学の問題の解法がこうした考え方にあてはまります。
●留意点2：人の移動がある分、時間配分等のコントロールが難しいです。
　解決策：時間配分はゆとりをもって設定し、移動等について明確な指示ができるように事前に準備しておきましょう。
●留意点3：人数が、各グループにうまく割り当てられないことがあります。
　解決策：うまく割り切れなくてもジグソー法の実施は可能です。ティーチング・アシスタント（TA）等、補助の人に入ってもらったりします。やむを得ない場合は二人一組等でジグソーグループに入ります。

2.2.5.　方法を検討する際の観点

形態　　一人、ペア、⟨グループ⟩、全体
時間　　～5分、15分、30分、⟨60分～⟩
構成　　単純、⟨複雑⟩
大人数講義　★★

授業で使えるジグソー法の課題を作成してみましょう。

2.3.　ポスターツアー

2.3.1.　ポスターツアー（Poster Tour）とは

　ポスターツアーとは、ポスターを作成することに加えて、ジグソー法のようなグループの再編成を行い、ポスターの内容を共有するアクティブ・ラーニングの技法です。
　教育の現場で使われるポスターとは、駅や街中で目にするポスターとは異なり、学習内容や解決

した課題等を学生が1枚の大きな模造紙にまとめてわかりやすく表示したものを指します。

2.3.2. 実施方法

(1) グループと同じ数の種類の課題を用意します。
(2) 学生をグループに分け、そのグループで課題に沿ったポスターを作成します。
(3) 学生一人ひとりが唯一のエキスパート（専門家）になるように新しいグループ（ツアーグループ）を構成し、それぞれのポスターをまわっていきます。自らが作成したポスターのところでは、他のメンバーにその内容を説明します。

＜モデルケース＞　「この授業で学んだこと」所要時間：83分（事前準備含まず）
・36名のクラスにおいて授業の総まとめを行う。

(1) ポスターツアーの説明

講義でとりあげたトピックから6種類を提示し、6名ずつのグループをつくり、担当トピックについて模造紙1枚にわかりやすくまとめるよう指示します。作成したポスターを全員が説明できるようになっておくことも、ここで指示しておきます。
※模造紙や付箋、色ペンは必要分準備しておきます。

5分

(2) ポスターの作成

学生は各グループのトピックについてポスターを作成します。
講師はポスター作成の進捗を見てまわり、遅れているところ、要素が不足しているところには助言をするなどします。作成終盤には、作成したポスターについて全員が説明できるようあらためて指示し、ツアーグループ編成の準備をします。
※ツアーグループ編成が完了するまで、3分ほど時間をみておきましょう。

30分

(3) ツアー

各グループから一人ずつ集まりツアーグループをつくります。ツアーグループでポスターを順にまわりますが、自分がつくったポスターを他メンバーに説明します。続けてディスカッションを行い、追加事項やコメントを付箋で追加します。

38分

(4) 振り返り

ポスター作成グループに戻り、ツアーでまわった際のフィードバック等を5分間で共有します。その後、クラス全体でまとめの時間を5分もちます。

10分

2.3.3. 特徴

- 全員にプレゼンテーションの機会があります。
- 担当したテーマに対する学びが深まります。
- 知識の獲得を効率良く行うことができます。

2.3.4. 留意点

- 留意点：チームワークが必要で、時間がかかり、人の動きが多い方法です。
- 解決策：協調的な雰囲気のつくられた授業後半の方が実施しやすいといえます。また、大人数で実施する場合には、ポスターツアーを行う集団を分割する等の工夫をしましょう。（例：60人のクラスなら30人ずつに分割するなど）

2.3.5. 方法を検討する際の観点

形態　一人、ペア、⟨グループ⟩、全体
時間　〜5分、15分、30分、⟨60分〜⟩
構成　単純、⟨複雑⟩
大人数講義　★

ポスターの共有方法について、ポスターツアーと「全体で1グループずつ順番に発表」とを比較したとき、ポスターツアーの長所・短所は何でしょうか。
それぞれ挙げてみましょう。

【長所】

【短所】

2.4. ピア・インストラクション

2.4.1. ピア・インストラクション (Peer Instruction) とは

ピア・インストラクションとは、E. マズールによって 1990 年代に考案された、大規模講義に学生の議論を組み込んだ授業方法です（Mazur, 1997）。

2.4.2. 実施方法

(1) 前時に予習教材を提示します。
(2) 授業冒頭に多肢選択問題であるコンセプテスト（ConcepTest、コンセプトとテストを合体させた造語）を実施します。そのときの正答率に応じて、その後の指示を変更します。
(3) 正答率が 30-70% の場合、近くにいる学生同士で 2 〜 3 人のグループをつくり、なぜその選択肢を選んだのかディスカッションを行い、再度解答させます。
(4) 解説を行って、次のトピックに移ります。

＜ピア・インストラクションの流れ＞　所要時間：7〜15 分（事前準備含まず）

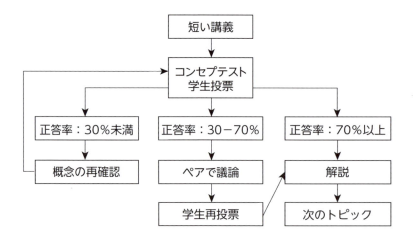

図 1　ピア・インストラクションの流れ（Lasry *et al.*, 2008）

2.4.3. 特徴

- 大人数講義において、即時の反応を活用してアクティブ・ラーニングを実現する方法です。
- 「正答のある問題」を用いることから、特に知識獲得型の講義内容に適した手法ですが、知識を応用する内容にも適用できます。
- 学生の理解のレベルに応じた学びが実現できます。

2.4.4. 留意点

- 留意点：多肢選択問題の質が重要です。
- 解決策：学習目的を明確にし「どのような目標を達成して欲しいのか」を考え、深く考えさせる問いをつくります。誤答群には学生の理解不足をあぶり出すような選択肢を用意しましょう。センター試験の問題等からヒントを得ると良いでしょう。

2.4.5. 方法を検討する際の観点

形態　一人、(ペア、グループ、)全体
時間　(〜5分、15分、)30分、60分〜
構成　(単純、)複雑
大人数講義　★★★

コンセプテストを作成してみましょう。

問題を通して学んで欲しいこと（問いの意図）

問題文

【選択肢】

A.

B.

C.

D.

【各選択肢の正誤についての解説】

A.

B.

C.

D.

2.5. 大人数講義で使えるアクティブ・ラーニングの技法

2.5.1. 大人数講義でアクティブ・ラーニングを導入するのは難しい？

　大学の一般教養や必修の授業では、100人以上の学生が受講することも珍しくありません。昔ながらの階段教室で、机と椅子が固定されていることも多いのではないでしょうか。このような状況でも、工夫次第でアクティブ・ラーニングをとりいれることが可能です。

大人数講義に向いているアクティブ・ラーニングの技法を挙げてみましょう。

2.5.2. アクティブ・ラーニングを導入する際の工夫

- 授業のデザインをする際に、学んで欲しい内容（学習目標）を身につけるためにもっとも適した方法を吟味しましょう。
- ディスカッションを導入する場合は、ワークシート等の補助教材を準備しておくとともに、個別に考える時間をきちんと確保しましょう。
- グループワークの際は、学生が取り組みたいと思えるような問い（取り組むことによって新しい知識が得られるようなもの）を準備しておきましょう。
- 大教室でのグループ分けは、一人になりそうな人は移動をさせるなど、教員が積極的に介入しましょう。

2.5.3. 大人数講義で使える技法

(1)　ピア・レビュー（Peer Review）

　2～3人のグループをつくり、それぞれが書いた文章を互いに評価しあう活動です。移動がないため、大人数講義でも使うことができ、様々な課題を対象にすることができます。このとき、評価の観点を明示することが重要です。学生同士で添削し、コメントしあいます。期限を設けて推敲した課題を提出させます。

(2)　TBL（Team-Based Learning, Michaelsenほか、2009）

　チーム基盤型学習とも呼ばれる活動です。大人数講義においても実施することができるPBL（Problem-Based Learning；問題基盤型学習）の一種で、PBLよりも教員のコントロールが強く、反転授業の要素が強いといえます。予習も成績の一部に含まれることが特徴です。

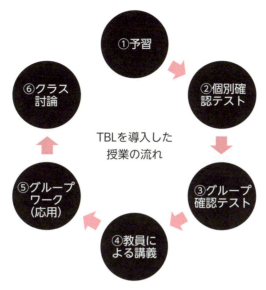

Michaelsen *et al.*, 2009 を参考に執筆者作成.

【事前】多様な学生で構成される5〜7名のグループを編成します。各グループの能力が均等になるように配慮します。

①個別に予習を行い、理論・知識を身につけるよう指示します。
②予習で知識が身につけられているか多肢選択テストで確認します。
③グループで②と同じテストを行うことで、相互に知識を補いあいます。
④教員のフィードバックと補足説明によって、正確な知識や、より高度な知識が身につけられます。
　その後、
⑤これまでに得た基礎知識を使って、解決すべき応用課題にグループで取り組み、
⑥クラス討論によって議論を深めます。最後に教員がまとめを行います。

2.5.4. アクティブ・ラーニングを導入する際に重要なこと

　戦後、特に義務教育段階において経験主義教育がもてはやされ、後に「はいまわる経験主義」という批判を受けたことと同じ轍を踏まないためには、何が重要なのでしょうか。

　一つは、明確な問いをたてることです。場面や目的によってオープンクエスチョンとクローズドクエスチョンとを使い分けましょう。また、学生にどのような目標を達成して欲しいのか、問いの意図を考えましょう。

　もう一つは、授業の内容を推敲することです。授業準備が一段落したときに、用意した内容が授業の目的・目標と合致しているかどうか、学んで欲しいことを身につけられる内容であるか、振り返って吟味することが大切です。

第2章　確認問題

2.1. Think-Pair-Share の説明として、**適切なもの**を全て選んでください。
1) 一人で「考え」、その後「ペア」になり、考えたことを共有・意見交換する一連の活動のこと。
2) 自分の意見をじっくりともってから議論に臨むのではなく、即座に自分の意見をまとめ、他者に語ることができるようにするためのトレーニングとして適している。
3) まず「ペア」になり、共有・意見交換しながら考え、二人の「考え」を統一させていく活動のこと。
4) 「ペア」で作業をした後、より大きなグループで議論したり、意見交換したりする場合もある。

2.2. ジグソー法の説明として、**適切なもの**を全て選んでください。
1) ジグソー法はジグソーという研究者が考案したグループ活動支援方法であることから、このように呼ばれている。
2) ジグソー法とは、最初のグループで一つのことを学習した後、各グループを解体して同一メンバーのいない新グループを再構成し、お互いが最初のグループで身につけた知識をもち寄り、課題解決等をはかる活動である。
3) ジグソー法の効果として、「自分しか知らない」知識をもっているという立場に全メンバーをたたせることで、各自に責任感をもたせられるとともに、互いが「一人ひとり意見が違う」ということを認め、許容する態度を育むことが期待される。
4) ジグソー法とはグループのメンバーがそれぞれ異なる様々な知識をもち寄り、議論することを通して、どの人の知識が正しいのかを考察する活動である。

2.3. ポスターツアーの説明として、**適切なもの**を全て選んでください。
1) 授業で取り扱うテーマについて、グループで調べ、ポスターにまとめた後、そのポスターを全体で見せあい、情報の量や正確さを競いあうゲーム的要素が多分に含まれた活動。
2) 授業で取り扱うテーマについて、グループで調べ、ポスターにまとめた後、異なるポスターをつくった者同士で新しいグループを構成し、それぞれ自分が作成したポスターについて他のグループメンバーに説明する活動。
3) 作業が比較的短時間で終わる活動であるため、授業が予定よりも早く進んだ際等の余った時間で簡単に行うことができる。
4) 各ポスターをまわる際にジグソー法的なツアーグループの再構成を行うため、誰もがプレゼンテーションの機会をもつ。

2.4. ピア・インストラクションについての説明として、**適切なもの**を全て選んでください。
1) 15年以上前にマズールによって考案された、大規模講義に学生の議論を組み込んだアクティブ・ラーニングの方法である。
2) 正答率に関係なく、クイズ形式でテンポ良く授業を進めていくことが肝心である。
3) 提示された問題に対して、学生同士で話しあう時間を十分設けてから最終的な解答を求める形式であり、知識獲得型というよりは深い議論を促すような形の授業科目に合致する。

4) コンセプテストと呼ばれる多肢選択問題の質が重要である。

(解答・解説は巻末資料にあります)

参考文献

【ピア・インストラクションについての文献】
Lasry, N., Mazur, E. & Watkins, J. (2008) Peer instruction: From Harvard to the two-year college, *American Journal of Physics,* 76(11), 1066-1069.
　ハーバード大学のような一流大学の学生だけでなく、2年制大学の学生にもピア・インストラクションが有効であることを示した論文です。
Mazur, E. (1997) *Peer Instruction: A user's manual,* Prentice Hall.
　ピア・インストラクションについて網羅されている一冊です。

【ジグソー法についての文献】
Aronson, E. (1997) The jigsaw classroom: Building cooperation in the classroom. Scott Foresman & Company.（2011年版の邦訳：昭和女子大学教育研究会（訳）『ジグソー法ってなに？ ─ みんなが協同する授業』丸善プラネット、2016年）
　ジグソー法の開発者であるアロンソンによる書籍です。
三宅なほみ・齊藤萌木・飯窪真也・利根川太郎（2012）「学習者中心型授業へのアプローチ：知識構成型ジグソー法を軸に」東京大学大学院教育学研究科紀要51, 441-458
　知識構成型ジグソー法についてまとめられています。

【ピア・レビューについての文献】
東京大学教養教育高度化機構（KOMEX）アクティブラーニング部門（2014）『＋15minutes』p.23
　　http://www.kals.c.u-tokyo.ac.jp/dalt/wp-content/uploads/2014/09/plus15minutes.pdf (accessed 2017.1.17)
　ピア・レビューについて簡潔にまとめられています。無料でダウンロードが可能です。

【TBLについての文献】
Michaelsen, L., Sweet, M. & Parmalee, D. (2009) *Team-Based Learning: Small group learning's next big step,* New Directions for Teaching and Learning.
　TBLの基本的な事項から教員のファシリテーションについてまで、幅広く説明されています。

【大人数講義での教授法についての文献】
Gibbs, G. and Jenkins, A. (Eds.) (1992) *Teaching Large Classes in Higher Education: How to maintain quality with reduced resources,* Kogan Page.
　大人数講義の問題点に対応するための戦略が書かれています。法学、生物学、物理学といった授業のケーススタディも読むことができます。
Heppner, F. (2007) *Teaching the Large College Class: A guidebook for instructors with multitudes,* Jossey-Bass.

初めて大人数講義を担当することになった人に向けて書かれた本です。40年間生物学の大人数講義を行ってきた経験に基づく様々なTipsを学ぶことができます。

Stanley, C. A. and Porter, M. E. (Eds.) (2002) *Engaging Large Classes: Strategies and techniques for college faculty*, Bolton, MA: Anker Publishing.
　Part Twoでは、農学、臨床科学、教育学など、さまざまな学問領域における実践例を読むことができます。

【アクティブ・ラーニングの諸技法】

エリザベス＝バークレイ、パトリシア＝クロス、クレア＝メジャー著　安永悟監訳（2009）『協同学習の技法 ― 大学教育の手引き』ナカニシヤ出版
　話し合いや問題解決、文書作成などに活用できるアクティブ・ラーニングの技法がまとめられた一冊です。

中井俊樹編（2016）『アクティブラーニング』玉川大学出版部
　アクティブ・ラーニングを実践したいと考えている人に読んでもらいたい本です。授業に活用できるワークシートなどの付録も充実しています。

溝上慎一（2014）『アクティブラーニングと教授学習パラダイムの転換』東信堂
　アクティブ・ラーニングについて、理論から学ぶことができる本です。

第3章 学習の科学

ここでは「学習の科学」に基づいた授業デザインについて考えましょう。

> **目的** 学びの促進に関わる「モチベーション」、「熟達」、「練習とフィードバック」について理解し、授業設計に活用できる。
>
> **目標** モチベーションの維持・喚起の鍵となる「目標の主観的価値」、「予期」、「環境」のそれぞれについて説明できる。
> 学生の熟達およびその支援方法について説明できる。
> 効果的な練習とフィードバックについて説明できる。
> 学習の科学を学ぶ意義を説明できる。

3.1. モチベーション

3.1.1. モチベーションとは

モチベーションは、「望ましい状態や結果に達するために人が行う個人的な投資」(Maehr & Meyer, 1997) 等と説明され、学生の学習行動にも大きな影響を与えています。学習におけるモチベーションの役割を理解するため、まずは皆さん自身のモチベーションについて考えてみましょう。

今、あるいは今までにおいて、あなたが一番高いモチベーションをもっている、あるいはもっていたことは何ですか。

なぜ、そのようなモチベーションをもつことができているのでしょうか。

3.1.2. 学習におけるモチベーション

モチベーションは、学生が行う学習行動の方向、強度、持続性、質に影響を及ぼします。また、教員の行動は学生のモチベーションに影響を与えます。教員の行動次第で、学生のモチベーションが高まることもあれば、失われてしまうこともあります。

3.1.3. モチベーション理解の枠組み

モチベーションについては、心理学の分野で様々な研究が蓄積されています。この講座では、学生のモチベーションをうまく高めるために、「目標の主観的価値」、「予期」、「環境」の三要素を用いた枠組みで、モチベーションの理解を深めていきましょう。

目標の主観的価値、予期、環境はいずれも、モチベーションの高低に影響を与える要因となります。モチベーションは学生の学習目標に向かう行動を促し、それが学習成果へとつながります。したがって、目標の主観的価値、予期、環境の三つの要因に注意することで、学生の学習と成果を高めることができます。

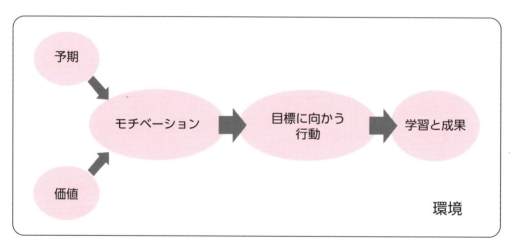

図1　モチベーション理解の枠組み（アンブローズ他, 2014 改変）

3.1.4. 目標の主観的価値

その人にとって、その目標がどう重要であるかを、その人にとってのその目標の主観的価値といいます。授業では、達成を求められる学習目標に関して、学生にとっての価値が目標の主観的価値だということになります。

目標の主観的価値の決定要因には、達成価値、内発的価値、道具的価値の三つがあるといわれています（Wigfield & Eccles, 1992, 2000）。

◆達成価値
目標やタスクの習得および達成に伴う価値。

◆内発的価値
　目標達成のための手段として行うタスクがもつ価値。
◆道具的価値
　将来の重要な目標を達成するために、今取り組んでいる目標やタスクが役立つ、ということによって感じられる価値。

　授業の場面に具体的にあてはめて考えてみましょう。達成価値が高い場合とは、「難解な専門書を最後まで読み通す」など達成感を味わえる場合です。内発的価値が高い場合とは、プログラミングそれ自体が楽しい、新しい知識を獲得するためのグループワーク自体が楽しいなど、活動そのものに価値を感じられる場合です。最後に、道具的価値が高い場合とは、授業の内容が課外活動や将来の職業に役に立つということが強く意識されているような場合です。
　これら三つの価値は全ての授業で必ず揃える必要はありませんが、多角的に価値を示すように心がけましょう。それらの価値を意識して、主観的価値を高める様々な工夫をすることで、学生のモチベーションを高めることができます。

3.1.5. 予期

　ある目標に対して、「自分は達成できる」という自分なりの予測のことを「予期」といいます。予期を高めることも、モチベーションを高めることにつながります。なお、ここで「予期」と訳した Expectancy という言葉は、モチベーション理論や教育心理学等に関する他の書籍等では「期待」と訳されていることもあります。本書では、「わくわくして待つ」という意味での期待との混同を防ぐという観点から、「予期」という訳語を用いています。
　モチベーションを高めることに関係する予期には、「ポジティブな結果予期」と「効力予期」の二つがあることが知られています。

◆ポジティブな結果予期
　「特定の行動が望ましい結果をもたらす」という予期
◆効力予期
　「自分は望ましい結果に向かって実際に行動できる」という予期

　ここでも、授業の場面に具体的にあてはめて考えてみましょう。授業中に学生に課すタスクがあまりにも易し過ぎると、「努力してもしなくても高得点が得られる」「タスクに取り組むことが高得点につながるわけではない」という予測が生まれ、ポジティブな結果予期につながりません。一方で、課題の難しさを強調し過ぎると、「自分には無理なのではないか」と感じられ、効力予期が下がってしまいます。「ジャンプすれば届く」という比喩で表されるような、適切な難易度の課題を設定することが、予期を高めるために重要になります。

3.1.6. 環境

学習の環境がどのように感じられるかも、モチベーションに影響します。協力的環境であると感じられると、価値・予期との相互作用により、モチベーションが強化されます。逆に、環境が非協力的だと感じられると、たとえ価値と予期が高くても、学生は教員に対して反抗的な態度をとるようになってしまいます。

3.1.7. 協力的な環境を演出するには

学生が環境をどのように受け止めるかは、学生の発達と、授業の雰囲気の二つの要因によって決まります。

学生の発達について詳しく考えてみましょう。例えば、自分と異なる他者の見解を受け止め、対話するためには、自分の見解を相対化してとらえる高度な能力が必要です。この能力が発達した大学4年生にとっての良い授業環境と、まだ、あまり能力が発達していない1年生にとっての良い授業環境とは異なるということに注意しましょう。また、ジェンダーや出自、所属団体等は、学生の社会的アイデンティティに関連しています。この社会的アイデンティティも、学生が環境をどう受け止めるかに影響を与えています。学生のプライバシーにも関わるため、これらを完璧に把握することはできませんが、男女の比率やサークル活動に関する状況等、可能な範囲で、学生の社会的アイデンティティに関する情報を頭に入れておくようにしましょう。

授業の雰囲気は、教員の学生に対する態度によっても大きく影響されます。少人数の授業では、学生の名前を覚えることが、雰囲気を良くすることにつながるでしょう。また、「女性は数学が苦手だろう」などといったステレオタイプを排することも重要です。「女子学生は数学ができなくて困る」のようなあからさまな差別的発言をしないことはもちろんですが、女子学生に男子学生と比べて簡単な演習問題を担当させるといったことも、授業の雰囲気を悪くしてしまいます。ジェンダーや国籍等によって対応を変えてしまわないよう、十分注意しましょう。

3.1.8. 教授者にできること

これまでに学んだことをふまえて、学生のモチベーションを高めるために教授者には何ができるかを考えてみましょう。モチベーションを高めるためには、三つのことに注意することが有効です。

1. 学生が高い価値を見いだせるよう、目標や活動を定め、示す
2. 学生の予期を高める
3. モチベーションを支える協力的な環境をつくり出す

子どもに自転車の乗り方を教える場面を想像してみてください。「自転車に乗る」という目標について、どのような価値を示してあげることができるでしょうか。

「自転車に乗る」という目標について、高い予期をもってもらうために、どのようなことをしてあげられますか。

自転車に乗る練習において、協力的環境をつくるためにはどんなことができるでしょうか。

3.2. ARCS モデル

　価値と期待、環境からみたモチベーションについての心理学的知見を授業デザインに活かすためのモデルとして、J. M. ケラーは「ARCS モデル」を提唱しています。この ARCS モデルに基づいて、学習者のモチベーションを高めるために教員には何ができるのか、より詳しく考えてみましょう。

　ARCS モデルの ARCS とは、注意（Attention）、関連性（Relevance）、自信（Confidence）、満足感（Satisfaction）の頭文字をとったものです。これら四つのカテゴリーを意識することで、学生のモチベーションを引き出す授業を、効率良くデザインすることができます。

　各カテゴリーには、更にサブカテゴリーがあります。以下、各カテゴリーについて説明します。

3.2.1. A：注意を引きつける

　学習内容に対するモチベーションを高めるには、何といっても学生の注意を引きつけなければなりません。ここに失敗すれば、授業の内容にどのような工夫を行っていても、それが学生に届かない、ということになりかねません。

知覚的喚起　注意を引きつけるには、写真や音楽、映像のような、知覚的に刺激を与える教材を用いることが効果的です。また、教員や学生の個人的なエピソードや、学生の感情に訴えるような内容を組み込むことも効果があります。

探究心の喚起　注意を更に持続させるためには、学生の探究心に訴えます。学生が答えを思わず考えてしまうような質問を用意したり、常識をくつがえすような理論を紹介したりすると、学生の

探究心を刺激し、注意を持続させることができます。

変化性 授業が単調になるのを避けることも、注意を持続させるために有効です。授業をいくつかのユニットに分けてデザインする、スライドの雰囲気を変える、ちょっとしたワークを挿入するといった工夫が考えられます。

3.2.2. R：関連性を示す

学生に「こんなことを学んで何になるの？」と聞かれたら、あなたはどうするでしょうか。この問いを発する学生は、授業の内容が自分とどのように関連するのかを理解できていない可能性があります。適切に関連性を示すことができれば、学生のモチベーションを高めることができます。

目的指向性 関連性を示すには、他の科目や、学生の将来の職業等に関連づけて、授業の目標をデザインすることが有効です。目標の主観的価値を高めるための工夫も、これに役立つでしょう。

動機との一致 学生の個人的な興味を把握し、それと授業内容をできるだけ一致させることも、関連性を示すために重要です。これを実現するには、授業中の学生の様子を観察・分析し、学生一人ひとりの特性を的確に把握する必要があります。

親しみやすさ 学生のこれまでの経験とのつながりを示すことも、関連性を示すのに役立ちます。学生にとって身近な例等をうまく活用すれば、学生は授業内容が自分自身に関連していると気づくことができるでしょう。

3.2.3. C：自信をもたせる

モチベーションに予期が関わっていたことを思い出しましょう。自信をもてれば、学生は自分が目標を達成できるという予期をもつことができます。自信をもつには、どのような工夫ができるでしょうか。

学習要求 自信をもたせるためには、何をすればその授業で成功できるのか、具体的ですぐに取り組めるようなタスクを明示することです。これにより学生の不安感を取り除き、自信をもたせることができます。

成功の機会 学生が自分の成長を実感できるような機会を多く与えることも、学生に自信をもたせることにつながります。このためには、課題をあまり難しくないステップへと細分化することや、機会をとらえて的確に学生を褒めること等が有効でしょう。

コントロールの個人化 自分自身の努力によって成果が得られていると感じられるようにすることも、自信を引き出すのに有効です。学生が課題に首尾良く取り組めたとき、それがどのような努力によって可能になったかを指摘するようにしましょう。学生自身に振り返らせるのも良いでしょう。教員の気まぐれで単位が与えられると感じさせないようにしましょう。

3.2.4. S：満足感を与える

学んだことから満足感が得られれば、学生のモチベーションは更に高まります。これによって学生はさらなる活動に価値を感じ、自分にはできるという予期ももてるようになるでしょう。

内的強化 学習者が成果を挙げたとき、的確なフィードバックを与えるようにしましょう。難しい課題に成功した際に賞賛することは特に有効です。新たに獲得したスキルを活用できる別の課題に取り組ませることも、学生の満足感を高めることにつながります。

外的報酬　授業に貢献した者にシールを配る、提出された課題にスタンプを押す、学期末に表彰状を授与するといった方法も、満足感を与えるのに有効です。子どもだましだと感じられるかもしれませんが、大学生だけでなく、十分成熟した大人であっても、このようなちょっとした報酬が与えられると、意外なほど嬉しくなってしまうものです。

公平さ　学生の満足感を低下させないためには、学生を公平に扱うということも非常に重要です。自分や他の学生が贔屓されていると感じられると、学生の満足感は下がってしまいます。成績評価にあたって公平であることを心がけるのはもちろんですが、学生にもそれがきちんと伝わるように、評価基準を丁寧に説明するようにしましょう。

ARCS モデルを活用すると、皆さんの授業ではどのような工夫ができるでしょうか。注意、関連性、自信、満足感の各項目について、考えてみましょう。

ARCS	可能な工夫
A（注意）	
R（関連性）	
C（自信）	
S（満足感）	

3.3. 熟達への道

3.3.1. 熟達とその要素

　特定の分野において高度な能力を獲得することを、「熟達」といいます。大学の学びは、専門分野における熟達を目標としているといえます。

　熟達には、「部分スキルの獲得」、「スキルの統合」、「スキルの適時の応用」の三つの要素が含まれます。これらの要素は完全に独立して達成されるわけではなく、「部分スキルの獲得」はより基礎的で、「スキルの適時の応用」の方がより高度な熟達の段階にあるといえます。

　熟達について、バスケットボールのシュートを例に考えてみましょう。「部分スキルの獲得」は、基礎的な運動能力、ボールコントロール、ドリブルの仕方、パスの仕方、シュートの仕方等の獲得に相当します。「スキルの統合」は、パスを受けてのシュートや、ドリブルからのシュート等の動作の際に必要になるでしょう。「スキルの適時の応用」は、ゲーム中に、敵をかわしながら適した方法でシュートすることに対応するでしょう。

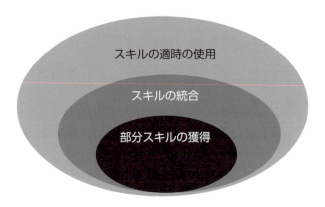

図2　モチベーションの3要素（アンブローズ他, 2014改変）

3.3.2. 専門家の盲点

　初心者である学生を熟達に導くことは、既に熟達した専門家である教員にとってはかえって難しい、という場合があります。この現象は、「専門家の盲点」として知られています。

　熟達は、「無意識的無能」、「意識的無能」、「意識的有能」、「無意識的有能」の四つの段階を経て起こります。このモデルによれば、初心者が熟達者になるためには、いったんはスキルを意識し、それを実行できるようにする、「意識的無能」と「意識的有能」の段階を経なければなりません。方法を理解してもまだ実行はできない状態が「意識的無能」の段階、意識すれば実行ができるようになった状態が、「意識的有能」の段階にあたります。これに対して、熟達者になると、スキルを意識せずとも実行できるようになります。

　日本人が"umbrella"という英単語の発音を学ぶ場合のことを考えてみましょう。はじめは、日本人が特に苦手なrとlの発音の違いや、アクセントの位置等、意識していてもうまく発音できないことがあるでしょう。これが「意識的無能」の状態です。しかし継続して練習すれば、上記のポイントに注意しながら、正確な発音ができるようになるでしょう。これが、「意識的有能」の状態です。そして最終的には、細かな発音について意識することなく、会話の流れのなかで自然に正確な発音ができるようになるはずです。この最後の状態が「無意識的有能」の段階です。英語のネイティブ・スピーカーを含む熟達者は、この「無意識的有能」の段階に達しているはずです。

　スキルを身につけさせるという観点から考えると、専門家であり、既に熟達している教員は、「無意識的有能」の段階に達していますから、通常はスキルを意識していない、ということに注意する必要があります。教員が学生を熟達に導くためには、通常は意識されていないスキルについて、改めて意識する必要があるのです。ここに、「専門家の盲点」があります。教員にとって、学生がどんなスキルの獲得につまずいているのかを見いだすことは、意外に難しいことです。このことを自覚し、十分注意して指導にあたることが必要です。

3.3.3. 熟達への支援

　学生を熟達へと導くためには、熟達に至るための三つの要素、すなわち、「部分スキルの獲得」、「スキルの統合」、「スキルの適時の使用」を意識して支援すると効果的です。

　「部分スキルの獲得」を促すには、まず、部分スキルを特定する必要があります。この部分スキ

ルの特定は、「専門家の盲点」のために、難しくなっています。見落としのないよう、十分注意して、スキルを分解していくことが必要になります。

また、部分スキルが特定できたら、それを獲得できるような練習をデザインし、学生に取り組ませることが必要です。スポーツにおける基本動作の練習や、ピアノの練習で左手と右手に分けて練習するような場合をイメージすれば良いでしょう。数学で、特定の定理だけを用いる問題をいくつも解かせて定理の特徴を理解させるような場合も、「部分スキルの獲得」にあたるでしょう。

「スキルの統合」を促すには、複数のスキルを同時に用いるような練習を行わせましょう。ここでも、スポーツや楽器の練習をイメージすると良いでしょう。

「スキルを適時に使えるようにする」には、様々なコンテクストにおいて、スキルを応用できるような練習を行いましょう。スポーツであれば、練習試合がこれにあたります。数学の応用問題を解くことも、この段階にあたるでしょう。なお、練習のデザインにあたっては、次の「練習とフィードバック」の項目も参照してください。

あなたの専門分野において、一人前の専門家としてやっていくためには、どのような部分スキルを獲得する必要があるでしょうか。「専門家の盲点」に注意しながら、必要な部分スキルをできるだけたくさん書き出してみましょう。

> **コラム**
>
> ## スキルの分割の重要さ
>
> 　第3章は「学習の科学」がテーマでした。私はここで、受講者の学びを促すためには、モチベーションを維持・向上させるための動機づけがいかに重要であるかということを学びました。特に印象に残ったのは、熟達者の指導方法についてでした。"スキル"をパーツに分け、段階的な指導を工夫していく必要があるという点を学びました。私は現在も、出産・育児を経て大学院生を継続しており、自分の授業をもつという立場にはおりません。しかし、後輩たちへの研究指導等を行う際に、「研究」を一つ一つのスキルに分割して指導することを心がけるようになりました。今後も、自分が実際に授業を行う等、指導する立場になったときには、このことを忘れずスキルを分解して効果的に指導できるようになりたいと思います。（寺本千恵）

3.4. 練習とフィードバック

3.4.1. 練習とフィードバックの意義

　学習の質を高めるためには、効果的な練習と適切なフィードバックが不可欠です。練習とフィードバックをどのようにデザインすれば良いのか、学習の科学に基づいて考えてみましょう。
　効果的な練習のためには、次の三つの点に気をつけることが重要です。

①具体的な目標設定
②適切なレベルへのチャレンジ
③十分な練習量

以下、順に見ていきましょう。
①具体的な目標設定
　練習の目標を具体的かつ明確に設定し、学生に提示しましょう。文章を書く練習としてレポートを書かせる場合であれば、字数を指示するだけでなく、どのような構成にすべきか、どのような文献を参照すべきか等、予め具体的に指示しておくことで、効果を高めることができます。
②適切なレベルへのチャレンジ
　学生にとって適切なレベルの目標を設定するようにしましょう。文章力の例で考えれば、入学したばかりの1年生に、はじめから2万字の論文を書かせるのはあまり効果的ではありません。また、数学や物理学等の理系科目では、教科書のなかに基礎的な練習問題と応用的な練習問題が混在している場合もあるでしょう。適切なレベルの問題を教員が適宜取捨選択することで、練習の効果をより高めることができます。
③十分な練習量
　練習は、十分な量をこなす必要があります。しかし、実際の授業では、一つの事項について一度

ずつしか練習の機会が与えられていない場合も多いようです。自宅学習を促すことや、特に重要な事項については繰り返し練習をさせることを検討しましょう。

3.4.2. 効果的なフィードバックとは

練習に対するフィードバックにあたっては、次の三つの点に気をつけましょう。

①フィードバックの的を絞る
②タイミングと頻度に気を配る
③練習の機会と連動させる

①フィードバックの的を絞る
　フィードバックにあたっては、漠然と「良い」「悪い」といった評価を伝えるだけでなく、より的を絞ったフィードバックを行うようにしましょう。学生のパフォーマンスのどの部分が、どの程度基準を満たしているのか、できるだけ具体的に伝えることが重要です。これによって、学習させたい重要な知識・スキルに、学生を集中させることができます。

②タイミングと頻度に気を配る
　学生にフィードバックを与えても、それを学生が活用しなければ意味がありません。そのためには、タイミングと頻度に気を配ることが重要です。一般に、フィードバックのタイミングは早いほど良く、頻度は多いほど良いと知られています。しかし、フィードバックの頻度があまりに多いと、学生が自ら振り返ることを放棄してしまうという副作用も考えられます。こうした点に注意しながら、適切なタイミングと頻度をデザインしましょう。

③練習の機会と連動させる
　練習とフィードバックを、それに続くさらなる練習の機会と連動させるように、授業をデザインしましょう。練習の機会と連動していれば、学生は得られたフィードバックを活用しやすくなります。

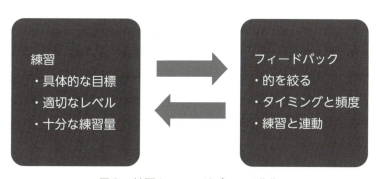

図3　練習とフィードバックの往復

3.5. なぜ学習の科学を学ぶのか

3.5.1. 学習の科学とは

　この章では、「モチベーション」、「熟達」、「練習とフィードバック」の三つの観点から、学習の科学の知見に基づいた授業づくりの実践方法を考えてきました。これらの実例に代表される、どのような要因が学生の学習に作用しているのかについての研究を、「学習の科学」といいます。本章で学んだことを通して、学習の科学の知見が、授業デザインに大いに役立つということを、実感していただけたのではないかと思います。

　最後に、学習の科学を授業デザインに活用することの意義と注意点について、改めて考えてみましょう。

3.5.2. 学習の科学を学ぶ意義

　授業方法に関する書籍等に対してよく聞かれる不満として、「著者の経験に基づいた報告としては面白いが、自分の授業では使えない」、「著者の主観が入り過ぎていて、自分の授業にとりいれても失敗してしまう」「自分の大学・自分の担当科目の実情にそぐわない方法が紹介されている」といったものがあります。学習の科学に基づいた授業デザインを学ぶことは、これらの問題に陥る危険を減らしてくれます。

　学習の科学は、人間にとって普遍的な心理学の研究の知見や、授業方法に関して長年にわたって蓄積されてきた研究成果から成立しています。このため、学習の科学の知見は、自分の授業にアクティブ・ラーニングの手法をとりいれる際に障害となり得る、学問領域の違い、学生のレベルの違い、大学の文化の違いからの影響を受けることなく、どんな局面にも応用しやすいという特徴をもっています。

　例えば、学生のモチベーションを引き出すことは、物理学、ロボット工学、看護学、歴史学、哲学等、様々に分化した学問分野のいずれにおいても重要なことです。また、小学生から大学生、更には社会人の学習にとっても、モチベーションを引き出すことは重要です。同様に学習者のモチベーションを引き出すことは、大学の規模や入試難易度や学年等にも関係ない、教員にとって共通の課題だといえます。

　したがって、学習の科学を学べば、自分の本来の専門と異なる分野の授業を担当する事になった場合にも応用できる授業デザインのスキルを身につけることができます。本務校と大きく異なる背景をもった大学で非常勤講師を務めることになったときにも、同様に学習の科学の知見は皆さんの武器になってくれるはずです。

第3章　確認問題

3.1. モチベーションについての説明として、適切なものを全て選んでください。
1) 「自転車に不自由なく乗る」という目標に対して、「自転車に乗ることで徒歩よりも短時間で遠くまで行ける」というのは道具的価値ととらえることができる。
2) 高いモチベーションは、「目標の主観的価値」「予期」「環境」の三つに良い影響を与える。
3) モチベーションは、学生の学習行動の方向、強度、持続性、質に影響を及ぼす。
4) モチベーションを理解するうえで重要な、「目標の主観的価値」については、「達成価値」、「内発的価値」、および「道具的価値」に分類して考察することができる。

3.2. モチベーションを高めるうえで重要な「予期」と「環境」についての説明として、適切なものを全て選んでください。
1) 自分にはその目標を達成することができるだろうという「予期」を考えるうえでは、特定の行動をとっていれば望ましい結果がもたらされるという「ポジティブな結果予期」と、自分は望ましい結果に向かって行動することができるだろうという「効力予期」の2点に焦点を当てることが重要である。
2) 学習者のモチベーションを高めるためには、目標に向かって何をすれば良いかを表した道しるべを提示するとともに、何か困ったことがあればサポートするという体制や構えを示すことが有効である。
3) 学習者のモチベーションを上げるために教授者ができることとして、学習者が憧れ、社会の目も引くような高い目標を設定すること、そして、言葉や手を差し出し過ぎないように学習者と距離をおくことが挙げられる。
4) モチベーションを上げるためには、一般に協力的な環境におかれるよりも、自分一人でやるしかない状況に追い込まれることの方が効果的である。

3.3. 学生の熟達とその支援方法についての説明として、適切なものを全て選んでください。
1) 熟達とは、特定の分野における高度な能力を獲得することである。
2) 学生の熟達の支援として教授者ができることは、まず、あるスキルを構成する部分スキルを特定しそれらを獲得するための練習をデザインすることである。
3) 熟達に至るための要素は、部分スキルを獲得すること、そして、それらの細かなスキルを瞬時に使えるようになること、の2点である。
4) 専門家は「意識的有能」というもっとも熟達した位置にあるため、当然うまく初心者を熟達に導くことができるはずである。

3.4. 効果的な練習とフィードバックについての説明として、適切なものを全て選んでください。
1) 効果的な練習とは、初心者であれ上級者であれ、基礎的なスキルを繰り返し確認し続けることである。
2) 練習とフィードバックを適切にデザインし、実施することによって、学習の効果を高めることができる。

3) フィードバックをする際には、相手がそれを活用する可能性がもっとも高いタイミングと頻度で与えると効果的である。
4) 学習効果を高めるためには、一般に、練習が一通り終わり、忘れた頃にフィードバックを与えると良い。

（解答・解説は巻末資料にあります）

参考文献

Maehr, M.& Meyer, H.(1997). Understanding motivation and schooling : Where we've been, where we are, and where we need to go. *Education Psychology Review* 9, 371-409.

Wigfield, A., & Eccles, J. (1992). The development of achievement task values: A theoretical analysis. *Developmental Review,* 12, 265-310.

Wigfield, A., & Eccles, J. (2000). Expectancy-Value Theory of Achievement Motivation, *Contemporary Educational Psychology* 25, 68-81.

【学習の科学全般についての文献】

スーザン・A・アンブローズ他著　栗田佳代子訳（2014）『大学における「学びの場」づくり：よりよいティーチングのための7つの原理』玉川大学出版部
　学習の科学の知見に基づいて、実際の授業に役立てられる「学習の原理」を示した本です。本章で扱ったトピックについては3、4、5章に更に詳しい解説があります。

R. Keith Sawyer (ed.) (2014) *The Cambridge Handbook of the Learning Sciences,* 2nd edition, Cambridge University Press.
　洋書かつ大部ではありますが、さらに深く本格的に学習科学を学びたい方にとって、もっとも重要な情報源となる座右の書です。

【モチベーションについての文献】

J.M. ケラー著　鈴木克明監訳（2010）『学習意欲をデザインする：ARCSモデルによるインストラクショナルデザイン』北大路書房
　ARCSモデルについて、日本語で読めるもっとも詳しい解説書です。

ロバート・パイク著　中村文子監訳　藤原るみ訳（2008）『クリエイティブ・トレーニング・テクニック・ハンドブック［第3版］』日本能率協会マネジメントセンター
　研修を想定した本ですが、参加者主体のプログラムを組むための工夫が説明されています。

第4章 90分授業のデザイン

ここでは「クラス・デザイン」について理解を深めていきましょう。

> **目的** 学びを深める授業実施に向けて、そのデザイン・意義・方法を理解する
> **目標** クラス・デザインの意義を説明できる
> ADDIE モデルを使い、デザインの流れを説明できる
> クラス構成の基本型をガニェの9教授事象を基礎として説明できる
> デザインシートを使い、授業をデザインできる

4.1. クラス・デザインの意義

4.1.1 コースとクラス

本書では「授業」についてコースとクラスという言葉を使いわけます。
次の図を見てください。

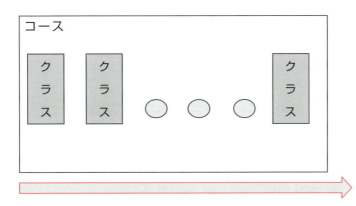

コースという際には、例えば、1学期15回の授業からなる科目全体のことを指しています。一方、クラスという際には、例えば、90分程度の一回の授業のことを指しています。

本章では、クラス・デザイン、すなわち、例えば90分のクラスをデザインすることを学びます。

4.1.2. クラスをデザインすることの意義

クラス・デザインについて学んでいく前に、まず、デザインすることの意義について考えてみましょう。

クラスをデザインすることの意義は何でしょうか。

第一に、**授業時間を効率的に利用できる**ということが挙げられます。限られた時間のなかで、学生の理解度を高めるクラスにするためには、いきあたりばったりではなく、予めデザインをしておくことが必要になります。

第二に、**教授手法を計画的に活用できる**ということが挙げられます。本書で推奨しているアクティブ・ラーニングは、準備に時間がかかるため、その場の思いつきでは十分に使いこなすことができません。ワークの際には、学生をかえって混乱させないように明確な指示を出すことが重要になりますが、そのためには事前のデザインが欠かせません。

第三に、**次回以降に向けての授業改善を行いやすい**ということが挙げられます。いきあたりばったりで授業を進めては、後々振り返ることが難しくなります。その点、事前にデザインしたものは、通常、何らかの形で目に見えるものとして残るため、改善すべき点を具体的に検討することができます。

第四に、**知識・スキルを教員間で共有しやすい**ということが挙げられます。やはり、何らかの形で目に見えるものとして残るために（例えば、**4.4.** で後述するデザインシート）、他者の授業から学ぶべき点を具体的に考えることができます。

このように、クラス・デザインは、授業実施者のみならず、他の教員、ひいては学生にとっても役立つものなのです。クラス・デザインを検討する際には、これら四つの役割を十分に果たすものになっているかに注意を払ってみましょう。

4.2. ADDIE モデル

4.2.1. ADDIE モデルとは

ADDIE モデルとは、インストラクショナル・デザインのモデルの一つです（ガニェ他 2007 p.25）。インストラクショナル・デザインとは、学習を手助けする活動全般（インストラクション）を設計することであり、クラス・デザインもそのなかに含まれます。ADDIE モデルという名前であるのは、図1に示されている五つの要素の頭文字をとったものだからです。

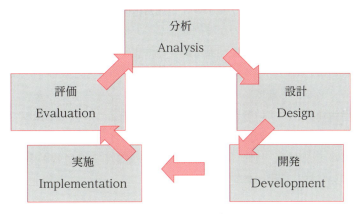

図1　ADDIEモデル

4.2.2.　ADDIEモデルの各要素

　図1を見ながら、ADDIEモデルにどのような要素が含まれているのかを簡単に確認していきましょう。最初は、**分析**(Analysis)です。例えば、これから担当する授業の人数等の情報を集めて分析をするという段階です。次に、その得られた情報をもとに**設計**(Design)をします。続いて、**開発**(Development)をする段階に入りますが、例えば授業で用いるパワーポイントのスライド等をつくることになります。そして、いよいよ**実施**(Implementation)です。実際に教室に行って、デザインしたとおりに開発したものを使って授業をします。実施したことに対しては、学生の学習成果等を検証する必要がありますが、これが**評価**(Evaluation)の段階です。

　ここで重要なのは、評価の後に、再び分析へと矢印が向いていることです。評価をして終わりではなく、それを活かすことが大切です。もちろん、評価をした結果、分析には問題がなく設計に問題があったという場合には、矢印は設計に向くことになります。ここでは、図が複雑にならないように、分析にのみ矢印を向けていますが、評価を必ず活かすことを忘れないでください。

　では、これより、分析・設計・開発・実施・評価という五つの手順が具体的にどのようなものなのかを順番に見ていきましょう。

4.2.3.　分析(Analysis)

　分析とは、クラス・デザインに必要な情報の特定をする段階です。また、目的・目標の設定、つまり、このクラスで何を学んでもらうかを定める段階でもあります。

クラスのデザインを始める際に、どんな情報が必要ですか。

クラス・デザインには、まず、何よりも**①教える内容に関する情報**が必要です。どのような範囲について教えることが求められているのかを把握しなくては、デザインを進めることができません。それに関連して、**②学習者の特性や前提知識に関する情報**が必要です。学生のモチベーションや学力について知らなければ、そのレベルに合った授業をデザインすることができません。**③教室環境**についても知っておく必要があるでしょう。何名程度の学生が受講しそうなのか、グループワークをする際に教員や学生が動きやすい形状の教室なのか、どのような機材が揃っているのか等です。

　また、この段階で、目的・目標の設定も行う必要があります。教える内容の範囲や学習者のレベルについて知ることができれば、目的・目標を具体的に設定することができるようになるでしょう。この点は第5章において詳しく扱います。

学習者の前提知識をどう分析するか

　分析の段階で必要となる情報の一つに、学習者の前提知識というものがありました。これを知るには、具体的にどうすれば良いのでしょうか。ここでは、クラス開始前・開始後に分けて考えてみましょう。

　まず、クラス開始前にできるものとしては、**同僚に聞く**という方法があります。当該科目を前年度まで担当していた教員や関連科目を担当している教員から得られる情報は、具体的で有効なものでしょう。直接聞くことができない場合でも、その教員のシラバスや課題を確認すれば、一定の情報を得られるでしょう。ただし、教員が授業で教えたことを必ずしも学生が理解していない可能性に注意しなければなりません（アンブローズ他 2014 p.42; デイビス 2002 p.3）。

　そういった意味で、クラス開始後に利用できる方法についても知っておく必要があります。簡単にできる方法としては、最初のクラスで何人かの学生に、どれぐらい前提知識をもっているのかを尋ねる方法があります。より体系的に知るには、**小テスト**を行ったり、**概念地図**(concept map)をつくってもらったりすることもできます。これらは、教員が前提知識の有無を判断する方法ですが、アンケートのようなものを作成して**学生自身に判断してもらう**方法もあります（アンブローズ他 2014 pp.43-45; デイビス 2002 p.33; 池田他 2001 p.77）。

　初回のクラスのみならず、クラスの回数を重ねてからでも、学習者の前提知識を知ることはできます。例えば、中間試験や課題を採点した結果、**学生の誤答・誤解に共通するパターンを見いだせる**ような場合には、前提知識に何らかの問題があるのかもしれません（アンブローズ他 2014 p.45）。

　それぞれの方法には、長所や短所、利用する際の注意点等があります。より詳しく知りたい方は、章末に挙げた参考文献を確認してみてください。

4.2.4. 設計 (Design)

　設計とは、教える内容を具体的に設計する段階です。クラス・デザインそのものといえるでしょう。

クラスを設計するとき、具体的に設計をするのはどのような要素でしょうか。

　設計すべきこととしては、まず、①**教える内容の質と量**が挙げられます。分析をして判明した学習者のレベルにあわせて設定する必要があります。その内容について、どのように教えるかという②**教える方法**もまた設計しなければなりません。アクティブ・ラーニングを導入する際には、③**ワークや課題**についても考える必要があります。そして、これらを効果的に、かつ時間内におさまるように伝えるための④**構成**や⑤**タイムライン**もまた重要です。

　なお、これらを具体的に設計するうえで知っておくべき理論や有効な方法として、「ガニェの9教授事象」と「デザインシート」があります。それぞれ、4-3、4-4で紹介します。

4.2.5. 開発 (Development)

　開発とは、一つ前の段階のデザインに従って実際に使用する教材等を準備・作成する段階です。

あなたの専門では、どのような「開発」作業がありますか。

　専門分野によって異なると思いますが、代表的な開発の作業としては、**提示資料**（パワーポイントのスライド等）や**配布物**の作成が挙げられます。分野によっては、**参考資料**として、模型や実物を作成することもあるでしょう。

4.2.6. 実施(Implementation)

実施の段階では、留意すべき点が三つほどあります。まず、設計・開発していったものをどのように伝えるかという、①デリバリーに注意する必要があります。たとえ伝えようとする内容が良くても、一方向で資料を棒読みしていては、学生に十分に伝えることは難しくなります。学生を巻き込む方法や声量、視線の向け方等を意識しましょう。

次に、②**学生の理解度を逐次確認する**ことに注意しなければなりません。学生の反応を見ながら理解できていそうかを確認し続ける必要があります。そういった意味でも、視線の向け方は重要になります。

ここで、学生の理解度が十分ではないと感じた場合には、③**柔軟な方針変更**が求められます。例えば、教員としては知っていて当たり前だと思っていた用語が通じていないと思った際には、その用語に関する解説を加える必要があります。設計・開発したものにこだわるのではなく、臨機応変に対応することが重要です（稲垣・鈴木編著 2015 p.20）。

4.2.7. 評価(Evaluation)

評価とは、一連の分析・デザイン・開発・実施の各段階を検証することであり、次の機会につなげるために行います。

自分の授業の評価を誰に聞きますか。

評価の方法（授業の評価者）としては、まず、①**自己評価**が考えられます。次に、②**受講した学生の評価**が挙げられます。現在では、多くの大学において学生が授業評価のアンケートに答えるようになっています。また、③**第三者による評価**という形もあります。同僚の先生に授業を観てもらったり、ファカルティ・デベロップメント(FD)が専門の教員からアドバイスを得たりすることができます。

4.2.8. より正確な評価を得るために

評価(E)の方法に、自己評価・学生評価・第三者による評価があることを紹介しましたが、ここでは、それぞれの方法について、より正確に評価を得るための工夫を考えてみましょう。

まず、自己評価においては、記憶に頼るのみでなく、**自分の授業を録音・録画しておいて授業後に振り返ることが可能です**（デイビス 2002 pp.135,143-145, 431-438; 池田他 2001 p.153）。録音・録画のためのスタッフを派遣してもらえる大学は少ないかもしれませんが、ティーチング・アシスタント(TA[*])にお願いしたり、三脚を準備できるのであればタブレットPC等を固定して撮影したりすることもできるでしょう。チェックすべき項目としては、以下のようなものが考えら

れます。なお、録音・録画をする際には、あくまでも授業改善のためであることを学生に伝えたうえで実施しましょう。

  ＊ TA：ティーチング・アシスタント。授業中や授業準備段階に担当教員を補佐する者。大学院生が務めることが多い。

【自己評価でも可能】

- 目的・目標が明確に定められていたか
- 目的・目標と内容が一致していたか
- 声の大きさ
- 声の明瞭さ
- 話す速度
- 間のとり方
- 顔の表情
- 視線の向け方
- 身振り手振り
- 姿勢

【学生評価や第三者評価に向いている】

- レベル（難易度）の設定が適切であったか
- 流れが良かったか
- 授業の内容をもっと知りたくなったか
- 内容に対し時間配分が適切だったか
- 授業に参加したという実感をもてたか
- 教材が工夫されていたか
- 教員の説明はわかりやすかったか
- 教員の熱意が伝わってきたか

（出典：東大 FFP 授業内の「フィードバックシート」より抜粋）

 学生評価においては、なるべく早い段階でアンケートをとると良いでしょう（池田他 2001 pp.145-146）。評価は、授業改善に活かされなければ意味がありません。声量や板書・スライドの字の大きさ等のすぐに修正できる点については、学期末のアンケートを待たずに、早い段階で尋ねるべきでしょう。この場合のアンケートは必ずしも学期末のように形式ばったものである必要はなく、リアクション・ペーパーとして回収したり、授業中に尋ねたりすることもできるでしょう。

 第三者による評価においては、TA を採用している場合には、**TA からフィードバックを得る**ことができます（デイビス 2002 p.429; 池田他 2001 p.153）。同僚や FD 部門の教員の場合には、毎回授業を見学してもらうことは難しいですが、TA であれば日々の業務中に気づいた点をまとめておくことができます。教員と学生の中間に位置しているという点でも、学生に近い視点からの評価を得やすいといえます。

4.2.9. Close the loop

　以上のように、ADDIEモデルを用いてクラス・デザインを考えることができますが、以下の図1（再掲）を見てください。重要なことのため、もう一度繰り返しますが、評価の後にも矢印は続きます。評価をして満足するのではなく、それを次の機会に活かしていく必要があるのです。Close the loop、ループを閉じるということを忘れないでください。

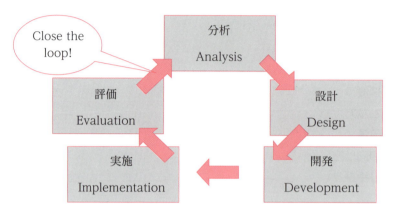

図1　ADDIEモデル（再掲）

4.3. クラス構成の基本型

4.3.1. クラスの構成

　90分程度のクラスを構成する場合、以下の図2のように、導入・展開・まとめという三つのパートに分けることが通常です（池田他 2001 p.85; 稲垣・鈴木 2015 p.65）。導入もなく、いきなり本論、それも新しい内容に入ってしまっては、学生が戸惑います。また、本題を話している途中でまとめがないまま終わってしまいますと、学生としては消化不良になります。

導入	目的・目標の提示 復習	5-20分
展開	本論1 本論2 ワーク　等	50-80分
まとめ	総括、発展、 課題の提示	5-20分

図2　クラス構成

導入とは、本論に入る前の準備の段階です。本論に入る前の「つかみ」や、前回までの復習、そして、今回のクラスの目的・目標を示します。例えば、前回までの復習として小テストを行うことができます。スライドや黒板に目次（今日のメニュー）や到達目標を示すことは概観するのに有効です。

　展開は、本論の部分です。90分程度のクラスの場合、本論1・本論2といったように、いくつかに分かれることが多いでしょう。また、それぞれの本論に関連したワークが行われることもあるでしょう。

　まとめにおいては、総括を行うほか、次回以降につながる発展的な話や、課題の説明をすることが多いでしょう。ひとまとまりの話が終了し、次回へとつながっていくという意識を学生がもてるようにすることが重要です。

　時間についてはあくまでも目安ですが、90分のクラスの場合、導入には5分から20分程度、展開には50分から80分程度、まとめには5分から20分程度費やすことが多いでしょう。

4.3.2.　ガニェの9教授事象とは

　このような設計を具体的に考えていく際に参考になるのが、ガニェの9教授事象です。これは、授業設計理論の父と呼ばれる学習心理学者のガニェが考案したものであり、教員が学習者にできる働きかけとして9つの観点が提案されています。

> 以下はガニェの9教授事象です。それぞれ「導入」「展開」「まとめ」に対応させるとすれば、どうなるでしょうか。三つに分類してみましょう。
>
> 1　学習者の注意を喚起する
> 2　学習目標を知らせる
> 3　前提条件を確認する
> 4　新しい事項を提示する
> 5　学習の指針を与える
> 6　練習の機会を設ける
> 7　フィードバックをする
> 8　学習の成果を評価する
> 9　学習の保持と転移を促す

4.3.3. 導入：新しい学習への準備

新しい学習への準備を行う導入には、次の事象が対応します。

1　学習者の注意を喚起する
2　学習目標を知らせる
3　前提条件を確認する

1の学習者の注意を喚起するとは、これから学ぶ内容について好奇心や関心をもってもらえるように働きかけるということです。

2の学習目標を知らせるとは、これから行われる授業への期待感を学生にもってもらうことで、集中力や意欲を高める狙いがあります。

3の前提条件を確認するとは、授業開始前に学生が既に知っているはずのことを思い出してもらうということです。これまでに学んできた内容とこれから学ぶ内容とを結びつける狙いがあります。

4.3.4. 展開：学習

導入の次には、実際の学習、すなわち展開に入ります。ここには、次の事象が対応します。

4　新しい事項を提示する
5　学習の指針を与える
6　練習の機会を設ける
7　フィードバックをする

4の新しい事項を提示する際には、学生が既に知っていることとの関連性や類似性を意識してもらうことが重要です。そうすることで、新しく学ぶことが理解しやすくなります。

5の学習の指針を与えるとは、新しい事柄を学びやすくなるようなアドバイスをすることです。学生が単に丸暗記をするのではなく、新しく学んだことの意味づけや他の事項との関連性を意識しながら理解するように説明することが重要です。

6の練習の機会を設けることには、新しく学んだことの定着をはかる狙いがあります。この時間は、授業中に設けることもできますし、授業外で学生に取り組んでもらうこともできます。

7のフィードバックをするには、新しく学んだことの定着をサポートする狙いがあります。授業内外に設けた練習の機会において、学生は成功することも失敗することもあります。学生に練習を任せっきりにせずに、必要に応じてフィードバックをすることが求められます。

4.3.5. まとめ：確認と定着・応用

学んだことの確認と定着・応用を目指すまとめには、次の事象が対応します。

8　学習の成果を評価する
9　学習の保持と転移を促す

8の学習の成果を評価するとは、文字通り学んだことについて評価を行うことです。学期末に行われることが多いですが、各クラスにおいても簡単な形であれば終了時に時間を設けることもできるでしょう。

9の学習の保持と転移を促すとは、学習成果を長もちさせ、他の場面にも応用できるような学習者になってもらうように工夫することです。展開において、他の事項との関連性を意識しながら学んでもらいますが、まとめにおいても、保持と転移について意識することが重要です。

4.3.6. ガニェの9教授事象の具体例

以上で学んだ9教授事象を意識的にとりいれている授業を紹介しましょう。ここでは、「同盟のディレンマ」という基本概念の習得を目指す国際政治学の授業を例にとりますが、皆さんの専門分野では、どういった工夫ができるかを考えてみてください。

【1　学習者の注意を喚起する】
- ◆日本で時事問題として話題になっている安保法制について、新聞はもちろん、ファッション誌でも特集が組まれていることを、実物を見せて紹介。
- ◆特集のなかでは述べられていないけれども、安保法制について議論するうえで重要なことがあり、それを今日の授業で学んでいくと予告。

【2　学習目標を知らせる】
- ◆「同盟のディレンマ」という概念について説明できるようになることが目標であると述べ、授業の最後にクイズに答えてもらうことを予告。

【3　前提条件を確認する】
- ◆「同盟のディレンマ」と関連した概念であり、前回の授業で学んだ「安全保障のディレンマ」について思い出してもらう。

【4　新しい事項を提示する】
- ◆「同盟のディレンマ」という概念について説明をする。

【5　学習の指針を与える】
- ◆「同盟のディレンマ」も、「安全保障のディレンマ」と同様の理由によって生じる点がポイントだと説明する。

【6　練習の機会を設ける】
- ◆上記のポイントを意識してもらいながら、隣の人と説明しあってもらう。

【7　フィードバックをする】
- ◆教室を巡回しながら、ポイントを押さえた説明ができているかを確認する。

【8　学習の成果を評価する】
- ◆クリッカーを使って、ポイントを押さえられているかを確認する多肢選択式のクイズを行い、解説をする。

【9　学習の保持と転移を促す】
- ◆「同盟のディレンマ」を緩和する方法として、どのような政策があり得るかを考えてくる宿題を課す。宿題に取り組みやすくするよう、授業の最後に、少し考えたり質問をしたりする時間を設ける。

4.4. デザインシートの利用

4.4.1. デザインシート作成の意義

デザインシートを作成する意義は、何でしょうか。まずは、そもそもクラス・デザインには、どのような意義があったか、4.1.2.で学んだ内容を思い出してください（→p.56）。4点あった意義は、そのままデザインシート作成の意義ともなります。それに加えて、導入・展開・まとめ等の授業の構造が見えやすくなるということが挙げられます。

- ◆授業計画を構造的に可視化できる
- ◆授業時間を効率的に利用できる
- ◆教授手法を計画的に活用できる
- ◆次回以降に向けての授業改善を行いやすい
- ◆知識・スキルを教員間で共有しやすい

4.4.2. デザインシートの構成

巻末のデザインシートを参照してください（→p.208）。シートに記載すべき項目と記入例が載っています。ここで重要なのは、教員の行動のみならず、その時間に学生が何をするのかを常に考えてデザインすることです（デイビス2002 p.9）。

> **コラム**
>
> ### 90分は意外と短い
>
> 　第4章では「90分の授業をデザインしよう」というテーマで学習を進めました。授業計画を考えたとき、90分という時間はとても長いというイメージでした。しかし、実際に計画してみると、短いなという印象に変わりました。私は45分間の模擬授業を体験する機会を得ることができたのですが、予想以上に討論や発表の内容が充実していて、予定の時間で打ち切るのが大変心苦しかった記憶があります。第4章では「ガニェの9教授事象」等の授業を充実させるためのヒントをいろいろ学ぶことができたので、これらをうまく活かせば充実した授業をデザインできるのではないかと思います。
>
> 　私は教員を目指すことから離れているのですが、仕事を教える・教わるというときも、インタラクティブ・ティーチングで学ぶことは大いに役立つと感じています。まずは教わる側のモチベーションが必ずしも高いとは限らないので、導入部分でやる気を引き出すことが重要だと感じています。（金子ちほり）

4.5. デザインシートを使いこなす

4.5.1. デザインシートをつくってみる

　では、ここで、皆さんの担当する授業について、実際にデザインシートを用いてクラス・デザインを考えてみましょう。4.4.1. で学んだデザインシートの五つの役割（意義）を十分に果たすものになっているか、そして 4.4.2. で学んだように学生が何をするのかを常に考えてデザインしているかがポイントです。

4.5.2. デザインシートを改善する

　ある授業を初めて担当する際には、限られた時間に対して内容が詰め込み過ぎになりがちです。特に、教員の狭い意味での専門に近い分野をとりあげるときには、つい「あれも、これも」と教えたいことが多くなります。大学教員は研究者である以上、この誘惑からは逃れがたいものがありますが、一度に学ぶ内容が多過ぎると、学習者にとっては消化不良になってしまいます（池田ほか 2001）。内容が詰め込み過ぎか否かを判断する目安としては、例えば、以下のようなものが考えられます。

- ◆一方向で話す時間が長時間続いている
  （学生に質問をしたり、学生から質問を受けたりする時間がない）
- ◆ワークの指示を出す時間が十分に確保されていない
- ◆学生の発表に対するフィードバックの時間が確保されていない

　クラスの時間は限られているので、内容を詰め込み過ぎている場合には、帳尻をあわせるために、本来確保されるべき時間が削られてしまっているはずです。皆さんが作成したデザインシートにも、同様の問題点はなかったでしょうか。もし、あった場合には、以下のような点を中心に改善を検討してみてください。

- ◆そのクラスの目的・目標に照らして、教えようとしている内容は不可欠か
- ◆そのクラスの目的・目標に照らして、行おうとしているワークは不可欠か（より短い時間で行えるワークに変更することは可能か）
- ◆そのクラスの時間に比して、目的・目標の設定がそもそも妥当か（目的・目標が質的に高過ぎたり、量的に多過ぎたりしないか）

第4章　確認問題

4.1. 下図は、ADDIE モデルを表します。1~5 に入る五つの要素として、適切な順序で並べられたものを選んでください。

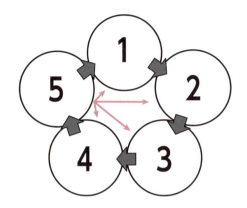

1) 1：実施　　2：分析　　3：評価　　4：設計　　5：開発
2) 1：設計　　2：実施　　3：評価　　4：分析　　5：開発
3) 1：開発　　2：設計　　3：実施　　4：評価　　5：分析
4) 1：分析　　2：設計　　3：開発　　4：実施　　5：評価

4.2. クラス・デザインについての説明として、不適切なものを全て選んでください。
1) クラスをデザインするうえで、学習者の特性や知識レベル、教室環境等を知っておくことは重要である。
2) 授業の目標を設定する際には、学生のモチベーションが上がるように気持ちを高める書き方を意識し、細かく具体的な記述は避けると良い。
3) 授業を設計する際には、相手にあった教授内容の質と量、教授方法、ワークや課題、構成、およびタイムラインを考える。
4) 丁寧にクラスをデザインすることで、授業時間を効率的に利用し、教授手法を計画的に活用することができる他、授業改善や知識・スキルの共有も行いやすくなる利点がある。

4.3. ADDIE モデルについての説明として、適切なものを全て選んでください。
1) ADDIE モデルは、1 コマ分のクラスをデザインするうえでは有効なツールだが、1 学期間のコース全体をデザインするには、別モデルを活用した方が良い。
2) ADDIE モデルの「開発」は、実際に授業で使用する教材等を準備・作成する段階を指す。
3) 「実施」は、ADDIE モデルの第 1 段階であり、「評価」、「設計」、「分析」、「開発」等を行うよりも先にひとまず初回の授業等を実施しておかなければならない。
4) ADDIE モデルにおいて「評価」は、同モデルを循環し続ける（close the loop）ために重要な要素である。

4.4. クラスをデザインするうえで留意すべきポイントについて、**適切なもの**を全て選んでください。

1) 各クラスは、「起承転結」を意識して、四つの段階に分けた構成でデザインする。
2) クラスの冒頭には、学習者の注意を喚起したり、学習目標を明確に伝えることで、学習者の集中力や意欲につなげていく。
3) クラスの中盤では、新しい学習事項を示した後に、それを練習する機会を設け、フィードバックも適宜行っていくことで、学習者はその新しい学習内容を意味づけし、習得できるようになる。
4) クラスの終盤では、新しい学習事項をどれだけ習得できたのか、学習の成果を必ずテスト形式で評価したうえで、次回から取り扱う全く異なる学習事項についての予習を求める。

4.5. クラスデザインシートについての説明として、**不適切なもの**を全て選んでください。

1) クラスデザインシートには、授業の基本情報、回とタイトル、目的・目標、評価方法、そしてスケジュールを記入する。
2) スケジュールの欄に書いた時間配分やワークの内容は、何があっても守らなければならない。
3) クラスデザインシートは、教員と学生間の一種の契約書の役割を果たすものであり、当然ながら学生に配布する必要がある。
4) シートを活用してクラス・デザインを行うことで、授業計画の構造的可視化、授業時間の効率的利用、教授手法の計画的活用、授業改善、知識やスキルの共有等が行いやすくなる、という利点がある。

（解答・解説は巻末資料にあります）

参考文献

R.M. ガニェ他著　鈴木克明・岩崎信監訳（2007）『インストラクショナルデザインの原理』北大路書房

【クラス・デザインについての文献】

池田輝政、戸田山和久、近田政博、中井俊樹（2001）『成長するティップス先生 — 授業デザインのための秘訣集』玉川大学出版部
　授業を改善するための実践的なアドバイスが豊富な本です。本書で扱った内容のうちADDIEモデルのEに相当する部分について、第9章に具体的な実践例が紹介されています。

稲垣忠、鈴木克明（2015）『授業設計マニュアル ver.2 — 教師のためのインストラクショナルデザイン』北大路書房
　大学の教職課程を履修する学生を想定して書かれ、初等・中等教育の具体例が豊富です。本章で扱ったクラス構成については第6章に記述があります。

バーバラ・グロス・デイビス著　香取草之助監訳　光澤舜明・安岡高志・吉川政夫訳（2002）『授業の道具箱』東海大学出版会
　授業改善のアイデアが体系的に記されています。本書で扱った内容のうちADDIEモデルのAに相当する部分について第1章に、Eに相当する部分については第41-43章に更に詳しい解説があります。

中島英博編著（2016）『シリーズ 大学の教授法1 授業設計』玉川大学出版部
　主に初回の授業開始までの準備について実践的な方法が紹介されています。複数教員で授業を行う場合やゼミや研究室での学生指導といった応用例についても記述があります。

【学生の前提知識を知る方法についての文献】

スーザン・A・アンブローズ他著　栗田佳代子訳（2014）『大学における「学びの場」づくり：よりよいティーチングのための7つの原理』玉川大学出版部
　科学的な研究成果に基づいて、授業改善のための提言が示されている本です。本章で扱った学生の前提知識を知るための方法については、第1章に更に詳しい解説があります。

第5章 もっと使えるシラバスを書こう

ここでは「学びを促す」という観点からシラバスについて学びましょう。

> **目的** 学生の学習を促すためにもっと使えるシラバスの書き方を習得する
> **目標** シラバスの定義と多様な役割を説明できる
> 　　　 適切に目的と目標を設定できる
> 　　　 効果的にスケジュールをデザインできる
> 　　　 グラフィック・シラバスの意義と活用方法を説明できる
> 　　　 適切に評価方法を書ける

シラバスを書くことは、良い授業づくりの出発点です。教員は、シラバスを書くことを通して授業を設計することになりますが、その際にインストラクショナル・デザインの理論を応用することで、学生にとってわかりやすく、教育効果の高い授業を設計することが可能となります。良い授業は教員の個性や教育技法によると考えている教員も多いですが、実際は適切な設計によるところが大きいのです。周到な準備のもとに設計された授業は、学生の学びを確実に促進させることができます。ここでは、「学びを促すシラバス」の書き方を習得し、実際にシラバスを書けるようになりましょう。

5.1. もっとあるシラバスの役割

5.1.1. シラバスとは何か

シラバスとは「各授業科目の詳細な授業計画」のことであり、「学生が各授業科目の準備学習等を進めるための基本となるもの。また、学生が講義の履修を決める際の資料になるとともに、教員相互の授業内容の調整、学生による授業評価等にも使われる」と定義されています（文部科学省、2008）。

改めてシラバスにはどのような役割があるのかを考えてみましょう（佐藤、2010）。

第一に、授業選択ガイドとしての役割を果たします。当該科目が選択科目の場合、学生はシラバスを読んでから選択します。しかし、この役割だけであれば、授業選択後にシラバスは不要となります。

第二に、契約書としての役割を果たします。受講するにあたって、学生にはシラバスに書かれているルールを順守したり、課題を期限どおりに提出したりすることが期待されます。一方、教員にはシラバスに書かれている内容に沿って授業をすることが期待されます。このようにシラバスが双

方にとっての契約書だとすれば、少なくとも授業終了時までは双方が保持しなければならない文書となります。

第三に、学習効果を高める教材としての役割を果たします。日本の大学では、各大学が指定した様式に沿って、各教員が A4 判 1 枚程度のシラバスを書くことが一般的ですが、北米圏の大学では 10 数ページからなる文書として配布されることが一般的です。ここには各回の内容や各課題の評価基準等が詳細に記述されており、毎回の授業に持参するように指示されます。このように、海外の事例を参考にして大学が指定した様式とは別に詳細版シラバスを作成し、初回の授業で配布しても良いでしょう。

第四に、教員と学生の関係づくりのツールとしての役割を果たします。学生は授業が始まる前に、シラバスを通して教員に出会います。その点ではシラバスはゼロ回目の授業であり、学生との距離を縮める機能をもちます。学生は、シラバスの記載内容を通して教員とのコミュニケーションを始めていると考えたほうが良いでしょう。

第五に、授業の雰囲気を伝える機会としての役割を果たします。一方、学生にとっては、授業の雰囲気を知るためのリソースとなります。学生はシラバスによって、当該授業はどのような内容なのか、どのような方法で進められるのかをイメージしています。

第六に、授業全体をデザインする役割を果たします。教員にとって詳細版のシラバスをつくるのは大変ですが、一度作成してしまえば、次に授業を実施する際には、前年度のことを思い出す必要がなく楽になります。

第七に、カリキュラム全体に一貫性をもたせる役割を果たします。大学の評価にあたっては、シラバスが参照されることがあります。組織として掲げたディプロマ・ポリシー（学位授与の方針）に各授業が対応しているかどうかを判断するためです。不適切なシラバスを書くことは、大学、学部、学科といった組織の評価を低下させてしまうことになる場合もあります。

第八に、教育業績のエビデンスとしての役割を果たします。教員公募や昇進の条件に、シラバスの提出を求める大学が増えています。教育業績の評価方法は複数ありますが、模擬授業では主にインストラクショナル・スキルを測定できるのに対し、シラバスでは主に授業設計（インストラクショナル・デザイン）力を測定することができます。

これらの役割のうち、第一と第三の役割は学生にとって価値あるもの、第六から第八までの役割は教員にとって価値あるもの、第二、第四、第五の役割は両者にとって価値あるものといえるでしょう。

皆さんは、今までシラバスをどのように使ってきましたか。

5.1.2. シラバスの項目例

　以下で示している項目は、シラバスに記入するべき一般的な項目です。自大学のシラバスの様式では設定されていない項目もあるでしょう。詳細版シラバスでは新規項目を追加することも可能です。特に欠かせないのは、目的、到達目標、スケジュール、評価方法です。巻末資料には東大FFPの授業シラバス例を所収していますので、適宜参照してください。

- 授業題目
- キーワード
- 使用言語
- 授業の目的
- 到達目標
- 授業概要
- 教育方法
- スケジュール
- 時間外学習に関わる情報
- 成績評価法
- 受講条件
- 教科書
- 参考書
- 事前学習に関する情報
- 受講のルール
- オフィスアワー
- 担当教員紹介
- 担当教員の連絡先
- 参照ホームページ

　日本では多くの大学で、シラバスがウェブ上で公開されています。自大学だけではなく、他大学のシラバスも検索してその項目の違いを比較してみましょう。

- 早稲田大学 https://www.wsl.waseda.jp/syllabus/JAA101.php
- 大阪大学 https://koan.osaka-u.ac.jp/syllabus__ex/campus
- 中央大学 http://syllabus.chuo-u.ac.jp/syllabus/
- 千葉大学 http://www.chiba-u.ac.jp/campus-life/syllabus/index.html
- シラバス・データベース http://www.syllabus-db.com/index.html

5.2. 目的と目標の設定

5.2.1. 目的の設定

　授業の目的とは、その授業の存在意義のことです。学生から「なぜこれを学ばなければならないのか？」と問われた際の答えでもあります。

　ユニバーサル段階の大学においては、全ての学生が学ぶ意義が明確な状態で授業を受けているとは限りません。学習の意義を見いだせずに、学習に困難を感じている学生が存在していることを前提に授業を設計すべきでしょう。そのような学生のためには、「〜するために」という表現を使って、授業の目的を明記します。学生生活（専門教育の学習、卒業、留学等を含む）や職業生活（就職、資格試験等を含む）のため、真理や学問の探究のため、自己や他者理解のため、人類の幸福や社会・

世界に貢献するため、といったことも授業の存在意義になるでしょう。学生を主語にして記述すると学生が目的をイメージしやすくなります。また、文末には総括的な動詞を用いると良いでしょう。

表1　「授業の目的」に使用する動詞の例

修得する　身につける　理解する　創造する　位置づける　価値を認める　知る　認識する等

（日本医学教育学会、2006）

自身のシラバスの目的を確認してみましょう。
その目的が、学生からの「なぜ学ばなければならないか。」という問いに答えるものになっているでしょうか。
目的が書かれていない場合は、改めて記述してみましょう。

5.2.2.　目標の設定

　授業の目標とは、その授業終了後に学生にできるようになって欲しい能力を記述したもので、先に定めた目的を具体化したものです。授業の目標は、観察可能な行動を具体的な動詞で使って表現します。なぜならば、目標は評価されるものであり、動詞として記述されていれば評価がしやすいからです。

　ブルームは教育目標を大きく三つの領域に分けました（梶田、1992）。第一は、認知的領域です。これは「知る」ということに関わる目標です。講義や少人数の対話型授業等において育成される能力です。認知的領域の動詞は、理解や暗記といった比較的低次なものから、思考や判断といった高次なものまで、幅広く存在します。

表2　認知的領域の目標の例

列挙する　述べる　具体的に述べる　記述する　説明する　構成する　命名する　再構成する　計画する　見つける　分類する　比較する　一般化する　類別する　区分する　区別する　指摘する　関係づける　判断する　予測する　選択する　同定する　測定する　分析する　配列する　系統化する　正当化する　合成する　分離する　計算する　質問する　帰納する　検証する　結合する　決定する　対応する　対照する

選別する　適合する　概括する　要約する　解釈する　描写する　叙述する　推論する　適用する　演繹する　結論する　批判する　評価する　指示する　収集する　賛同する　発表する　報告する　暗唱する　再生する　判定する　確認する　求める　定式化する　証明する　仮説を立てる　生み出す　製作する　修正する

(中島英博編『授業設計』2016)

第二は、精神運動的領域です。これは「する」ということに関わるものです。実験や実習等の授業において育成される能力です。

表3　精神運動的領域の目標の例

感じる　始める　模倣する　工夫する　動かす　実施する　創造する　操作する　調べる　準備する　測定する　混ぜる　配合する　調整する　走る　跳ぶ　投げる　反復する　打つ　止める　入れる　防ぐ　かわす　持ち上げる　引く　押す　倒す　削る　つなぐ　組み立てる　書く　描く　運転する　修理する

(中島英博編『授業設計』2016)

第三は、情意的領域です。これは「人間関係」に関わるものです。意欲・関心・態度として表現されるものであり、学外での実習やサービスラーニング*等の授業において育成される能力です。教育するのも評価するのも難しい能力です。

　　*サービスラーニング：教室で学んだ知識や技能を社会貢献活動に活かすことで、学習効果を高めると同時に、市民としての責任を感じてもらうことを目的とした教育方法。

表4　情意的領域の目標の例

尋ねる　助ける　討議する　寄与する　始める　協調する　見せる　表現する　感じる　協力する　参加する　反応する　応える　系統立てる　受容する　配慮する　相談する　示す

(中島英博編『授業設計』2016)

自身のシラバスに設定されている目標を確認してみましょう。
それぞれ認知的領域、精神運動的領域、情意的領域のどれに分類できるでしょうか。

授業の目標を記述する際には以下の点にも注意しましょう。

- 原則、一つの目標には一つの動詞を使う（複数の動詞があると評価がしにくくなる）。
- 条件がある場合は具体的に書く（例：「辞書を使って見つけることができる」）。
- 基準がある場合は具体的に書く（例：「ポイントを三つ挙げることができる」）。
- 現実的かつチャレンジングなレベルに設定する（「ジャンプすれば届く距離」に設定すると学習意欲が向上する）。

具体的に記述すればするほど、学生には評価を意識させることが可能になり、結果として自学自習を促すことになります。

5.3. スケジュールのデザイン

5.3.1. スケジューリングの原則

授業のスケジュールをデザインする際に原則とするべきことは、学生が授業の目標にもっとも効果的に到達できるような順序で学習内容を並べることです。つまり、良くデザインされたスケジュールとは、理解しやすい順序、記憶に残りやすい順序、身につきやすい順序で配列されています。一方、理解しにくい順序、記憶に残りにくい順序、身につかない順序で配列されたものが悪くデザインされたスケジュールです。一般的には、授業のデザインにあたっては、以下の原則が効果的であるといわれています。

表5　効果的な教育デザインの原則の例

簡単 → 複雑　　既知 → 未知　　結論 → 理由　　個別 → 一般 具体的 → 抽象的　　過去 → 現在 → 未来　　全体 → 詳細 → 全体

しかしながら、これらの原則は、目の前の学生に適用してみて、その効果を検証する必要があります。学生の知識水準や動機づけの状態、あるいは科目の特性や他の科目とのバランスによっては、これらの原則に反する場合もあり得るからです。

例えば、Ruleg & Egrule の原則というものがあります。これは、Rule（原則）と Example（事例）のどちらを先にして並べるかという観点でのデザイン原則です。先に原則を教えて後から事例を教えるか（Ruleg）、先に事例を教えて後から原則を教えるか（Egrule）という違いがありますが、どちらが有効かは実際に使ってみなければわからないのです。教える内容は同じものであっても、順序を変えることによって、学習効果が変わる場合があります。学習効果に手応えを感じられなかった場合は、順序を変えることも検討してみましょう。

5.3.2. スケジューリングの実際

スケジュールでは、日付、各回の内容の概要、各回の授業時間外学習（課題）等の情報を示します。次頁のような表を使うと、スケジュールを見やすく示すことができます（表1）。このように

詳細にスケジュールを決めておけば、学生の学習を促進すると同時に、次回以降の準備が楽になるという教員にとってのメリットもあります。

表6　スケジュールの示し方の例

✔スケジュールと各回の内容ダイジェスト

日　時	内　容	手　法	授業外学習
★　オリエンテーション			
第1回 4/17 ①	【授業概要説明／事前テスト／アイスブレイク】授業の概要を学び、学習マップを理解する。授業を通して探究するコース・クェスチョンを理解する。人間関係構築のためのアイスブレイクの手法を学ぶ。	講義法 グループワーク	自己啓発プラン作成（提出日：4/24）
第2回 4/17 ②	【職場内教育の3類型／事例研究：接客サービスの差】2つの企業内教育の事例を分析して、様々な職場内教育があることを理解する。職場内教育の3類型を学習する。（事例：東京ディズニーリゾート、JR西日本）	講義法 グループワーク	
★　第一部　自己啓発			
第3回 4/24 ①	【自己啓発の進め方①】自己啓発のステップのうち、理念設定・現実把握・目標設定までを学習する。ツールを使いながらの作業（ウィッシュリスト、自分史バイオリズム、人間関係マップ）を行う。	講義法 個人ワーク グループワーク	自己啓発プランブラッシュアップ（提出日：5/1）
第4回 4/24 ②	【自己啓発の進め方②】SPトランプを使用した自己分析（ニーズ分析）を行う。	講義法 グループワーク	
第5回 5/1 ①	【自己啓発の進め方③】自己啓発のステップのうち、目標設定、戦略立案、実施・評価までを学習する。先週立てた目標が達成されたかどうかを振り返る。ツールを使いながらの作業（未来年表）を行う。	講義法 個人ワーク グループワーク	ゲストスピーカーへの御礼状作成（提出日：5/8）
第6回 5/1 ②	【自己啓発の進め方④】ゲストスピーカーとして若年キャリア支援の担当者を招へいし、キャリア形成にあたっての自己啓発の意義について学習する。	ゲストスピーカー	
第7回 5/8 ①	【自己啓発の進め方⑤】希望者による自己啓発プランの発表を行う。また、その評価の仕方について、実際に評価をしながら学習する。自己啓発を職場として支援するいくつかの方法を学習する（事例：4社の自己啓発支援）。	学生プレゼンテーション 講義法 グループワーク	ゲストスピーカーへの御礼状作成（提出日：5/15）
第8回 5/8 ②	【自己啓発の進め方⑥】ゲストスピーカーとして元アスリートを招へいし、アスリートの自己啓発事例について学習する。	ゲストスピーカー	
★第二部　Off-JT（Off-the Job Training）			

とりわけ授業時間外学習については、「教科書を予習しておくこと」「該当箇所に目を通すこと」といった曖昧な表現ではなく、「教科書（第10章、p.120-145）を読み、リーディングガイドシートを埋めて提出すること（想定必要時間：2時間）」といったように、具体的に記述します。これによって、学生はどの時期に課題が多くなるのかを事前に理解することができるため、課外活動やアルバイト等の予定を調整することも可能となります。

また、複数回をまとめて区切るユニット制も有効です。区切りを入れずに授業を進行することは、学生に対して大量の情報を連続して提示することとなります。ユニットごとにタイトルをつけて、情報を提示し、テストやレポートも複数回入れましょう（表1）。情報を細分化して提示することで、理解や記憶の定着を促すことができます。

5.3.3. スケジュールに関するFAQ

スケジュールの記載にあたってよく聞かれるのが以下の二つの質問です。まず「毎回計画が立てられない場合はどうしたら良いのか」という質問があります。先が見えない状況で学習をすることに対しては、多くの学生が不安を感じています。周到な準備のうえで、可能な限り具体的に記述するべきです。しかしながら、「第2-5回 学生のニーズに対応したテーマでグループディスカッション」といった書き方をすることもできます。

次に「シラバスどおりの授業が良い授業なのか」という質問もあります。シラバスの役割の一つは、契約書です。授業開始後は、教員も学生も書かれた内容を順守することを前提に授業が進行しています。よって、変更はしないというのが原則となります。とりわけ評価、教材に関わる情報を変更することは避けた方が良いでしょう。ただし、学生の学習効果を考えると、すぐにスケジュールや内容を変更した方が良いという判断が必要になることもあるでしょう。その際は、変更の理由を明確に説明し、通知を徹底すると同時に、差し替え版のシラバスを配布します。

> 学習内容をふまえて、自身のシラバスのスケジュールを確認してみましょう。
> 必要に応じて書き直してみましょう。

5.4. 授業の構造の可視化

5.4.1. 構造化された知識の重要性

心理学の研究テーマの一つに「熟達者研究」というものがあります。世の中で熟達者（プロフェッショナル）と呼ばれている人たちと、初学者（アマチュア）の違いはいったいどこにあるのかを明らかにしようとする研究です。

その研究知見の一つに、知識構造の違いがあります。図1を見てください。AとBは初学者の知識構造、CとDが熟達者の知識構造です（アンブローズ他、2014）。両者の違いの一つは知識量です。前者は知識が少なく、後者は豊富であるというものです。しかしながら、一定量の知識があったとしても、それらが構造化・体系化されていなければ熟達者といえないのです。構造化されていることによって、新規の知識に接したとしても、瞬時に過去の知識構造のどこに位置づけられるのかを判断できるのです。

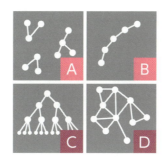

図1　知識体系化の例

　学生は特定分野の初学者であり、教員は特定分野の熟達者です。熟達者である教員が教える際にすべきことは、構造化された知識を提供することです。構造化されていない知識を提供することは避けなくてはなりません。

5.4.2.　グラフィック・シラバスとは何か

　どのようにしたら、構造化された知識を提供することが可能なのでしょうか。その一つのアイデアが授業で扱う知識の構造を可視化することです。具体的には、グラフィック・シラバス（図示化されたシラバス）を作成して提示すると良いでしょう。

　一般的に使用されているテキスト・シラバス（図示化されていない、文章だけのシラバス）では、知識を断片的に伝えることになってしまい、授業の構造を伝えることは困難です。この問題を解消するのがグラフィック・シラバスです。グラフィック・シラバスとは、授業における重要概念間の系統性・関係性を図示化したフローチャートやダイアグラムのことをいいます（Nilson, 2007）。コンセプト・マップ（概念地図法）と呼ばれている学習指導法をシラバスに応用したものです。教員にとっては、知識の組織化・構造化を促進するのに有効であり、学習者にとっては、注意喚起、概念の理解促進、記憶の定着のために有効とされています。

　グラフィック・シラバスのサンプルを以下に示します。

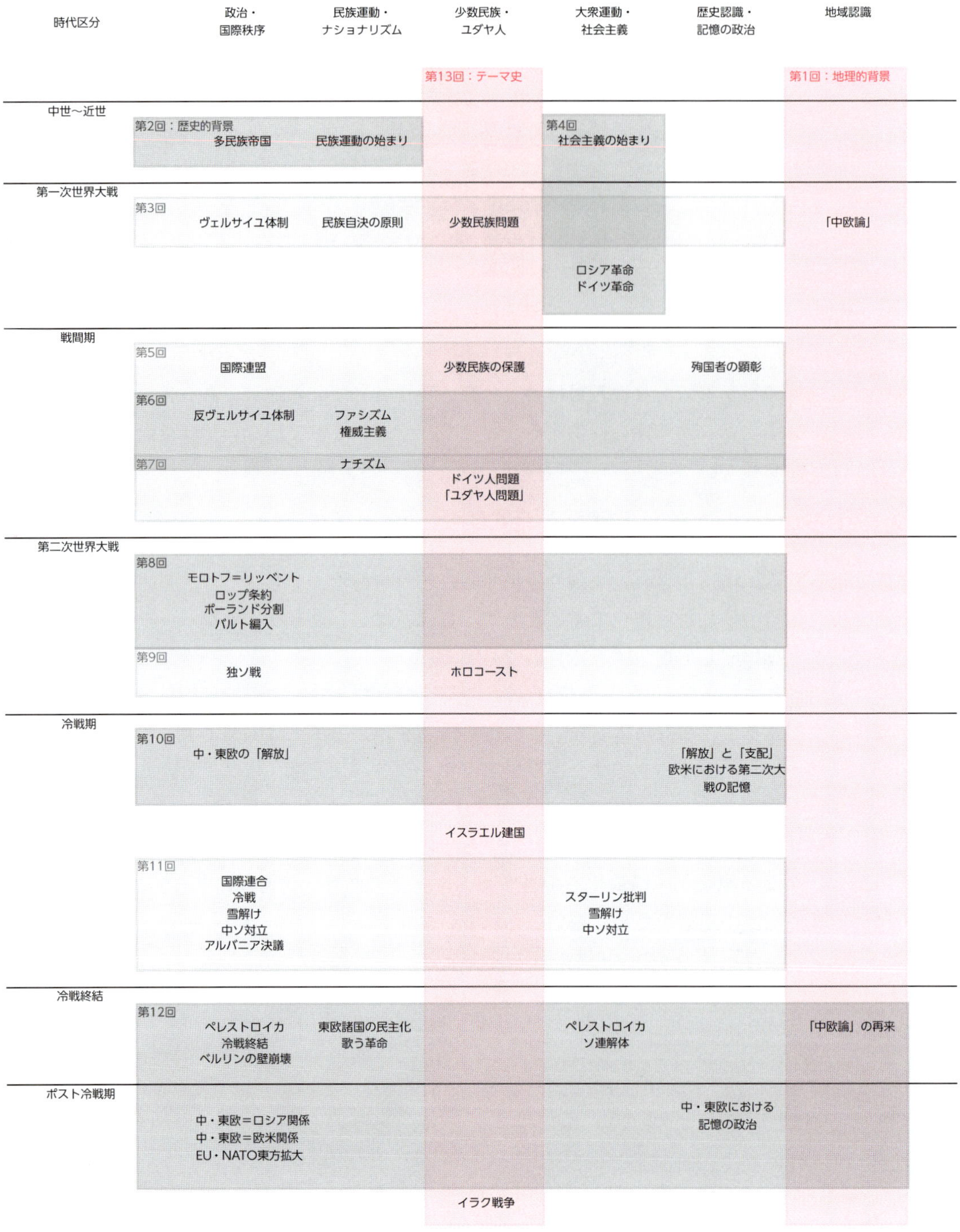

時代区分	政治・国際秩序	民族運動・ナショナリズム	少数民族・ユダヤ人	大衆運動・社会主義	歴史認識・記憶の政治	地域認識
			第13回：テーマ史			第1回：地理的背景
中世〜近世	第2回：歴史的背景 多民族帝国	民族運動の始まり		第4回 社会主義の始まり		
第一次世界大戦	第3回 ヴェルサイユ体制	民族自決の原則	少数民族問題	ロシア革命 ドイツ革命		「中欧論」
戦間期	第5回 国際連盟		少数民族の保護		殉国者の顕彰	
	第6回 反ヴェルサイユ体制	ファシズム 権威主義				
	第7回	ナチズム	ドイツ人問題 「ユダヤ人問題」			
第二次世界大戦	第8回 モロトフ＝リッベントロップ条約 ポーランド分割 バルト編入					
	第9回 独ソ戦		ホロコースト			
冷戦期	第10回 中・東欧の「解放」				「解放」と「支配」 欧米における第二次大戦の記憶	
			イスラエル建国			
	第11回 国際連合 冷戦 雪解け 中ソ対立 アルバニア決議			スターリン批判 雪解け 中ソ対立		
冷戦終結	第12回 ペレストロイカ 冷戦終結 ベルリンの壁崩壊	東欧諸国の民主化 歌う革命		ペレストロイカ ソ連解体		「中欧論」の再来
ポスト冷戦期	中・東欧＝ロシア関係 中・東欧＝欧米関係 EU・NATO東方拡大				中・東欧における記憶の政治	
			イラク戦争			

図2　グラフィック・シラバスの例：中・東欧近現代史

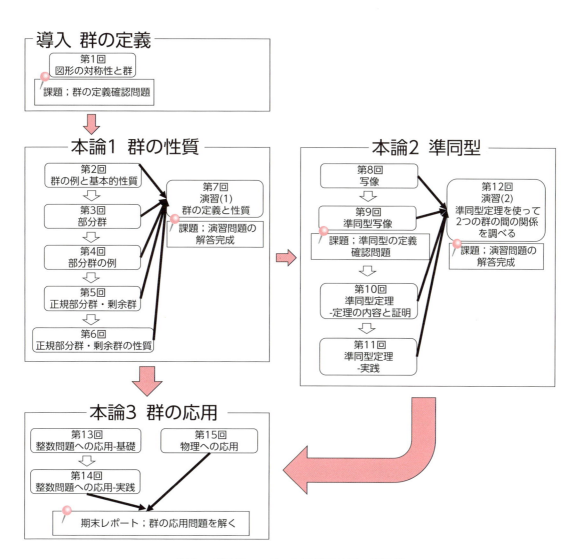

図3　グラフィック・シラバスの例：代数学

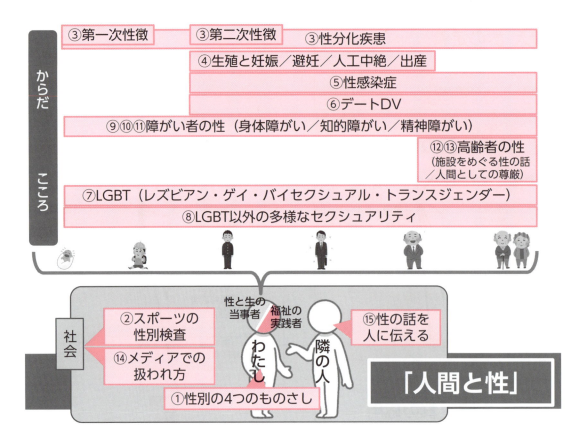

　「性」に関することというと、一般的には思春期・青年期〜成人期初期の、「若い時限定の話」ととらえられがちです。また、「自分にはあまり関係ない」と考える人もいるようです。しかし、社会の中で生きる誰もが「性と生の当事者」であり、「一生を通じて」関わっていくテーマであることを、本授業では理解して欲しいと思います。皆さんには、「1．性と生の当事者」「2．（未来の）福祉の実践者」、二つの視点をもって授業に参加してもらいます。第一回目は、まず自分に目を向ける授業、二回目は身近な「スポーツ」の例から社会での性の取り扱われ方を考える授業にします。第三回目〜十三回目は「身体」「心」に関する性の様々なトピックを紹介します。授業が進むに従い、「身体」「心」の二つは切り分けられるテーマではなく、密接に結びついていることがわかるでしょう。一通りトピックについての知識を得た後、第十四回目では、性の話題が社会の中でどのように扱われているか、改めて考えたいと思います。最後の授業では期末レポート課題として、皆さんが性の話題について適切に（＝正しい知識を、他者を尊重する意識をもって）発信できるようになっているかを問います。

図4　グラフィック・シラバスの例：人間と性

（シラバスなどで利用する場合、グラフィック・シラバスについての解説をこのようにつけることもあります。）

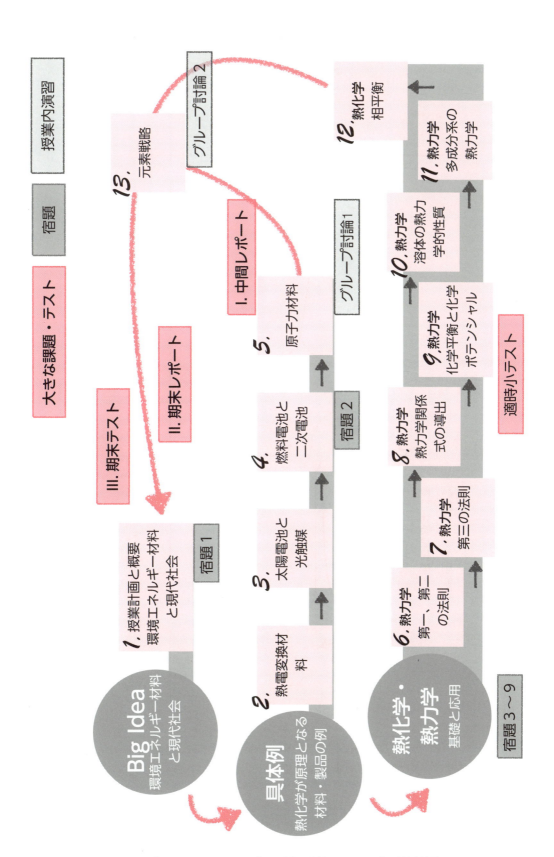

図5　グラフィック・シラバスの例：環境・エネルギー材料科学

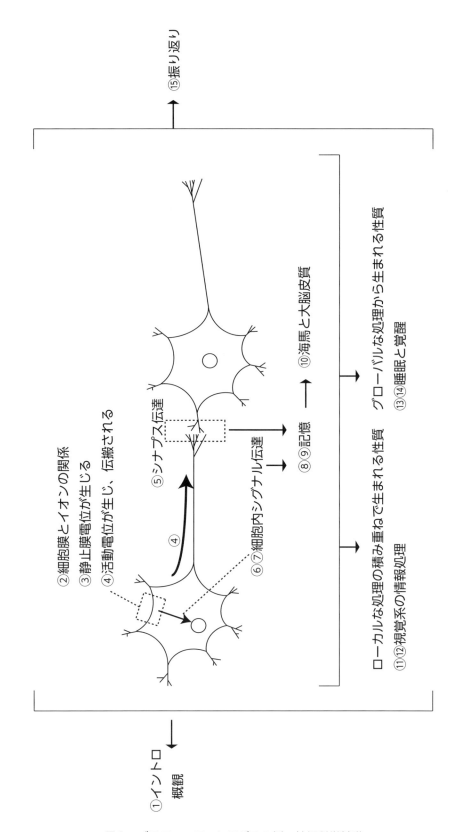

図6　グラフィック・シラバスの例：神経科学基礎

5.4.3. グラフィック・シラバスの作成手順

グラフィック・シラバスは以下の手順で作成します。ここでは、付箋と白紙を使った作業手順を説明しますが、同様の作業をパソコン上で行うこともできます。やりやすい方法を選択してください（佐藤、2013）。

①キーワードの書き出し

当該授業で重要であると考えるキーワードを、付箋に書き出します。例えば、各回のトピックやテーマ、授業で扱う重要な概念、到達目標等です。この際、一枚に一キーワードを書くようにします。

②配置する

付箋を白紙の上に並べます。その際、構造原理を意識しながら並べます（例：順序性、同質性、優先順位性、因果関係）。付箋のキーワード同士を矢印で結ぶと構造が明らかになります。

③見出しづけ

同質の付箋を集めて丸で囲み、見出しをつけます。

④自己点検

「キーワード同士の関係がわかりやすく示されているか」「興味深く見てもらえるか」「記憶に留まりやすいか」「学生にとって、自らの学習内容の把握に役立つか」といった点に留意しながら見直していきます。

できあがったグラフィック・シラバスは、一度、誰かに見てもらい、フィードバックをもらうと良いでしょう。自分と同じ専門分野を専攻する人以外にも、専門分野が全く異なる人からもフィードバックをもらうと参考になります。受講者からも積極的にフィードバックをもらいましょう。

5.4.4. グラフィック・シラバスの活用方法

グラフィック・シラバスをどのように活用したら良いのでしょうか。以下のような方法が考えられます。

・初回ならびに毎回の授業で提示する。

オリエンテーション時に、グラフィック・シラバスを提示しながら授業を説明することによって、学生は授業全体を俯瞰することができます。また、毎回の授業開始時には、グラフィック・シラバスを提示して、授業の全体構造のなかでどこに位置づけられているのかを説明してから授業を開始します。毎回授業で使うパワーポイントの最初の1枚にグラフィック・シラバスを挿入しておくと良いでしょう。

・授業の単元が進むごとに要素を追加し、最終回で全体像を完成させる。

最初に全体の構造を示したくない場合は、毎回要素を提示して、最後に全体像を示すという方法もあります。

・授業の中間段階、あるいは最終段階で学生に作成させる。

学生自身にグラフィック・シラバスを作成させるという方法もあります。中間段階、最終段階のいずれでも可能です。この場合、教材としての機能よりも、学習成果の確認という評価の機能が重視されます。

・テストに出題し、文章で説明させる。

　テストでグラフィック・シラバスを文章で説明することを課せば、学生はその内容を復習することになり、学生の記憶に定着させることができます。

学習内容をふまえて、グラフィック・シラバスを作成し、授業の構造を可視化してみましょう。

5.5. 評価情報の書き方

5.5.1. なぜ評価情報を書くのか

　大学設置基準第 25 条の 2 項には、「大学は、学修の成果に係る評価及び卒業の認定に当たつては、客観性及び厳格性を確保するため、学生に対してその基準をあらかじめ明示するとともに、当該基準にしたがつて適切に行うものとする」とあります。

　学生にとって、評価に関わる情報はシラバスのなかでももっとも注目度の高い項目です。評価情報に書かれている課題に伴う学習量が多過ぎたり、難易度が高過ぎたり、評価基準が不明確であったりする場合、学生は努力が報われない可能性があると判断して、受講を止めることもあります。

　また受講中も評価に関わる情報は学生の学習行動に強く影響を与えます。学生の学習に問題を感じた場合、教員は自らの教育方法や言動に問題があるのではないかと考えがちですが、評価に問題がある可能性もあります。

5.5.2. 評価情報の書き方

評価情報には以下を書きます。

・成績を評価する方法（例：レポート、テスト、実習の観察評価）
・成績評価の配分割合（例：レポート 30％、テスト 70％）
・テストやレポートの内容と提出期限（例：レポート内容「職場内教育の優良事例の分析」、提出期限：7 月 31 日）
・テストやレポートの採点基準（例：レポートの採点基準　①先行研究への言及　②文章構成　③論理性　④実証性　⑤文章表現）

これらの評価情報を書くにあたっては、以下の点に留意すると良いでしょう。

- 授業の目標で示された、測定可能な能力を評価する
- 授業の各目標を評価するのに適切な評価方法を選択する
- 評価基準を可能な限り具体的にする（詳細な評価情報は自学自習を促す）
- 単位数やカリキュラムにおける位置づけに照らしあわせて、適切な量と質の課題を提示する

5.5.3. 目標に対応した評価方法

　授業の目標の領域によって、適切とされている評価方法が異なります（表2）。認知的領域の能力の測定にあたっては、テストやレポート等、精神運動的領域については、実習やシミュレーションの観察評価等、情意的領域については、ポートフォリオや相互評価等が適しています。レポートは、広範な能力を測定するのに適していますが、それは他方で、レポートを通して何を測定されているのかを学生がわかっていなかったり、誤解したりしている場合が多いことを意味します。レポートを課題とする場合は、ルーブリック等を使って明確に評価基準を示してから課題に取り組ませると良いでしょう。

表7　領域別の評価方法

認知的領域	精神運動的領域	情意的領域
知識・理解 客観試験（テスト）、 論述試験 思考・判断 口頭試験、論文、レポート	運動技能・操作技能 実地試験、シミュレーション、 観察評価 コミュニケーション・スキル 口頭試験、観察試験、 相互評価 アカデミック・スキル 論文、レポート	態度 実地試験、シミュレーション、 観察評価 意欲・関心 レポート、ポートフォリオ、 相互評価、心理テスト

学習内容をふまえて、自身のシラバスの評価情報を確認してみましょう。
必要に応じて書き直してみましょう。

5.6. 授業の目標を設定してみよう

課題：どのような目標を設定すれば、「もっと使えるシラバス」になるでしょうか。以下の授業の目標に関して、次のことに取り組んでみましょう。
・この目標の問題点を挙げましょう。
・問題点をふまえて目標の改善点を考えてみましょう。

(A)「基礎情報科学」
【目標】図書館における情報検索方法について学ぶと同時に、情報リテラシーの基本を理解する。
・問題点

・改善案

(B)「哲学概論」
【目標】哲学の世界にどっぷり浸る経験を通して考えることの楽しさについて講義する。
・問題点

・改善案

> **コラム**
>
> ### シラバスの価値をあらためて実感する
>
> 　今までシラバスとは、授業の概要を把握するためのものと思っていたのですが、実際には生徒と先生の契約書という意味や学習効果を高めるという、様々な意味があるということが良くわかりました。現在は看護専門学校で非常勤講師をしていますが、できるだけシラバスは具体的に、興味を惹かれるように作っています。例えば毎年「ライフプランを考えよう」という授業をしていますが、導入では、自分の臨床経験と出産育児の体験から流れをつくり、その後、学生に考えるための資料を読んでもらいます。そしてワークとして、男女ともに10年後20年後にどういった自分になりたいか、仕事・出産・育児を含めたライフプランを考えて書き出してもらいます。このような内容をシラバスにはなるべくわかりやすく書くようにして、学生が期待をもって授業に臨めるように、工夫しています。
>
> （水越真依）

第5章　確認問題

5.1. シラバスの役割の説明として、適切なものを全て選んでください。
1) 学生が講義の履修を決める際の参考になる。
2) シラバス作成により、15回のクラスを有するコース全体のデザインができる。
3) 契約関係を教員と学生の間に置き、緊張感と距離感をもたせる。
4) 学習効果を高めることができる。

5.2. 授業の目的・目標の説明として、適切なものを全て選んでください。
1) 授業の目的は、「なぜこれを学ばなければならないのか？」と学生に問われたときの答えを示すつもりで書くと良い。
2) 授業の目的を書く際には、あえて主語を書かず、社会全体にとっての広い意義を書くと良い。
3) 授業の目標は、目的が具体化されたものである。
4) 授業の目標のレベルは、いわゆる「ジャンプすれば届く距離」に設定すると良い。

5.3. スケジュールの書き方の説明として、適切なものを全て選んでください。
1) スケジュールを書く際には、成績への影響が少ない回を欠席しよう等という計画を学生が立てにくいように、課題等の情報は載せておかない方が良い。
2) 授業概要としては、授業で扱う内容を簡潔に記述すると良い。
3) スケジュールを決めるうえでは、他の科目とのバランスを調整しつつ、学生の知識水準や動機づけを把握し、効果的な学習促進を意識することが重要である。
4) 学生の関心や学習の進度にあわせた授業をするためには、スケジュールを書き入れる欄等には「未定」と書いておくのが良い。

5.4. グラフィック・シラバスについての説明として、適切なものを全て選んでください。
1) グラフィック・シラバスのもつ効果としては、注意喚起、概念理解促進、および記憶の定着等が挙げられる。
2) 初学者は、体系的な知識の各部については理解できるが、それを系統的・総合的に理解することは難しいため、教員が体系的な知識の全体像を図式化して提示することが望ましい。
3) グラフィック・シラバスに描くことができるのは脱構造化された知であるから、より構造化された知を文字だけで書かれたシラバスで表現し、あわせて配布する必要がある。
4) グラフィック・シラバスは、教員が初回の授業までに完成させておく必要があり、授業期間中に修正・変更することはいかなる場合も許されない。

5.5. 評価情報の書き方についての説明として、適切なものを全て選んでください。
1) 評価情報は、具体的であるほど自学自習を促すといわれている。
2) 評価情報を示す際には、成績評価の配分割合やレポートの提出期限は記した方が良いが、採点基準やテストの内容を明示することは、避けなければならない。
3) 授業の目的に対応させることを意識して、大まかな学習成果を評価する基準・方法を記述するのが良い。

4)「学修の成果に係る評価」に関しては、「その基準をあらかじめ明示するとともに、当該基準にしたがつて適切に行う」ことが、大学設置基準第25条の2により義務づけられている。

（解答・解説は巻末資料にあります）

参考文献

Grunert, Judith (1997) *The Course Syllabus*, Bolton, MA: Anker Publishing.
　米国における大学でのシラバスの作成方法に関する古典的な教科書です。

Nilson, B. Linda (2007) *The Graphic Syllabus and the Outcomes Map:Communicating your course,* San Francisco, Jossey-Bass.
　グラフィック・シラバスの意義や作成方法について、事例も含めて説明されています。

スーザン・A・アンブローズ他著　栗田佳代子訳（2014）『大学における「学びの場」づくり：よりよいティーチングのための7つの原理』玉川大学出版部
　心理学の知見に基づき、大学での効果的に教える方法について書かれています。

梶田叡一（1992）『教育評価　第2版』（有斐閣双書）
　教育評価に関わる古典的な教科書です。

中島英博編（2016）『授業設計』玉川大学出版部
　目標設定時に使う豊富な動詞のリストが参考になります。国内外の質の高いシラバスのサンプルも掲載されています。英文シラバスの書き方に関する章もあります。

日本医学教育学会（2006）「第33回医学教育者のためのワークショップ（富士研WS）配布資料」
　医学教育において使用される目的や目標に使われる動詞のリストが参考になります。

ロバート・パイク著　中村文子監訳　藤原るみ訳（2008）『クリエイティブ・トレーニング・テクニック・ハンドブック[第3版]』日本能率協会マネジメントセンター
　Egrule・Rulegの原則について説明がなされています。実践的なアクティブ・ラーニングの技法についても学ぶことができます。

【シラバスについての文献】

佐藤浩章編（2010）『大学教員のための授業方法とデザイン』玉川大学出版部
　シラバスの役割、その書き方について平易に説明されています。

佐藤浩章（2013）「構造化された知を伝えるグラフィック・シラバス」清水亮・橋本勝編著『学生と楽しむ大学教育：大学の学びを本物にするFDを求めて』ナカニシヤ出版、pp.90-104.
　グラフィック・シラバスの書き方がステップごとに説明されています。

第6章 学びを促す評価

　評価は、教員であれば誰もが経験する教育実践の一つです。自分ではそれなりに創意工夫を凝らして評価を行っているつもりではあるものの、学生に身につけさせたい能力の到達度をはかる方法として本当に適切なのか、あるいはそうした能力の習得を支援するような評価となっているのか改めて問われると、自信をもって「イエス」と答えられる教員は案外少ないかもしれません。

　ここでは、「学びを促す評価」を理解し、活用できるようになるため、評価の意義や方法について見ていきましょう。

> **目的**　学生の学びを評価するための基礎知識を得て、評価の意義を理解し、活用できるようになる
> **目標**　評価の意義について説明できる
> 　　　　総括的評価と形成的評価の特徴について説明できる
> 　　　　評価の「評価」において重要な観点を説明できる
> 　　　　ルーブリックの基本構成を説明できる
> 　　　　ルーブリックの作成手順を説明できる
> 　　　　ルーブリックのメリット、デメリットについて説明できる

6.1. 評価の目的

6.1.1. 評価の意義

　評価は、教育目標で設定した学生に習得させたい能力が、授業によってどの程度身についたのかを、学生の学びの過程や成果の可視化を通じて確認する活動です。このような評価は、学生にとっては、到達度の把握や学びの支援につながります。また、教員にとっては、学生の理解度の確認や支援に役立つと同時に、自身の授業改善にも役立ちます。更に、教育機関が、質保証や説明責任を果たすために活用することもできます。このように、評価は、教授―学習の質の改善、ひいては、教育機関の強化のためにも、非常に重要な意義をもちます。

6.1.2. 総括的評価と形成的評価

　総括的評価は、学生が達成した学習成果の測定を目的とするもので、学生の学習終了時の合否判定を行う評価です。大学教育で行われてきた評価の多くがこのタイプの評価で、具体例としては、「学期末テスト」等が挙げられます。総括的評価は、発展的課題も含む広い範囲で行われ、結果は成績

に反映されます。これに対して、形成的評価は、学生の学習プロセスにおける改善を目的とするもので、逐次修正につながるフィードバックとして行われます。フィードバックは、限定された学習活動に対して行われ、原則、成績には反映されません。

　総括的評価の実施を前提として、形成的評価を実施する場合としない場合では、学生の学びにどのような違いが生じるでしょうか。学習プロセスにおいて教員からのフィードバックを受けず、学期末テスト直前に一夜漬けで勉強をした学生の知識は、一時的な学力向上にはつながりますが、時間の経過とともに忘却され確かな学力として定着しません。一方、学習プロセスにおいて教員からのフィードバックを受けて、学習の動機づけや振り返りを促されてきた学生の知識は、より長く持続し、確かな学力につながります。

表1　形成的評価と総括的評価

	形成的評価	総括的評価
目的	学習途上の改善	達成された成果の測定
機能	優れた点、改善点などのフィードバック	合格水準判定
時期	学習中	学習終了後
成績評価	含めない	含める
範囲	狭い　学習内容のみ	広い　発展課題も含む

物理学の講義において、教員がまず定理を説明し、続いて学生が基本問題を解き、更にグループで応用問題に取り組む場合、形成的評価をどのタイミングでどのようにとりいれると、学習が促されるでしょうか。

6.2.　評価を設定する際のポイント

6.2.1.　評価の方法

　学びの評価には様々な方法があります。少し考えてみましょう。

学びの評価にはどのような方法がありますか。これまで実施した、あるいは受けた授業等を振り返り、評価方法を挙げてみましょう。

下図は、多様な評価方法を、「単純―複雑」という評価の難易度に関わる観点（縦軸）と、「筆記―実演」という評価の形式に関わる観点（横軸）から分類して示したものです。

　筆記形式の評価手法には、大学入試センター試験や TOEIC のような「選択回答式問題」や、「自由記述式問題」、小論文やレポート等の「パフォーマンス課題」があります。また実演形式の評価手法には、学生の活動観察のような「断片的評価」や、面接や口頭試問等の「実技テスト」、プレゼンテーション等の「パフォーマンス課題」があります。

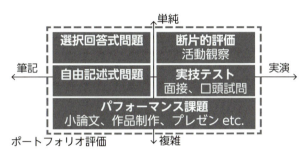

図 1　評価の方法（田中, 2005 を改変）

　これらの多様な評価方法を通じて作成される答案や作品・実演等の証拠資料を組み合わせて学習者の成長プロセスを評価する方法を、「ポートフォリオ評価法」と呼ぶこともあります。また、「選択回答式問題」以外の評価方法を、「パフォーマンス評価」と呼ぶこともあります。

　教育現場では、単純な筆記問題では評価できない「思考力・判断力・表現力」等の高次な能力や総合的な能力を評価するために、より複雑な実演形式の評価手法が導入される傾向にあります。評価の実施にあたっては、これらの方法のメリットと限界を理解したうえで、授業の目的に応じて、使い分けたり併用したりすることが必要になります。

6.2.2.　評価の評価

　学生の学びを促す評価を行うにあたって、実施しようとしている評価そのものが適切であるかどうかを評価する観点をもっておくことはとても重要です。評価を評価する観点として、信頼性（reliability）、妥当性（validity）、客観性（objectivity）、効率性（efficiency）の四つを紹介します。

- ◆信頼性　結果の再現性、またはテストの精度
  　　　　同じ集団に同質の試験を何回行っても同じ結果が得られる程度
- ◆妥当性　評価方法の適切性
  　　　　用いる評価方法が測定対象となる能力や行動を測定できているかどうか
- ◆客観性　採点者間による結果の一致性
  　　　　採点者が変わっても結果が同じかどうか
- ◆効率性　評価の時間的、経済的な実用性
  　　　　実施や採点が容易であるかどうか

　ここでは、大学入学者選抜において大きな役割を果たしてきたセンター試験を例に考えてみま

しょう。

　センター試験は、マークシート方式のいわゆる選択回答式問題なので効率的に採点でき、正解が決まっているため採点の客観性も担保されます。また出題形式や出題内容に一定のパターンがあるため、信頼性も高いといえます。その一方で、センター試験は、大学入学者に求められるより高度な思考力・判断力・表現力をはかる評価方法としては妥当性が弱いことが指摘されています（文部科学省、2016）。このような理由によって、センター試験の廃止と新テスト「大学入学共通テスト」の導入（2020年度予定）に向けた準備が進められているのはご存知のとおりです。

　以上のように、いずれかの観点のメリットを重視するとそれ以外の観点のデメリットが生じやすく、四つ全ての観点を満たすことは実際には難しいといえます。したがって、評価の評価については、授業の目的に応じて四つのなかから重視する観点を選び、選んだ観点に基づいて適していると判断される評価方法を選択することが重要になります。

これまで実施した、あるいは受けた評価方法または、これから実施しようとしている評価方法を四つの観点から評価してみましょう。

6.3. ルーブリック

　ここではパフォーマンス評価の手法の代表例であるルーブリックについて紹介します。

6.3.1. ルーブリックとは

　ルーブリックは、小論文やプレゼンテーション等のパフォーマンスの質を評価するための評価軸を可視化したもので、「ある課題をいくつかの構成要素に分け、その要素ごとに評価基準を満たすレベルについて詳細に説明したもの」と定義されます（スティーブンス & レビ, 2014）。

6.3.2. ルーブリックの基本構成と作成手順

　図2はルーブリックの例を示したものです。図に示されるように、ルーブリックは、課題（①）、評価観点（課題が求める具体的スキル・知識）（②）、評価尺度（達成レベル）（③）、評価基準（具体的フィードバック内容）（④）の四つの要素によって構成されます。これらの要素を一つ一つ見ていきましょう。

　ルーブリックではまず、レポート、論文、プレゼンテーション等、教員が学生に期待する行動が含まれた課題（①）を示します。教員は、学生のどのような知識やスキルを測定したいのか、授業の目的・目標を振り返りながら課題を設定します。ルーブリックに課題を明記しておくことで、採点時の利便性が上がり、学生の注意をひくことができます。

課題（①）	グループによるオムニバス講義の模擬授業を評価するためのルーブリック		
グループ （　　　　　）　　　年　月　日			
評価観点（②）	Excellent	Good	Developing　評価尺度（③）
構成	全体として統一感がしっかりとあり、よい構成であった	全体として統一感をもたせようとした努力がみられる構成であった	全体として統一感に乏しく、各トピックがばらばらな印象を受けた
レベル設定	初学者にとって、全体が「少し手を伸ばせば届くレベル」の適切な教授内容であった	初学者にとっておおむね「少し手を伸ばせば届くレベル」であったが、一部高度なところ、あるいはやさし過ぎるところがあった	初学者にとって全体が高度過ぎる、もしくは、極端にやさし過ぎる内容であった　評価基準（④）
学習意欲の喚起	授業内容についてさらに自分で勉強してみたいと興味をもった	授業内容について授業中はとても興味をもって聞けて満足したが自分でさらに勉強しようとまでは思わない	授業内容について特に興味をそそられることはなかった

図2　ルーブリックの例

　次に、**評価観点（②）**では、学生に身につけさせたい（測定したい）スキル・知識等の要素が過不足なく挙げられていることが重要になります。この要素の数は、一般に7個程度までが良いとされています。多過ぎると採点するのが難しくなるため注意が必要です。また、「優れた構成」といったような、行動の「質」については、**評価基準（④）**で定義するため評価観点の項目には含めません。つまり、「優れた」などの質を表すことばはつけず、単に「構成」とします。

　評価尺度（③）とは、与えられた課題が達成されたレベルを示すための尺度です。サンプルでは、＜Excellent－Good－Developing＞の3段階に区分されていますが、最高レベルの評価基準のみを示す「採点指針ルーブリック」というルーブリックもあります。評価尺度は、1〜5段階で区分するのが一般的です。段階数が決まったら、それぞれのラベルを決めましょう。＜優秀―良―要再学習＞＜模範的―優秀―合格圏―不合格＞＜卓越―有能―中間―初歩＞のように、明確かつ教育的配慮のあるラベルにしましょう。

　最後に、**評価基準（④）**では、それぞれの評価観点について尺度ごとの到達度を具体的に記述します。採点者がレベル判定に迷わないように、レベル間の差異が明確で、なおかつ採点者に解釈の余地を与えない基準を記述することが重要です。最高レベル→最低レベル→間のレベルの順に考えると作成しやすいです。

　評価基準が一通り作成できたら、学生に身につけさせたい（測定したい）能力を過不足なくはかる評価観点となっているかどうか、尺度のレベル差が明確な評価基準が記述できているかどうか、もう一度見直し、適宜、加筆・修正をしましょう。

　ルーブリックの結果を成績に反映させる場合は、評価観点ごとに各レベルの配点を検討し、ルーブリックに記入しましょう。とりわけ重視する評価観点がある場合には、傾斜配点をすると良いでしょう。

6.3.3.　ルーブリックの使い方

　ルーブリックは教員だけが用いるものではありません。学生がルーブリックを用いて自身の課題を自己評価したり、仲間の課題を相互評価したりすることもあれば、ルーブリックの作成自体に参

加することもあります。また複数の教員やTA等がルーブリックの作成やルーブリックを用いた評価に関わることもあるでしょう。

　複数の採点者の評価結果が成績に反映される場合には、採点の客観性を担保できるよう注意を払う必要があります。採点者の主観を完全に排除することはできませんが、ルーブリックの精度を高めたり、採点者に練習の機会を与えたりして、複数の採点者間での評価に一貫性をもたせることは重要です。これらの取り組みは、とりわけ、ルーブリックの作成に参加していないメンバーが採点者に含まれる場合に有効です。

　学生に自己評価させる場合には、以下の手順で行うと良いでしょう。

①教員は、ルーブリックを課題とともに学生に配布する
②学生は、ルーブリックで課題の内容と評価の観点・基準を確認し、課題に取り組む
③学生は、ルーブリックを用いて取り組んだ課題を自己採点する
④学生は、採点結果を示したルーブリックを課題とともに教員に提出する
⑤教員は、ルーブリックを用いて課題を採点し、その結果を学生に返却する

　採点は、ルーブリックの各観点の該当する評価基準に○をつけるという作業になります。余白スペースには、補足のコメントを記入することも可能です。

巻末資料にレポート課題のサンプルがあります。
1）まず、何も見ないで10点満点として、自分で採点しましょう。
2）独自のルーブリックを作成して、再度採点してみましょう。
3）レポート課題の次のページにある、このレポート課題のためのルーブリックで採点しましょう。
以上の活動から、ルーブリックのメリット・デメリットについて考えてみましょう。

6.3.4.　ルーブリックのメリットとデメリット

　評価の観点や基準を可視化するルーブリックは、メリットが多い半面、デメリットもあります。以下では、教員と学生にとってのルーブリックのメリットとデメリットについて、詳しく見ていきましょう。

教員
＜メリット＞
◆課題の意図を学生に伝えやすい
◆採点時間の短縮かつ丁寧なコメントが可能
◆授業改善に役立てることができる

<デメリット>
◆良いルーブリックの作成が難しい
◆ルーブリック作成に時間がかかる

学生
<メリット>
◆課題の意図、評価基準を知ることができ、学習のガイドとして利用できる
◆学生が自己評価に用いる場合、自己の学習活動の振り返りが可能となり、さらなる学習の促進につながる
◆丁寧かつタイムリーなフィードバックが期待できる
<デメリット>
◆ルーブリックに示された観点にのみ注目して課題に取り組んでしまい、学びの範囲が制限される

　ルーブリックを使う際には、これらのメリットとデメリット、またデメリットの克服方法を念頭におくようにしましょう。
　ルーブリックをはじめて使用する場合には、一から作成する場合と、既存のルーブリックを活用する場合とが考えられます。既存のルーブリックがあれば、参考にすると良いでしょう。
　ただし、評価したい知識や技能が類似していたとしても、学生の学年やレベルによって課題の内容や質が完全に一致することはほとんどありません。そのため、既存のルーブリックを使用する場合でも、カスタマイズが必要になることが多いでしょう。
　一から作成するにしても、カスタマイズするにしても、はじめから完璧なルーブリックを用意することは難しく、実際に使ってみながら精度を高めていくのが一般的です。ルーブリックの作成には最初は時間を要するかもしれません。しかし、一度作成してみると、短い時間で丁寧なフィードバックを学生に返すことができるようになり、教員にとっても授業改善に役立つ質的に豊かな資料となります。

ルーブリックのデメリットは、どのように克服することができるでしょうか。

6.3.5. 既存のルーブリックを知ろう

　ここでは、オンライン上で公開されている全米カレッジ・大学協会が開発したバリュールーブリックについて紹介します。バリュールーブリックは、学生の到達度が大学評価の指標として重視され

るようになるなか、開発されたものです。バリュールーブリックのバリュー（value）とは、「学士課程教育における妥当な学習評価」の英語表記（Valid Assessment of Learning in Undergraduate Education）の略記です。

バリュールーブリックは、全米カレッジ・大学協会の参加大学による有用性や問題点等に関する検討を経て、各領域における基本学習成果に関する一般的なルーブリックとして改良されたもので、各大学・学科・科目に固有の文脈にあわせてカスタマイズされることを前提に公開されています（松下、2012。吉田、2011）。

バリュールーブリックは、以下の三つに大別される15の領域のルーブリックによって構成されます。

<知的・実際的スキル>
①探究と分析　②批判的思考　③創造的思考　④文章コミュニケーション
⑤口頭コミュニケーション　⑥読解　⑦量的リテラシー　⑧情報リテラシー
⑨チームワーク　⑩問題解決
<個人的・社会的責任>
⑪市民参加　⑫異文化知識・能力　⑬倫理的推論　⑭生涯学習の基礎とスキル
<統合的・応用的学習>
⑮統合的学習

以下では、大学教育のみならず初中等教育においても育成する能力として重視される「チームワーク」に関するバリュールーブリック⑨を例に、バリュールーブリックの構成とその概要を見てみましょう。

バリュールーブリックには、ルーブリックではかる知識や技能の定義が説明され、その下に各評価観点について4段階の尺度の到達度が示されています。観点の数は決まっていませんが、尺度の数は共通しており、最高レベルの評価基準であるキャップストーン（レベル4）、マイルストーン（レベル3、2）と、ベンチマーク（レベル1）があります。

バリュールーブリックでは、それを活用するうえでの注意事項も説明されています。チームワークのバリュールーブリックでは、以下の点が挙げられています。

<活用するうえでの注意事項>
◆チーム全体としてではなく、学生個人のチームへの貢献を評価するものである。そのため、チーム全体の評価が高くとも、個人の評価が低い場合があり、逆にチーム全体の評価が低くとも個人の評価が高い場合もある。
◆最終成果物の質よりも、プロセスの質を評価するものである。そのため学習成果の証拠資料には、チーム内での個人の相互作用に関するエビデンスが含まれる必要がある。
◆チームへの貢献に関する学習成果の証拠資料は、各教育機関の優先順位やニーズ等に基づき、学生自身の評価、チームメンバーからのフィードバックや評価、外部の第三者からの評価等をリソースとして活用することが推奨される。

グループワークでは、「フリーライダー」をつくらないためにも、個人の責任を明確にしておく必要があります。その意味でも、前の例のように、学生個人のチームへの貢献を評価することは有効であるといえます。ただし、授業の目的・目標にあわせて、チーム全体の評価や成果物の質を評価の対象に含めることがあっても良いでしょう。

いずれにしても、ルーブリックがどのように評価に活用されるのかを注意事項として予め明記しておくことは、学生に課題の狙いを伝え、彼らの参加を促すうえで重要です。

バリュールーブリック ⑨チームワーク

定義：チームワークとは、個々のチームのメンバーの統制のもとに行われる行動である（チームの課題に対する努力、他者との関わり方、チームで議論を行う際の貢献の質と量）

*ベンチマークレベルのパフォーマンス（1のセル）を満たさない作品事例には0を割り当てること。

	キャップストーン (4)	マイルストーン (3)	マイルストーン (2)	ベンチマーク (1)
チームミーティングへの貢献	代替的な考えや提案の長所を明確に示すことで、チームの前進を促す。	他者の考えに基づいた代替的な解決策や行動指針を提案する。	グループワークを前進させるために新たな提案を示す。	考えを共有するが、グループワークを前進させはしない。
チームメンバーの貢献の促進	他のメンバーの貢献を建設的に積み重ねたり統合したりするとともに、誰かが参加していないときには、そのことに気づき参加するよう誘うことで、彼らのミーティングへの貢献を促し、チームメンバーを活動に参加させる。	他のメンバーの貢献を建設的に積み重ねたり統合したりして、彼らのミーティングへの貢献を促し、チームメンバーを活動に参加させる。	他のメンバーの意見を言い換えたり、明確化するために質問をしたりして、彼らのミーティングへの貢献を促し、チームメンバーを活動に参加させる。	他者の意見を遮らずに交代したり傾聴したりして、チームメンバーを活動に参加させる。
チームミーティング以外の場での個人的貢献	与えられた課題を全て締切りまでに完成させる。完成した成果は緻密かつ包括的であり、プロジェクトを前進させるものである。また他のチームメンバーが同水準の卓越性で課題を達成できるように彼らを積極的に助ける。	与えられた課題を全て締切りまでに完成させる。完成したその成果は緻密かつ包括的であり、プロジェクトを前進させるものである。	与えられた課題を全て締切りまでに完成させる。完成したその成果はプロジェクトを前進させるものである。	与えられた課題を全て締切りまでに完成させる。
建設的なチームの雰囲気づくり	以下の全てを行うことで、建設的なチームの雰囲気づくりに貢献する。	以下のうち三つを行うことで、建設的なチームの雰囲気づくりに貢献する。	以下のうち二つを行うことで、建設的なチームの雰囲気づくりに貢献する。	以下のうち一つを行うことで、建設的なチームの雰囲気づくりに貢献する。

		・礼儀正しくなおかつ建設的なコミュニケーションを行うことで、チームメンバーに敬意をもって接する。 ・チームやチームの成果について肯定的な姿勢を伝えるため、肯定的な口調や文調、表情、ボディーランゲージを用いる。 ・課題の重要さやそれを遂行するチームの能力について自信を示すことで、チームメートを動機づける。 ・チームメンバーを、支援したり励ましたりする。	・礼儀正しくなおかつ建設的なコミュニケーションを行うことで、チームメンバーに敬意をもって接する。 ・チームやチームの成果について肯定的な姿勢を伝えるため、肯定的な口調や文調、表情、ボディーランゲージを用いる。 ・課題の重要さやそれを遂行するチームの能力について自信を示すことで、チームメートを動機づける。 ・チームメンバーを、支援したり励ましたりする。	・礼儀正しくなおかつ建設的なコミュニケーションを行うことで、チームメンバーに敬意をもって接する。 ・チームやチームの成果について肯定的な姿勢を伝えるため、肯定的な口調や文調、表情、ボディーランゲージを用いる。 ・課題の重要さやそれを遂行するチームの能力について自信を示すことで、チームメートを動機づける。 ・チームメンバーを、支援したり励ましたりする。	・礼儀正しくなおかつ建設的なコミュニケーションを行うことで、チームメンバーに敬意をもって接する。 ・チームやチームの成果について肯定的な姿勢を伝えるため、肯定的な口調や文調、表情、ボディーランゲージを用いる。 ・課題の重要さやそれを遂行するチームの能力について自信を示すことで、チームメートを動機づける。 ・チームメンバーを、支援したり励ましたりする。
対立への対応	破壊的な対立に対して、チーム全体のまとまりや将来の効率性を強化するような形で対処／解決し、直接的かつ建設的に対応する。	対立を見極め、認めたうえで、それに関与し続ける。	対立から目をそらし、共通点や手元の課題に注意を向け直す。	代替的な見解、考え、意見を受動的に受け入れる。

(AAC & U, 2009)

「⑨チームワーク」のバリュールーブリックは、これまで実施した、あるいは受けた授業等で、すぐに使えそうな内容でしょうか。
どのような点に改訂が必要でしょうか。あなたならどのように改訂しますか。

6.3.6. ルーブリックをつくってみよう

　ルーブリックの作成手順や既存のルーブリック等を参考にしながら、一からルーブリックをつくってみましょう。完成したら、解答案をつくり採点してみましょう。類似の学問分野・教科を担当する同僚と意見交換をしたりしながら、適宜、改訂を加えましょう。

　　　　　　　　　　　　　　　　　　　　　　　　　を評価するためのルーブリック

観点＼尺度				

コメント用スペース

ルーブリックを作成してみた感想を書いてみましょう。また、どのようなメリット、デメリットがあると感じたでしょうか。

　作成したルーブリックを、実際の授業で使い、ブラッシュアップしていきましょう。
　「知識基盤型社会」や「グローバル時代」に求められる能力・資質が政府や産業界によって示されるなか、ルーブリックは、適切に用いられれば、教員や教育機関による自律的評価、ひいては大学の自律性と説明責任を可能にするツールとしても役立ちます。

> コラム
>
> ## 企業でもルーブリックを
>
> 　大学を離れ民間企業に就職し、後輩もまだおらず教育をすることがない立場におります。教育と関係のない今の環境でもインタラクティブ・ティーチングでルーブリックを学んだことが役立っています。それは目標シートを書くときです。年度はじめに目標をいくつか決め、それぞれの達成基準を目標シートに記入します。年度末に課長と達成状況を確認し、私が評価されます。目標シートを書くとき、評価項目を課の方針に沿って適切に選び、また客観性・具体性のある達成基準を決めることが重要だと思っています。これはルーブリックと全く同じでしょう。目標を明確にすることで私のモチベーションも上がりますし、達成基準をしっかり書くことで年度末に公平に評価をしてもらえます。インタラクティブ・ティーチングでのルーブリック作成の経験が活きているためなのか、目標シートを何回も書き直させられる先輩もいるなか、私が書いた目標シートは一回で承認されました。
>
> 　　　　　　　　　　　　　　　　　　　　　　　　　　　　（山下健二ホドリーゴ）

第6章 確認問題

6.1. 評価の意義および特徴についての説明として、**適切なもの**を全て選んでください。
1) 学習のプロセスを支援する役割をもつ「形成的評価」と、達成された学習成果を測定するための「総括的評価」があるが、期末試験等では、学生の成長を測るためにも「形成的評価」を意識して評価を行うのが望ましい。
2) 評価は、学生に到達度の把握を促すとともに、学びの支援にもなり得る。
3) 評価は、社会にとって、大学や学部、教員の説明責任を果たさせ、質保証につなげる意義をもつ。
4) 評価は、教員にとって、学生の理解度の確認を促し、支援をしやすくするものであるとともに、授業改善にも役立てられるものである。

6.2. 評価の正当性を評価するための四つの観点の説明として、**適切なもの**を全て選んでください。
1) 「妥当性」とは、はかろうとしている能力や行動をはかるのに適している評価方法かどうか、を問う。
2) 「客観性」とは、異なる採点者が採点しても同じ結果になるかどうか、を表す。
3) 「効率性」とは、評価後にどれほど不服申し立てや問いあわせが発生しづらいか、をいう。
4) 「信頼性」とは、ある集団の解答の信ぴょう性のことをいう。

6.3. 評価方法としてのルーブリックの説明として、**適切なもの**を全て選んでください。
1) ルーブリックとは、選択式の試験解答等を採点する際に有効な評価方法である。
2) ルーブリックとは、プロジェクトやレポート、実技等のパフォーマンスを評価する際に、評価基準を具体化しないまま総合的に評価するために役立つ評価方法である。
3) ルーブリックには、ある課題についての評価の観点、尺度、および基準を記すのが基本である。
4) 採点後のルーブリックを見ることで、学生は、教員が習得を期待していたスキル・知識に関して、自分がどの程度まで達成することができたのかを理解し、具体的なフィードバックも得ることができる。

6.4. ルーブリックの作成についての説明として、**適切なもの**を全て選んでください。
1) ルーブリックを作成する際は、評価の観点を思いつく限り列挙し、できるだけ詳細に作成することで、「信頼性」や「効率性」を高めることができる。
2) ルーブリックを作成する際、評価の尺度は、評価の基準を決めてからでないと定められない。
3) ルーブリックに記す評価の観点を考える際には、その授業の目的・目標を確認し、対応させると良い。
4) ルーブリックを最初から新しく作成する方法の他に、既にあるルーブリックをもとに作成できることもある。

（解答・解説は巻末資料にあります）

参考文献

Angelo, T. A. & Cross, K. P. (1993) *Classroom Assessment Techniques: A handbook for College Teachers*. 2nd Ed., Jossey-Bass: CA.
　主に教室内で用いられるたくさんの評価方法が紹介されています。

Association of American Colleges & Universities ホームページ
　https://www.aacu.org/value-rubrics 全米カレッジ・大学協会が開発したバリュールーブリックを閲覧、ダウンロードできます。

佐藤浩章編（2010）『大学教員のための授業方法とデザイン』玉川大学出版部
　評価についてわかりやすくごく簡潔にまとめられています。

田中耕治編（2005）『よくわかる教育評価（やわらかアカデミズム・わかるシリーズ）』ミネルヴァ書房
　多様な評価方法が紹介されています。

ダネル・スティーブンス他　佐藤浩章監訳、井上敏憲・俣野秀典訳（2014）『大学教員のためのルーブリック評価入門』玉川大学出版部
　ルーブリックについて平易に書かれています。

夏目達也・近田政博・中井俊樹・齋藤芳子（2010）『大学教員準備講座』玉川大学出版部
　評価について簡潔にまとめられています。

日本高等教育開発協会（JAED）ホームページ「JAEDルーブリックバンク」
　https://www.jaedweb.org/blank-3
　大学の授業で使えるルーブリックを閲覧、ダウンロードできます。

松下佳代（2012）「パフォーマンス評価による学習の質の評価 ― 学習評価の構図の分析にもとづいて」『京都大学高等教育研究』第18号、pp.75-114。
　パフォーマンス評価による学習評価について、包括的にまとめられています。全米カレッジ・大学協会が開発したバリュールーブリックの日本語訳も収録されています。

文部科学省（2016）「高大接続改革の進捗状況について」
　http://www.mext.go.jp/b_menu/houdou/28/08/1376777.htm.
　高大接続改革の進捗状況がまとめられています。

吉田武大（2011）「アメリカにおけるバリュールーブリックの動向」関西国際大学教育総合研究所編『教育総合研究叢書』第4号、pp.1-12。
　全米カレッジ・大学協会が開発したバリュールーブリックの背景、概要等がわかりやすく紹介されています。

第7章 大学教員としてのあり方

　ここでは、大学教員の仕事と自分が理想とする大学教員像について考え、今後のキャリアに関する理解を深めましょう。

> **目的** 大学教員として今求められることを理解し、そのあり方について考えることができる
> **目標** 日本の高等教育の概要を説明できる
> 　　　　大学教員としての責務を四つ挙げ、説明できる
> 　　　　現在の活動の俯瞰と今後の展望を行うツールとしてのポートフォリオの特徴について説明できる

　まずは、そもそも「高等教育機関」とは何を指すのか、日本の大学は現在どのような状況におかれているのか、といった事実の確認から始めていきます。

7.1. 変わりゆく大学

7.1.1. 日本の高等教育機関について知ろう

　大学が高等教育機関であることは、ご存知のことと思います。しかし、大学と高等教育機関は決して同義ではありません。日本で「高等教育機関」といった場合、いくつの種類の機関が含まれるでしょうか。文部科学省が所管する教育機関のうち、高等教育機関に分類されるのは、以下のものです。

- ◆大学院（修士課程、博士課程、専門職学位課程を含む）
- ◆大学
- ◆短期大学
- ◆高等専門学校
- ◆専修学校の専門課程（専門学校）

　なお、文部省・文部科学省が昭和23年から毎年実施している、学校教育全般に関する基礎資料「学校基本調査」においては、専修学校は高等教育機関のカテゴリーから外れている等、定義にずれがみられる場合もあります。

「大学以外にも高等教育機関はある」ということを理解したうえで、本書では改めて大学に焦点をあてて、その概要や現状をみていきましょう。

7.1.2. 日本の大学の数を知る

近年では、「日本は大学数が多過ぎる」「少子化が進むなかで、大学が多過ぎて、生き残り戦略を工夫しないとやっていけない時代になっている」等といった情報がメディアでとりあげられることが増えています。では、実際の日本の大学数はいくつだと思いますか。

国立大学が86校、公立大学が91校、私立大学が600校の計777校です（平成28年度「学校基本調査」より）。また、学生数は約287万人（うち社会人学生は23.6%、女子学生は43.4%）、教員数は約18万人となっています。

7.1.3. 「全入時代」の意味を理解する

さらに、「大学の全入時代に突入する」といった表現を耳にすることも多くなってきました。現代の日本の大学がおかれた状況を理解するための鍵となる「全入時代」という言葉。その正確な意味をご存知でしょうか。

「全入時代」とは「大学進学希望者総数が大学入学定員総数と同じかそれを下回る時代」のことです。つまり、「大学への進学希望者が進学先を選り好みしなければ、どこからかは入学を認められる状態」となった時代を「全入時代」と呼びます。2000年代初頭からこうした時代への変化が広く認識され、大学のあり方に関する活発な議論を生んできました。とりわけ、大学進学希望者が大学の定員数を大きく上回っていた数十年前の状況に比べて、大学進学希望者間の競争が落ち着きをみせる一方、学生を集めたい大学間の競争が激化していることが現代の大学を取り巻く環境の大きな特徴の一つだといえます。

ただし、大学授業料は、特に私立において年々増額される傾向にあります。したがって、「全入時代」とはいえ、経済的な理由から大学進学を断念する高校生も少なくありません。また、経済的理由から大学入学後に退学を余儀なくされる学生や、貸与型の奨学金を受ける学生も増えています。日本学生支援機構によると、平成16年度には大学生の23.3%が同機構の提供する奨学金を利用していたのに対して、平成26年度には利用者が大学生の38.7%にまで上昇したといいます。さらには、貸与型の奨学金を受給して大学を卒業するに至ったものの、奨学金を返納できない社会人も増えていることから、約10年間で比較しても債権数が著しく増大しており、社会問題となっています。このことは、日本の高等教育の制度全体の問題として広く議論していく必要があります。その一方で、これからは一人ひとりの大学教員にも、学生たちがこのような問題を抱えながら大学に通っていることを理解したうえで、アルバイトと学業の両立や就職のサポートのために手を差し伸べることがますます求められていくでしょう。

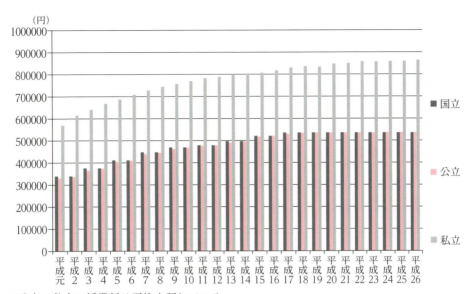

※公立・私立の授業料は平均を記している。
※データは文部科学省のホームページより
(http://www.mext.go.jp/a_menu/koutou/shinkou/07021403/__icsFiles/afieldfile/
2015/12/25/1365662_03.pdf をもとに作成)

図1　平成元年からの大学授業料の推移

7.1.4.　進学率と男女別・都道府県別の特徴

「全入時代」で希望すれば大学に入れるようになった日本。では、実際に大学に進学する人の比率はどの程度なのでしょうか。

平成 28 年度「学校基本調査」によれば、高等学校卒業者のうち 49.3％ が大学に進学しています。また、この調査では、大学の他に短期大学や通信教育部に進学した者をあわせて「大学等」進学率として公開しており、平成 28 年度の大学等進学率は 54.9％ となっています。

男女別にみると、男子の大学進学率は 51.3％、女子は 47.4％ です。短期大学や通信教育部、あるいは専門学校等に進学し、高校卒業後も大学以外の何かしらの教育機関で勉強している高校卒業者の比率は、男子は 13.7％、女子は 29.9％、女子は男子の倍以上です（男女をあわせると、高校卒業者のうち 21.9％ が大学以外の教育機関に進学しています）。つまり、男子は高校を卒業後大学に進学する者が過半数で、その次の選択肢としては就職が多い（21.5％）一方で、女子は高校卒業後に半分足らずが大学へ、約 3 割がその他の教育機関へ進学し、就職する者は 14.1％ しかいません。男女による顕著な差がみられます。

さらに、都道府県別にみると、東京都の高校生は卒業後 63.9％ が大学に進学するのに対して、鹿児島県では 30.6％、鳥取県では 34.5％、沖縄県では 34.9％ しか進学しておらず、地域間の格差も著しいのが現状です。

もちろん、大学進学率が高ければ良いというわけではありません。ただ、厚生労働省が発表する平成 27 年度「賃金構造基本統計調査」を見ると、20～24 歳の「大学・大学院卒」の男性の平均月収は 222,100 円と、「高専・短大卒」の 199,500 円や「高校卒」の 194,300 円を上回ります。

さらに、どの世代でももっとも平均月収が高くなる50〜54歳の年齢層で見てみると、「大学・大学院卒」の男性は544,100円なのに対して、「高専・短大卒」は408,900円、「高校卒」は348,300円となっており、その差は大きく開きます。

表1　都道府県別　高等学校卒業者の大学進学率　トップ5とワースト5

	都道府県	大学進学率(%)		都道府県	大学進学率(%)
1	東京都	63.9	43	山口県	36.6
2	京都府	60.7	44	大分県	36.1
3	神奈川県	57.1	45	沖縄県	34.9
4	兵庫県	55.5	46	鳥取県	34.5
4	広島県		47	鹿児島県	30.6

(平成28年度「学校基本調査」より)

　こうしたことをふまえると、地域格差をこれ以上広げないようにする一助として、特に地方大学の教員は、大学教育の振興に寄与する存在になることが求められているといえそうです。

7.1.5. 現代の大学を取り巻く環境の変化

　大学は、遡れば紀元前7世紀頃から存在し、学術的知見や議論が蓄積されてきたといわれています。西洋型の近代的な大学だけをとっても、ボローニャ大学やオックスフォード大学で講義が行われるようになってから、既に900年以上の歴史があります。では、現代の大学は、今までの大学とはどのように異なるのでしょうか。

　現代の大学の特徴として思い浮かぶ事柄を、下の表に自由に記述してください。
　また、それらの特徴をもつ大学で教員を務めるあなたには、どのような取り組みや姿勢が求められていると思うか、下記に記述してください。

大学の特徴	大学教員に求められること
・(例) グローバル化	・「グローバルに活躍できる人材とはどういう能力をもった人なのか？」を追究し、英語力およびそれ以外の力も学生たちに身につけさせる。

大学教育もオンラインで無料で受ける時代?!

現代の大学をとりまく環境の変化のなかでも無視することのできないものの一つとして、「MOOC（Massive Open Online Course）」があります。

MOOCとは、オンライン上で開講される原則無料の講座のことで、登録をすると講義動画を視聴することができます。とはいえ、ただ動画を視聴するだけではありません。オンラインで出題される課題に答えたり、レポートや作品をオンラインで提出したりすることで、修了証が発行されます。さらに、講座を開講している大学から正式な履修証明書や単位を取得できる場合もあります（この場合は、有料となる場合が多くあります）。

MOOCは2008年に誕生し、2011年に開講されたスタンフォード大学のセバスチャン・スラン教授の「人工知能オンライン入門（Online Introduction to Artificial Intelligence）」が16万人の登録者を集めて以来、とりわけ大きな関心を集めるようになりました。しかも、優秀な成績で修了した人の多くが、スタンフォード大学等有名大学に在籍する大学生・大学院生ではなく、発展途上国からアクセスしていた受講者であったことが、大きな衝撃を与えました。今では、MOOCで優秀な成績をおさめたことが評価されて実際の大学への入学を許可される学生もいて、MOOC配信プラットフォームCourseraやedXに世界中の有名大学が講座を開講しています。東京大学も、本講座「インタラクティブ・ティーチング」をはじめ、多くの講座を開発・運営しています。

MOOCの誕生と普及により、学習意欲とインターネットへのアクセス環境さえあれば世界のどこからでも大学の授業を無料で受けられるという時代が到来した今、「対面式の授業を提供する大学に、高い授業料を払ってまで通う意義とは何か？」ということが改めて問われています。これからの大学教員は、MOOCでは提供できないような付加価値を授業に与えていくことが求められます。

7.2. 大学教員のあり方

7.2.1. 大学教員という仕事

大学教員は、日頃どのような責務を担って、どのような仕事に従事していると思いますか。あなたのまわりの大学教員は、普段どのような活動をしていますか。

大学教員の責務・仕事を大まかに分けると、以下の四つのカテゴリーに分類できるといわれています。「教育」「研究」「管理運営」「社会貢献」です。「教育」は授業や研究指導、「研究」は実験、論文執筆や学会発表等とイメージしやすい一方で、「管理運営」と「社会貢献」はやや目につき難いのが特徴です。「管理運営」とは大学の運営に関わる仕事のことで、例えば、研究科長等の役職に伴う仕事、委員会活動、教授会への参加、あるいはクラブ活動の顧問やクラス担任等です。「教育」と少し重なる仕事もあります。「社会貢献」としては、公開講座、学会運営等が挙げられます。

これら四つのカテゴリーのバランスは、所属機関、専門領域、キャリアステージ等によって変動します。

下の図の四つのカテゴリーとそれぞれのカテゴリーが重なりあう部分に、あなたが「大学教員の仕事」として思い浮かべる具体的な内容を、思いつく限り記入してください。

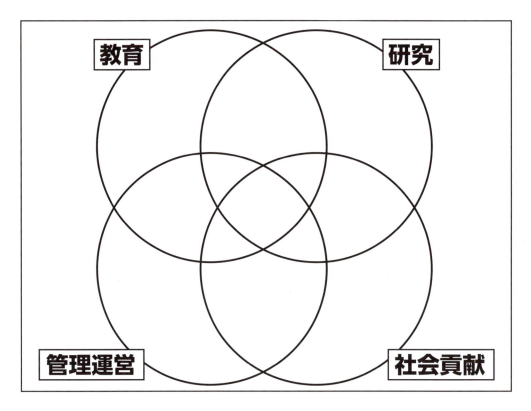

例えば、以下の仕事はどこに分類されるでしょうか。
・テレビ出演　　　・大学院生との共同研究プロジェクトの運営
・オープンキャンパスでの講演　　　・欠席が続く学生への連絡
・省庁などが設置する委員会での活動　　　・研究費で購入した備品の管理

「教育者」としての大学教員

　従来、大学教員の仕事は「研究」に重点がおかれていました。しかし、ここ10年ほどの間で、大学教員の「教育」者としての役割にも注目されるようになってきました。中央教育審議会は平成17年1月の答申「我が国の高等教育の将来像」のなかで、「ファカルティ・ディベロップメント（FD）」という用語を使用してその重要性を指摘したうえで、このように定義しています。

　　　教員が授業内容・方法を改善し向上させるための組織的な取組の総称。その意味するところは極めて広範にわたるが、具体的な例としては、教員相互の授業参観の実施、授業方法についての研究会の開催、新任教員のための研修会の開催など

　ここからわかるように、授業改善のための工夫を教員一人ひとりで行うだけでなく、授業をよりオープンなものにして他の大学教員に見てもらうようにしたり、教員間で授業方

法について議論する場をもったりすることが今日の大学教員には推進されているのです。実際、文部科学省が発表している「大学における教育内容等の改革状況について」によれば、教員相互の授業参観を実施した大学の割合は年々増えており、平成25年度の段階では51.8%にまで達しています。また、チーム・ティーチングという形で教員同士が密に連携しながら一つの授業を担当する取り組みも、少しずつ広がっています。

大学教員としてのアイデンティティ

大学教員は、様々な仕事を担っているからこそ、どの仕事にもっとも思い入れをもっているか、自分の大学教員としてのアイデンティティをどの仕事によって定義するかは、一人ひとりの教員によって大きく異なっています。

以下に、例として三つの「大学教員像」を挙げます。この他に、あなたはどのようなアイデンティティや使命感をもった大学教員を知っていますか。

> 「大学の教師が研究的活動をするのは、その存在の本質である。大学の教師としての公の仕事である。(…) 学生の教師に対する尊敬・信頼は、『教師は勉強している』ということを中核とする。前述のように、大学は勉強の場なのだから当然である」
> ―宇佐美寛『大学の授業』より

> 「必要な知識をもち合わせていることだけで、それが優れた教師であるとはいえない。もしそうであるなら、どのような専門家も優れた教育者になれるが、明らかにそのようなことにはならない」　　　　―ケン・ベイン『ベストプロフェッサー』より

> 「私は主に管理職に就いていて、学術的なリーダーシップを発揮することが期待されている（と少なくとも自分は感じていた）ベテランの年長の教員だった。時々教師としての役割を担うけれど、その業務の負担は小さいものだった」
> ―John Cowan *On Becoming an Innovative University Teacher* より

7.3. 目指す大学教員像を考える

7.3.1. 大学教員を目指す動機

　大学教員という仕事を実際にあなたが担うことになったとしたら、どのような大学教員になると思いますか。理想とする大学教員像はありますか。

　ここではまず、大学教員が担う四つの責務・仕事においての、あなたの目標やゴールを明確化していきましょう。

「教育者」としての役割における、あなたの最終的な目標は何ですか。それを達成するために、5 年後には具体的にどのような経験を積み、スキルを身につけていたいですか。

「研究者」としての役割における、あなたの最終的な目標は何ですか。それを達成するために、5 年後には具体的にどのようなことをなし遂げていたいですか。

「大学の組織運営を担う者」としての役割を将来担うにあたって、どのような経験やスキルを積んでおくことが重要だと思いますか。

「社会貢献を行う者」としての役割において、あなたの最終的な目標は何ですか。それを達成するために、5 年後には具体的にどのようなことをなし遂げていたいですか。

ここで大学教員が担うそれぞれの役割に関する目標を確認した今、あなたにとって「大学教員」という職業の最大の魅力とは何だと感じますか。

7.3.2. 大学教員になるための地図づくり

　様々な職業と比較しながら考えてみても、やはり大学教員を目指したいという気持ちに揺らぎがなかった場合、大学教員になるための道のりを具体的に書き出してみることが大切です。
　そのためには、以下の三つの手順を意識しながら自分のこれまでのキャリアやこの先のステップを考えていくと良いでしょう。

ステップ1：これまでの活動の振り返りおよび俯瞰・構造化
ステップ2：目指すものの明確化
ステップ3：長期・短期目標の設定

　この手順に沿ってじっくりと自分の考えを整理することができるツールの一つとして、「ポートフォリオ」があります。高等教育の分野で使われるポートフォリオには、主に五つの種類があります。

表2　ポートフォリオの種類

学生のためのポートフォリオ	ラーニング・ポートフォリオ	学習の定着、学習効果の可視化を目的とする
大学教員のためのポートフォリオ	ティーチング・ポートフォリオ	授業や指導方法の改善、教育業績への多角的な評価、授業や指導に関する情報共有等を目的とする
	アカデミック・ポートフォリオ	研究計画や研究活動の改善、研究業績への多角的な評価、研究活動や成果に関する情報共有等を目的とする
大学職員のためのポートフォリオ	スタッフ・ポートフォリオ	業務計画や活動の改善、人材配置の際に参考となる情報の整理等を目的とする
機関のためのポートフォリオ	機関ポートフォリオ	説明責任を果たすため、機関評価の際の参考とするための情報の整理等を目的とする

　次章で実際のポートフォリオづくりをしますが、その前に、ポートフォリオを作成するうえでのポイントを整理します。

《ポートフォリオを作成するうえで留意すべき主なポイント》
(A) **対象とする活動全体を多角的に俯瞰する**
　　業績を単純に書き出すのではなく、全体を俯瞰しやすいよう、カテゴリーに分ける、チャートにまとめるなどして構造化することを心がける。
(B) **根拠に基づいた記述をする**
　　事実を、ときには文章で丁寧に書くことも必要となる。例えば、教育活動を可視化しようとした場合、担当の授業数を数値で表すことはできても、それではその授業一つ一つの質を明確にすることにはならない。そのため、できる限りの可視化を目指して、授業の中身についても言語化していくことが求められる。

自分に適したキャリアを描けるように、折を見て自分が行っている活動を書き出し、振り返る習慣をつけることをお勧めします。

> **コラム**
>
> ### 今の自分を振り返ってみたい
>
> 　大学や大学教員に対する社会的要請の変化は、キャリアパスに対するイメージを揺るがします。私たちが将来目指すべき大学教員像は、学生時代に体験した大学教員の延長線上にはないかもしれません。大学教員に求められる役割をいかに果たしていくか——本講座を通じて、目指すべき大学教員を考えるようになり、その将来像に対して今の私がどの位置にいるのかを振り返ってみたいと感じました。
> 　私は2016年3月に東京大学大学院を修了し、今は産業技術総合研究所という研究機関に所属しています。大学を外からみることで、大学の役割、なかでも教育の重要性を今までよりも強く意識するようになりました。今の私は研究業務中心ですが、研究所の先輩には非常勤・常勤の大学教員を務める方も多くいます。将来のキャリアパスを見据えて、本講座で得た知識・スキルを育む機会を大切にしたいと感じています。（小澤暁人）

7.4. 理想の大学教員像

7.4.1. 理想の働き方のバランスを描こう

　あなたは、どのような大学教員を目指しますか。
　できるだけ理想を明確化するために、「教育」「研究」「管理運営」「社会貢献」のバランスの自分にとっての理想的なあり方を、7.2.で紹介した四つの円を自由な大きさ・配置で描き直す形で、次頁の空欄部分に表してください。

《参考としての問い》
1．「教育」と「研究」のバランスはどのような形が理想的ですか。
2．「教育」と「研究」はどの程度重なりあうことが理想ですか。
3．「教育」・「研究」と「社会貢献」がどの程度重なりあった状態を理想としますか。
4．「管理運営」について、5年後はどの程度担っていたいですか。20年後はどの程度担いたいですか。
5．更に、この図に「大学教員の仕事」の他にも「家庭」、「育児」、「趣味」、「兼業」等を加えるとしたら、何を表す円をどのような形で挿入しますか。

7.4.2. 自分の課題と強みを整理しよう

　最後に、次頁の図の中に、「あなたが得意とする・やっていてワクワクする具体的な大学教員の仕事」を赤色で、「あなたが苦手とする・やっていてモヤモヤする具体的な大学教員の仕事」を青色で記入してください。

　あなたにとっての課題と強みを整理することで、よりバランスのとれた大学教員、あるいはよりあなたの理想とする大学教員像に近い教員になるための次のステップを明確化しましょう。

《参考としての問い》
1．青色で書いた項目のうち、経験を積めば自然と克服できそうなものは？
2．青色で書いた項目のうち、自主的に勉強を重ねることで克服できそうなものは？
3．青色で書いた項目のうち、克服のために、研修等専門家の支援を受けたいものは？
4．青色で書いた項目のうち、もっとも「克服したい」と思うものは？
5．赤色で書いた項目のうち、今後ますます得意にしていきたい・大事にしていきたいものは？

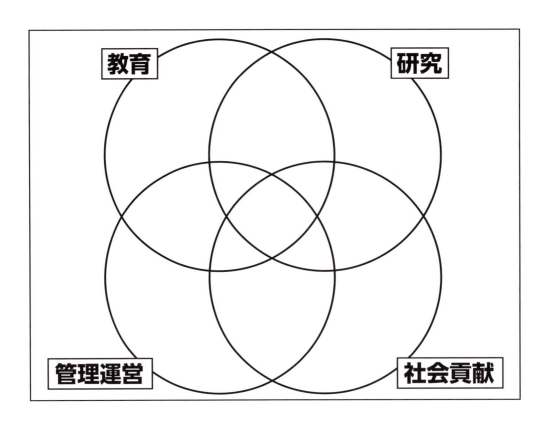

大学教員に「教育力」が求められる時代

　当然ながら、幼稚園、小学校、中学校、高校で教えようと思うと、教員免許状が必要となります。一方で、日本の大学教員を見てみると、教育に関する資格は何ももっていない人がほとんどです。教室で人に何かを教えるという経験を一切もたないまま、大学の教壇に立つ人もいます。海外に目を向けると、ドイツ等では、大学で講義を担当するためには大学教授資格を取得しなければならないという制度が導入されています。アメリカでは、大学院博士課程在学中に実質的な授業運営を担うティーチング・アシスタント（TA）の制度が充実しています。一方、日本では依然として大学教員になるための資格はなく、TA制度も、印刷などの単純作業しか任されないような形式的なものが多く見られます。

　しかし、ここ約10年の間で、日本における大学教員に対する考え方や大学教員のキャリアパスが、大きく変化してきていることもまた事実です。例えば、大学教員を採用する際には、とにかく研究の業績だけで判断するというのが従来の方法でしたが、「教育の質」が大学にも強く問われるようになり、少しでも教育的実践力のある研究者を採用しようと、採用面接の際に「模擬授業」を課したり、履歴書に書かれた「教育実績」の内容を重要な判断基準の一つとしたりする大学が増えています。

第7章　確認問題

7.1 日本の高等教育の概要についての説明として、適切なものを全て選んでください。
1) 日本の大学の総数は約 800 であり、そのなかの私立の割合は、約 50％である。
2) 日本の大学進学率は、約 70％である。
3) 少子化に伴い大学進学希望者総数が減っており、ついに 18 歳人口と大学入学定員がほぼ等しい「全入時代」に突入したといわれている。
4) 大学をめぐる状況は大きく変化しており大学は学生の多様化や学習環境の変化などに対応していく必要に迫られている。

7.2. 大学教員の責務についての説明として、適切なものを全て選んでください。
1) 大学教員の仕事には、大きく分けて、「教育」、「研究」、「管理運営」、「社会貢献」の四つがある。
2) 専門領域やキャリアステージに関わらず、大学という機関の性質を考慮すると、大学教員は何よりもまず「教育」の仕事により多くの比重をおかなければならない。
3) 大学教員の教育者としての質の保証が重視されるようになるのに伴い、ファカルティ・ディベロップメントの義務化等が行われた。
4) 大学教員の採用場面では、日本のどの大学でも、依然として「研究」の能力だけが採用基準となっている。

7.3. ポートフォリオについての説明として、不適切なものを全て選んでください。
1) 学生の作成するポートフォリオは一般的にラーニング・ポートフォリオと呼ばれる。
2) 大学教員としてのキャリア・パスを考える際に、目指すものを明確化したり長期目標を設定したりしても、その通りに進まないことがほとんどであるため、時間の無駄である。
3) ポートフォリオを作成することは、現在までの活動の整理や、理想の明確化、目標の設定、および改善への気づきに役立つ。
4) ポートフォリオは、自分の活動全体を多角的にとらえ直し、俯瞰することにつながる。

（解答・解説は巻末資料にあります）

参考文献

宇佐美寛（2012）『新訂版　大学の授業』東信堂
　長年大学教育をみつめてきた著者が大学教員や大学の授業のあり方を論じています。
ケン・ベイン著　高橋靖直訳（2008）『ベストプロフェッサー』玉川大学出版部
　優秀な教育者としての大学教員の事例を集めています。
杉原厚吉（2012）『増補新版　大学教授という仕事』水曜社
　日本の大学教員がどのような仕事をしているのか、当人が語っています。
ピーター・セルディン、J. エリザベス・ミラー著　大学評価・学位授与機構監訳　栗田佳代子訳（2009）『アカデミック・ポートフォリオ』玉川大学出版部
　アカデミック・ポートフォリオ開発者による書籍の訳書です。アカデミック・ポートフォリオについての説明の他、多様な専門領域のアカデミック・ポートフォリオのサンプルが所収されています。
ピーター・セルディン著　大学評価・学位授与機構監訳　栗田佳代子訳（2007）『大学教育を変える教育業績記録：ティーチング・ポートフォリオ作成の手引』玉川大学出版部
　自己省察を重視するタイプのティーチング・ポートフォリオ開発者の書籍の訳書です。
Debowski, S. (2012) *The New Academic: A strategic handbook*, Maidenhead, Berkshire: Open University Press.
　専門職としての大学教員という職業の役割について、教育、研究、エンゲージメントそして、リーダーシップという観点から包括的にとりあげた書籍です。
Cowan, John (2006) *On Becoming an Innovative University Teacher*, Open University Press.
　大学教員の授業改善や教師としての能力の向上にあたって経験学習理論に基づいたリフレクションが重要であることを論じています。

第8章 ポートフォリオの作成

本章では、キャリアパスを考えるツールとしてポートフォリオをご紹介します。ポートフォリオというと、学生が学習の蓄積および成果としてつくるラーニング・ポートフォリオを思い浮かべるかもしれませんが、実は大学教員、大学院生のためのポートフォリオもあります。ここでは、構造化アカデミック・ポートフォリオ（SAP: Structured Academic Portfolio）という大学教員、大学院生が自身の活動を振り返るためのツールを活用して、キャリアパスを考えていきます。
（注：ここで紹介する SAP は 2016 年時点での最新版であり、インタラクティブ・ティーチングの
　　　動画における SAP は旧版であるため、内容が異なるところがあります）

> **目的** 教育と研究の活動を俯瞰し、大学教員としてのキャリアパスを展望する
> **目標** SAP とその意義を説明できる
> 　　　 SAP チャートとその意義を説明できる
> 　　　 具体的な作成ステップに従い自分の SAP チャートを作成できる

本章では、まず SAP について説明し、次に SAP の基礎となる SAP チャートについて説明します。そして、チャートの具体的な作成方法を説明します。

8.1. 構造化アカデミック・ポートフォリオ（SAP）

8.1.1. SAP とは

構造化アカデミック・ポートフォリオ（SAP: Structured Academic Portfolio）とは、大学教員としての活動について、構造的に自己省察を行い、その記述を根拠資料によって裏づけた文書のことです。SAP では、大学教員の責務である教育、研究、管理運営と社会貢献の四つの活動を全て扱います。管理運営と社会貢献はサービスとしてまとめます。大学教員のみならず、大学院生も作成でき、キャリアを考えることができるツールです。

SAP は、これまでの活動とその背後に隠れる理念や信念について記述する本文と、それらの記述の根拠となる資料があわさった、2部構成になっています。本文には、教育、研究、サービスがそれぞれ構造化された形で記述され、それらの統合として、各活動の関係性や総括的な目標が記述されます。そして、その本文の記述に関する根拠資料を添付する構成になっています。

8.1.2. SAP作成の意義

SAP作成の意義は、大きく分けて、SAPを作成するプロセスと、SAPというプロダクトの二つにあります（下記、表1「SAP作成の意義」参照）。SAPの作成というプロセスを通して、自分のこれまでの活動を整理して振り返ることができることと、それらをふまえてこれからの活動方針や目標を考えてキャリアパスを明確にできることが、SAP作成の一つの意義です。特に大学院生にとっては、見通しが悪いキャリアパスを考える良い機会となります。また、作成されたSAPというプロダクトには、その人の活動理念や他者による評価が厳選された形で記述され、その根拠となる資料が添付されていることから、活動業績評価資料としての価値があります。

表1　SAP作成の意義

活動に関する深い自己省察
- これまでの活動理念・方針の明確化
- **これからの活動方針、キャリアパスの明確化**

活動に関する多角的かつ精選された情報の提示（プロダクト）
- 活動の理念や意義の明示
- 他者（学生、同僚など）による活動評価の提示
- 上記の記述に対する根拠資料の添付

8.1.3. SAPの基本構成

SAPの本文をゼロからつくることには労力がかかります。そこで、効果的および効率的にSAPを作成するため、SAPには推奨される基本構成があります（下記、表2「SAPの基本構成」参照）。基本構成には「はじめに」「教員としての責任」「教育」「研究」「サービス」「統合」「おわりに」の章が設けられ、章によっては節が並ぶ構成をとっています。まず、「はじめに」にて、ポートフォリオを作成する目的を記述し、「教員としての責任」にて、教員としての全般的な責任の概要を明示します。そして、「教育」「研究」「サービス」にて、各活動の理念および方針・方法等を記述し、「統合」にて、各活動の関係性、主要な成果および教員としてのコアについて記述します。そして最後に、「おわりに」にて、作成した感想の記述や総括を行います。基本構成を用いることで、振り返りに集中できます。

表2　SAPの基本構成

はじめに
教員としての責任

教育	研究	統合
理念	理念・意義・目的	各活動の相互作用
方針・方法	代表的な研究	主要な成果
経験	獲得した研究資金	大学教員としてのコア
改善	知識・技術・技能	目標
評価・成果	目標	おわりに
目標	サービス	

8.1.4. SAP 作成の流れ

　SAP は、最初からそれ自体をつくるのではなく、SAP チャート、スタートアップシート、SAP という流れで作成していきます（図1「作成の流れ」参照）。

　SAP チャートとは、SAP の基本構成および作成の手順を1枚にまとめたワークシートです（次頁図2「SAP チャート」）。チャートには SAP の基本構成に対応する教育方法や理念といった要素があり、その各要素に対して付箋を貼るという作業をしていきます。例えば、「TEACHING FACT」の要素には、これまでに担当した授業や従事した教育活動の情報をキーワードや短文で付箋に記述して、チャートに貼りつけます。

　SAP チャートが完成したら次はスタートアップシートです。スタートアップシートは、SAP チャートの内容を文章化するための質問に対する答えを記述する形式になっています。SAP チャートに貼られた付箋には単語や短い文章が書かれているだけであるため、各付箋が意味していることや各付箋の関係性が不明確なときがあります。そこで、スタートアップシートを用いてチャートの内容を詳しく記述します。そうすることで自己省察がより深まります。

　そして、SAP チャート、スタートアップシートを参考あるいは再構成しながら、推敲を重ねていくことで、SAP の本文を執筆します。最後に、その記述に応じた根拠資料を添付することで、SAP の完成となります。作成においては、振り返りの支援を受けることでより深く自己省察ができるため、ワークショップへの参加が推奨されます。

図1　作成の流れ

8.2. 構造化アカデミック・ポートフォリオ・チャート（SAP チャート）

　ここでは、SAP の基礎となり、それ自身の作成でも自己省察が促される SAP チャートについて詳しく説明していきます。まず SAP チャートについて説明し、続いて SAP チャート作成の流れと具体的な準備について説明します。（SAP チャートは p.221 に所収されています。）

8.2.1. SAP チャートとは

　SAP チャートとは、SAP の基本構成に対応した要素が構造的に表現されたチャートです（図2「(a)チャートの全体像」）。左側に教育、右側に研究、中央の下側にサービス、中央の上側に統合について記述するスペースがあります（図2「(b)チャートと基本構成の関係」）。詳しくは次項で説明しますが、チャートは付箋を用いて作成していきます。図2「(c)チャートの実例」は付箋を用いて作成されたチャートの実例です。

　SAP チャートの内容は、作成者の説明なしに第三者が理解するのは難しいため、プロダクト自体に大きな価値はありません。しかし、作成を通して振り返りが促されるため、SAP と同様、その作成プロセスにおいて起こる自己省察に価値があります。

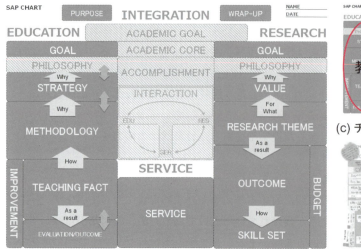

図2　SAPチャート

8.2.2.　SAPチャート作成の流れ

　SAPチャート作成の流れを、教育、研究、サービス、統合の順で詳しく説明していきます。

　教育に関しては、基本的に下から上に向かってチャートを埋めていきます。実際の教育活動をまず挙げて、それらの活動のなかではどのような教育方法を用いているのか、なぜその方法を用いているのか、そしてそれがどうして自分にとって大事なのかと、具体的な事例から始めて抽象的な理念を抽出していきます。

　研究に関しては、中央の部分からスタートします。まず、現在取り組んでいる、または過去に取り組んでいた研究テーマを挙げます。そして、中央から下に向かって、論文や学会発表等の研究成果、研究力の向上のための努力、研究で用いている知識・技術・技能を挙げていきます。次に、中央から上に向かって、研究テーマの目的や意義、それからなぜ自分がその研究をしているのかという理念、そして研究に関する目標を振り返っていきます。

　サービスに関しては、大学院生の場合あまり経験がない可能性がありますが、教育や研究以外の学内委員会への参加や学会の運営といった管理運営や社会貢献活動を挙げていきます。

　統合に関しては、教育、研究、サービスがお互いに寄与している部分はないかという点についてまとめて、全体を見渡して自分自身の一番大事な活動方針や生き方（コア）を挙げ、教員になるうえでの大きな目標を設定していきます。

　このような流れで各項目を振り返ることで、これまでの活動が整理され、今後の目標が明確になってきます。

8.2.3. SAP チャート作成の準備

ここでは、チャートの具体的な作成に向けて、準備のポイントを説明します。

・SAP チャートの印刷
　チャートはＡ３判以上の紙に印刷してください。付箋を貼るため、大きい方が望ましいです。

・付箋の用意
　作成にあたって細長い付箋（3M 社 700RP-G 推奨）とりんごの付箋（3M 社 SSS-AP 推奨）を用意してください（敢えてりんごの付箋でなくても問題ありません）。これらの付箋を用いて、各要素に関するキーワードや短い文章を１枚に一つ書いていきます。

・付箋の区別
　過去のことは黄色、未来のことは青色、重要なことは赤色、とそれぞれ付箋の色を変えてチャートをつくっていきます。色を変えた方が全体を理解しやすくなります。また、個人的なエピソードはりんごの付箋に書いていきます。

・網かけの項目
　教育と研究の理念「PHILOSOPHY」、統合（INTEGRATION）の部分は網かけの表記になっています。これらの項目は非常に大切ですが、非常に時間がかかるため、時間のあるときにじっくり取り組みましょう。また、それらの項目は、ワークショップ等に参加して他の人にサポートをしてもらいながらつくっていくのが望ましいです。

8.3. SAP チャートの作成１：はじめに・教育

　SAP チャートを作成するにあたって、はじめに作成の目的を決めます。そして、教育の部分をつくっていきます。ここでは、基本構成の「はじめに」と「教育」に対応する項目の具体的な作成手順を説明します。この手順に沿うことで、教育の理念や目標が明確になります。各項目の説明の横に、説明の該当箇所を丸で囲ったチャートを掲載しているので、参考にしてください。

【目的】
・SAP チャート作成の目的を設定する
　「PURPOSE」に、チャート作成の目的を書いてください。記述例として「活動の整理」「活動の振り返りと改善」「活動理念や意義の考察」「キャリア設計」等が挙げられます。目的を設定することによって、どこを重点的に作業するかが決まってきます。

【教育（EDUCATION）】
・教育経験を挙げる
　「TEACHING FACT」に、あなたの教育経験を書いてください（重要だと思う教育経験であれば、担当授業や TA 以外でも挙げてください）。記

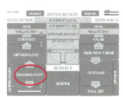

述例として「授業プログラミング入門」「卒業論文指導」「新任教員研修」「TA 分子生物学」「研究室後輩の指導」等が挙げられます。具体的な教育活動は、教育を振り返るための材料、土台となるため、重要なステップです。

・これまでに行った教育活動の改善を挙げる

「IMPROVEMENT」に、あなたがこれまでに行った教育活動の改善を目的とした活動を書いてください。記述例として「MOOC インタラクティブ・ティーチングの修了」「レポート課題の採点方法としてルーブリックを導入」「反転授業を導入し、ディスカッション中心の授業に変更」などが挙げられます。改善活動を振り返ることで、教育するにあたって大切にしていること（理念）がわかることがあります。

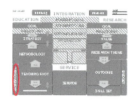

・教育活動の評価および成果を挙げる

「EVALUATION / OUTCOME」に、あなたの教育活動に対する学生や第三者からの評価、学生の成長や受賞といった教育活動の成果を書いてください。評価の記述例として「学生からの授業評価」「同僚からの授業評価」、成果の記述例として「Best Teacher Award 受賞」「学生の学会発表における受賞」等が挙げられます。他者による評価および成果という客観的な評価を記述することで、一人よがりの教育経験、方法でないことを示すことができます。

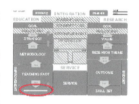

・教育活動で用いている方法を挙げる

「METHODOLOGY」に、これまでの教育経験において「共通して用いている方法」「重要視して用いている方法」「自分の教育を特徴づける方法」といった自分らしさを表している教育方法を書いてください（今後用いたい方法でも良いです）。記述例として「毎回小テストを行い、個別にフィードバックする」「すぐに教えるのではなく、まず学生に考えてもらう」「ジグソー法を用いて一人ひとりに話してもらう」等が挙げられます。方法を振り返ることによって、自分が教育において大切にしていることが浮かび上がってきます。

・方法を用いている理由（方針）を考える

「STRATEGY」に、「METHODOLOGY」で書いた方法を用いている理由（方針）を簡単に書いてください。その際、「METHODOLOGY」で書いた方法のうち似ているものをグルーピングして、該当する「STRATEGY」に対応づける等の整理を行いながら進めてください。

記述例として「フィードバックで学習内容の定着をはかる」「能動的に自分の頭を使って学んでもらう」「教えあうことで理解を深める」等が挙げられます。

対応づけの具体例として「STRATEGY」の「親近感をもってもらう」と「METHODOLOGY」の「受講者の名前を覚える」「自分の体験・経験を伝える」を線で結ぶ等が挙げられます。

方針を書き出し、対応づけることによって、無意識的に大事にしていた方針が明らかになったり教育方針と方法があっていないことに気づいて方法が改善されたりします。

・教育において何を大切にしているか、教育理念を考える

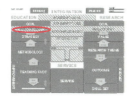

「PHILOSOPHY」に、「STRATEGY」で書いた方針を用いている、あるいは用いたい理由、（もし既におもちであれば）自分なりの教育の理念を書いてください。また、前項と同様に「PHILOSOPHY」で書いた理念と「STRATEGY」で書いた方針を対応づけてください。方法から方針へと少し抽象度を上げることによって、教育理念を抽出するきっかけとします。

また、この項目の内容に関係する個人的なエピソードがあればりんごの付箋に書いてください。例えば、影響を受けた人物やできごとを書くことが挙げられます。教育理念はそのような個人的なエピソードにひもづいていることが多く、エピソードを思い出して理念との対応を考えることは、理念を明確にするために役立ちます。

・方法、方針、理念が対応づいているかチェックする

「PHILOSOPHY」、「STRATEGY」、「METHODOLOGY」がそれぞれ対応づいているかを確認してください。具体的には、書いた方針・方法が、理念を実現するための方針・方法となっているか、理念に対して、方針・方法は過不足ないかを確認します。例えば、学生には「実践ができる」、「実践を研究論文にして、知見を一般化できる」ようになってもらいたい、という理念があるが、実際の教育においては、「知見を一般化する」方法を伝えていなかった（そのため、今後は知見を一般化する方法を伝える必要がある）、という気づきが得られます。

・これまでの振り返りをふまえて目標を設定する

「GOAL」に、「TEACHING FACT」「METHODOLOGY」「STRATEGY」「PHILOSOPHY」全体を見渡して、今後達成したい教育に関する長期的、短期的目標を書いてください。長期目標は5〜10年先の大きな目標、短期目標は1〜2年以内に達成できる具体的な事項を意識してください。記述例として「非常勤講師になって授業を担当する」「教育方法 Think Pair Share を授業にとりいれる」「研修会に参加する」等が挙げられます。目標を定めることで、現在何が足りていないのか、次に何をすれば良いのか、今後の行動方針が定まります。

8.4. SAPチャートの作成2：研究

以下の流れに沿って、研究の理念や目標を明確にしていきます。

・研究テーマを挙げる

「RESEARCH THEME」に、あなたの研究テーマを書いてください。記述例として「ポートフォリオ作成プログラムの開発」「神経回路における情報処理機構の解明」「がん細胞における遺伝子マーカーの探索」等が挙げられます。具体的な研究テーマは、研究を振り返るための材料、土台となるため、重要なステップです。

・研究成果を挙げる

　「OUTCOME」に、「RESEARCH THEME」で書いた研究テーマに関する主な業績（論文、学会発表等）を書いてください。また、そのなかで重要なものを最大で三つ選び、赤色の付箋に書き直し、なぜそれが重要なのか、その理由や意義を黄色の付箋に書いてください。この項目を作成することで、あなたが行っている研究の客観的な評価とあなたの主観的な評価を明らかにします。

・獲得した研究資金を挙げる

　「BUDGET」に、これまで獲得した研究資金を書いてください。記述例として「科学研究費補助金」「研究助成金」「学内競争的資金」「日本学術振興会特別研究員奨励費」等が挙げられます。この項目は研究の客観的評価を知るための材料となります。

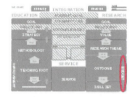

・もっている知識・技術・技能を挙げる

　「SKILL SET」に、自分がもっている、あるいはこれから身につけたい研究を行ううえで有用な知識・技術・技能を書いてください（「OUTCOME」で挙げた研究業績で用いている手法や研究を遂行するうえで使っている手法について考えると良いです）。記述例として「プログラミング」「質的データ分析法」などが挙げられます。この項目を作成することを通して、研究を遂行するうえでのあなたの強みは何か、今後必要なスキルは何かを明らかにします。

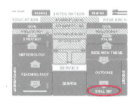

・研究の目的や意義を考える

　「VALUE」に、「RESEARCH THEME」で書いた研究テーマの目的や意義を書いてください。記述例として「高等教育の質保証」「脳機能の解明」「がんの早期発見・予防」等が挙げられます。研究テーマの目的や意義は研究理念を抽出する材料となります。

・研究において大切にしていること、研究理念を考える

　「PHILOSOPHY」に、なぜあなたは「VALUE」で書いたような目的や意義を感じて、その研究を行っているのかという理由を、研究理念として書いてください。また、教育のときと同様に、「PHILOSOPHY」に書かれた事項について、その事項のきっかけとなった個人的なエピソードがあれば、りんごの付箋に書いてください。

・研究に関する目標を設定する

　「GOAL」に、「PHILOSOPHY」「VALUE」「RESEARCH THEME」「OUTCOME」「BUDGET」（「SKILL SET」）を見渡して、今後達成したい研究に関する長期的、短期的目標を書いてください。長期目標は5年から10年先の大きな目標、短期目標は1〜2年以内に達成できる具体的な事項を意識してください。目標を定めることで、現在何が足りていないのか、今後何をすれば良いのか、今後の行動方針が定まります。

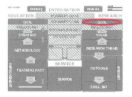

8.5. SAPチャートの作成3：サービス・統合

以下の流れに沿って、サービスを振り返った後、活動全体を統合して振り返ります。

【サービス（SERVICE）】

　管理運営業務（学内各種委員会委員等）、社会貢献活動（公開講座、地域連携事業、学会事務局、ボランティア活動、NPOへの参画等）を書いてください。狭い場合は適宜周囲のスペースを使ってください。また、そのなかで、重要なものを最大で三つ選び、赤色の付箋に書き直し、なぜそれが重要なのか、その理由や意義を黄色の付箋に書いてください。この項目を作成することによって、サービス活動を俯瞰し、その意義を意識できるようになります。

【統合（INTEGRATION）】
・教育、研究、サービスの相互作用を考える

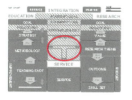

　「INTERACTION」に、「EDUCATION」「RESEARCH」「SERVICE」の関係について考え、互いに寄与あるいは貢献をしていることについて書いてください。この項目を作成することによって、これまでに気づいていなかった関係性を見いだせることがあり、各活動の意義をより深めることができます。

　例えば、教育から研究への作用「教育による研究分野の発展」として、教育を行うことで人材を発掘し、その領域の将来の研究者を育てることにつなげようとしていることが挙げられます。

　また、研究から教育への作用「研究における実践的な経験の伝達」として、研究での問いの発見や課題解決の方法が、教育において学生に実践的な経験を伴って伝えられることが挙げられます。

　更に、サービスから教育への作用「用いる単語の平易化」として、非常に幅広い層を前に研究をわかりやすく説明する公開講座の経験のおかげで、専門用語を用いずにわかりやすく授業を進める力がついたことが挙げられます。

・重要な成果を考える

　「ACCOMPLISHMENT」に、チャート全体を俯瞰して、あなたが達成したことで、主要なもの最大三つを赤色の付箋に書いてください。あなたが達成した重要なことが、なぜ重要なのか、その理由や意義を黄色の付箋に書いてください。記述例として「論文（名前、2013）の学会賞受賞」「カリキュラム改革の完遂」「テキストの出版と普及」「〇〇大学助教への着任」等が挙げられます。多くの業績があるなか、あなたにとって重要な成果を絞ることによって、何が自分のなかで重要なのかを明確にするきっかけとすることができます。

・活動原理（コア）を考える

　「ACADEMIC CORE」に、「INTEGRATION」「EDUCATION」「RESEARCH」「SERVICE」それぞれで書いたことをふまえて、大学教員として活動をするうえで一貫してあなたがもちたい姿

勢、態度（大学教員としてのコア）、目指す大学教員像を考えて書いてください（総括してどのような活動を行っていきたいか？　教育と研究はどのようなバランスで行いたいか？）。その際、そう思うようになったきっかけである個人的なエピソードがあれば、りんごの付箋に書いてください。教育、研究同様、コアは個人的なエピソードにひもづくことが多いため、エピソードを振り返ることが重要です。

・総括的な目標を記述する

「ACADEMIC GOAL」に、これまでチャートに書いたことをふまえて、長期的、短期的な目標を書いてください（長期的な目標に対しては、マイルストーンとなるような段階的な中短期目標を挙げてください）。記述例として、「自分の専門分野で大学教員になる」「研究結果を活用した会社を立ち上げる」等が挙げられます。これらの目標を掲げることで、今後の活動方針を定めます。

【作成後の感想（WRAP-UP）】

「WRAP-UP」に、チャートを作成した後の感想を書いてください。この項目の作成を通して、チャート作成の振り返りを行い、自分にとって重要な気づきをより明確なものにします。記述例として、「研究活動が教育活動に比べて少ないことに気がついた」「サービス活動が研究になり得ることに気づいた」「これまでに多くのことをなし遂げていることに気づけた」等が挙げられます。

> **コラム**
>
> ## 生命工学から教育学へ
>
> 　私は、チャートに加えて、ポートフォリオを実際に作成しました。そこで気づいたことは、私は教育に強い思いをもっているということでした。
>
> 　大学院生のとき、生命工学の研究をしており、その分野の研究者になろうと考えていました。同時期、インタラクティブ・ティーチングの元となった教育プログラムである東京大学フューチャーファカルティプログラムを受講しました。そのプログラムを通して、学生の主体的な参加を促す双方向的な授業を初めて体験した私は、授業を工夫するとここまで面白くなるのか、と大きく感動しました。これまで受けてきた教育に対して不満があった私にとって、教育が変わるかもしれない、変えられるかもしれないという機運を肌で感じ、教育の道も非常に魅力的に思えてきました。そのように進むべき道について考えているときにポートフォリオを作成しました。そこで、私は人生を賭して教育に従事したいと確信を得るに至りました。
>
> 　現在は、東京大学大学院総合文化研究科・教養学部附属教養教育高度化機構アクティブラーニング部門の特任助教として、効果的なアクティブラーニングの導入を支援する活動を行っています。これからも、活動を振り返りながら、教育の改善という目標に向かって突き進んでいきたいと思っています。（吉田塁）

第8章　確認問題

8.1. 構造化アカデミック・ポートフォリオの説明として、適切なものを全て選んでください。
1) 構造化アカデミック・ポートフォリオとは、大学教員としての活動について構造的に振り返り、根拠資料によって裏づけながら記述した、厳選された文書のことをいう。
2) 構造化アカデミック・ポートフォリオが取り扱うのは、大学教員としての主な任務である「教育」と「研究」に限られる。
3) 構造化アカデミック・ポートフォリオの作成方法は自由であり、参考にすべきフォーマットも何もない状態から書き始める。
4) 構造化アカデミック・ポートフォリオを作成することで、より良いキャリア・パスを考える機会となる。

8.2. SAPチャートについての説明として、適切なものを全て選んでください。
1) SAPチャートは、構造化アカデミック・ポートフォリオを書き終えた際に、まとめの意味で書き込むものである。
2) 構造化アカデミック・ポートフォリオの目的は現在までの自分を振り返ることであるため、SAPチャートを作成する際には、「これからのこと」を極力書かないように注意する。
3) SAPチャートに記入することで、社会が大学教員としての自分に期待していることを整理することができる。
4) SAPチャートを作成することで、構造化アカデミック・ポートフォリオの構造を可視化することができ、それを作成するガイドとなる。

8.3. SAPチャートの教育の欄に記入する手順についての説明として、適切なものを全て選んでください。
1) まずは「TEACHING FACT」に、今までの教育経験を記入する。
2) 2番目に、「METHODOLOGY」に、各教育場面で用いている方法・心がけていること、および、今後用いてみたい方法・心がけたいこと、を記入する。
3) 3番目に、「GOAL」の欄に、理想の自分像を記入する。
4) 最後に、「GOAL」に書いた内容をふまえて、今後そのようになるためにはどのような策略をもてば良いかを考え、「STRATEGY」の欄に記入する。

8.4. SAPチャートの研究の欄に記入する手順についての説明として、適切なものを全て選んでください。
1) まず「GOAL」に、これから取り組みたいと思っている研究テーマを記入する。
2) 「OUTCOME」には、「RESEARCH THEME」に記入した研究テーマとの関連性の有無に関係なく、今までの自分の主な業績を列挙する。
3) 「RESEARCH THEME」には、今取り組んでいる研究テーマのみを記入する。
4) 「VALUE」の欄には、「RESEARCH THEME」で書いた研究テーマが持っている意義や目的について記入する。

8.5. SAP チャートのサービス・統合の欄に記入する手順についての説明として、適切なものを全て選んでください。

1) 「SERVICE」の欄には、社会貢献活動としてのボランティア活動や公開講座担当経験等について記入するとともに、各種委員会委員としての活動歴についても記入すると良い。
2) 「INTEGRATION」の欄に記入する際には、「教育」「研究」および「サービス」について記入してきたことを見直し、それぞれの関係性について考え、互いに寄与あるいは貢献していることについて記す。
3) 「ACADEMIC CORE」の欄には、今まで SAP チャートに書いてきたあらゆる活動をするうえで、あなたが一貫してもっている姿勢や態度について、考えたことを記入する。
4) 「ACADEMIC GOAL」の欄には、現実的な短期的目標等は書かず、自分の究極的な目標だけを記入することで、意識を高めることができる。

（解答・解説は巻末資料にあります）

参考文献

Debowski, S. (2012) *The New Academic: A strategic handbook,* Maidenhead. Berkshire: Open University Press.
　大学教員の職責およびあり方について詳細に解説されています。

ピーター・セルディン著　大学評価・学位授与機構監訳　栗田佳代子訳（2007）『大学教育を変える教育業績記録：ティーチング・ポートフォリオ作成の手引』玉川大学出版部
　教員のためのティーチング・ポートフォリオの解説と実例が載っています。

ピーター・セルディン、J. エリザベス・ミラー著　大学評価・学位授与機構監訳　栗田佳代子訳（2009）『アカデミック・ポートフォリオ』玉川大学出版部
　教員のためのアカデミック・ポートフォリオの解説と実例が載っています。

吉田塁、栗田佳代子（2015）「大学院生版アカデミック・ポートフォリオの開発」『日本教育工学会論文誌』39(1)、pp. 1-11
　大学院生のためのアカデミック・ポートフォリオに関する知見が載っています。

吉田塁、栗田佳代子（2014）「構造化アカデミック・ポートフォリオの開発」『日本教育工学会研究報告集』14(4)、pp. 15-21
　SAP チャートについて解説されています。

第9章 伝え方のスキル

　スキル・セッションでは、授業で教えるときの特に「伝える」スキルに注目しています。音楽座ミュージカルの藤田将範さんをはじめとする俳優の皆さんにご協力いただいて、一緒に学んでいきましょう。

9.1. スキルの哲学：肝心なものは目に見えない

　ここでは、音楽座ミュージカルの紹介と、そして、「場」に対する考え方についてとりあげます。

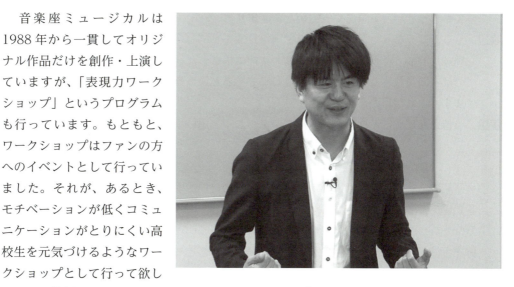

藤田　　音楽座ミュージカルは1988年から一貫してオリジナル作品だけを創作・上演していますが、「表現力ワークショップ」というプログラムも行っています。もともと、ワークショップはファンの方へのイベントとして行っていました。それが、あるとき、モチベーションが低くコミュニケーションがとりにくい高校生を元気づけるようなワークショップとして行って欲しいという依頼がありました。ところが、ワークショップが始まっても20分ほど誰とも目があいませんでした。そのなかで、どうすれば高校生の皆さんが心を開いて自在に自分自身を表現してくれるかなと工夫していき、それが「表現力ワークショップ」という形になりました。

栗田　　ワークショップでは、どのような思いを伝えているのですか。

藤田　　実は私たち自身がコミュニケーション力や表現力が豊かなわけではありません。でも、自分の殻を破ってとにかく人と交流していく。引っ込んでしまいそうなところを一歩前に出る。このことは日々ワークショップを通じて私自身がトレーニングされています。そういった自分が、「何とかしたい」という思いを共有する場所、ともに一歩前に踏み出す空間がつくれたらいいなと思っています。

教員になると想定外のことがたくさん起こると思うのですが、一番大切なのは、腹をくくって「その場を絶対成立させるんだ」という強い思いだと思います。それを皆さんと共有したいということが一つあります。

　　もう一つは、失敗のなかから学んだ、「あのときは、ああすれば良かったんだな」といった部分を、私たち自身の言葉でお伝えしたい。「思い」や「覚悟」は目には見えませんが、ものすごく大切だと思うのです。そんなことを皆さんに実感していただく場がつくれればいいと思っています。

9.2. 導入編1：空間をつくる

　ここでは、実際の自己紹介を事例に、立ち方や姿勢、視線の向け方などへの具体的なアドバイスを通して、伝え方について学んでいきましょう。

藤田　今回は皆さんに教室全体に共感してもらえるような自己紹介をしていただいて、私たちがフィードバックをします。音楽座ミュージカルの渡辺修也が見本を行いますので、それを見てもらってから実際にやっていただきます。

渡辺　うれしくなったときに鼻歌を歌ったりスキップしたりすることがありますよね。実はこの歌ったり踊ったりというのは人間の本能に根ざした行動です。ですからミュージカルというのは人間にもっともフィットした芸術であるというところから話をしていきたいと思っています。これが私の自己紹介です。

藤田　皆さんにもこんな感じでやっていただこうと思います。では、どうぞ。

> **事例1**
>
> 　平和のための国際政治入門という授業を始めたいと思います。まず皆さんにおうかがいしたいのですが、平和を達成するためにはどうすればいいと思いますか。「そんなの武器がなくなったらいいじゃないか」と思われた方が多いと思いますが、僕たち国際政治学者はそうは考えません。武力のせいで平和が壊れることもある一方で、武力によって平和がつくられることもあるからです。そのディレンマのなかで、できるだけ武器を使わないような環境をつくっていくにはどういう政策が必要なのか、という順序立てで考えます。僕も最初に皆さんに聞いた問いの答えはまだ見つけていないですけれども、この授業を通して一緒に考えていけたらと思うので、よろしくお願いします。

藤田　お話が上手ですね。皆さん引き込まれていたと思います。これを身体的、空間的なアプローチでフィードバックしていきますと、まず姿勢です。

　首が前に出てしまいますね。これは伝えたいという気持ちが身体に表れているからです。でも、ともすると自信のない姿勢に見えてしまいます。反対に胸を張って突っ張ってしまうと、余裕がなく見えます。ぐっと胸を張ったところで肩を落とします。

　そのときの顎の位置が大切ですが、あまり意識せず逆に目を意識してください。緊張が高

まると視線が泳ぎがちですから、誰に話しているのかを心がけましょう。右端の方と左端の方と真ん中の方の三点に意識をもちながら話していくと、目線が非常に落ち着いた感じになります。実は目線はとても大事で、お話の変わり目で目線を変えるのは、意識を変えることにもなります。

次の方お願いします。

事例2

この授業の科目の名前は「生活のなかの心理学」です。皆さんに質問です。心理学とはどういうことを勉強する学問だと思いますか？
「人の考え方を知る学問ですかね」
こちらの方にも聞いてみましょうか。
「科学的に心の変化を見る」
人の考え方や心の動きについても、もちろん勉強していますが、実は心理学では人がどういうふうに目線をやるのか、今、私の視線は泳いでいますが、人がどういうふうに香りを感じるのか、人がどういうふうに成長していくのかなど、いろいろなことを勉強します。それが人の普段の生活のなかの、様々なところで活かされています。そういったことをこの授業で勉強していきたいと思います。どうぞよろしくお願いします。

藤田　途中で、自分で「目が泳いでいますけれども」、といわれたとき皆さんがリラックスしました。ああいうところはすごく大事な気遣いですね。それから今度は前に出て話していただきましたが、これもとても良かったです。ただ、歩き方が非常に不安げでした。

移動するときの動きに皆さんの視線が集まります。歩くときは自信をもって方向性をしっかりと示すと迫力につながります。

最後に「どうぞよろしくお願いします」とあいさつされましたが、いうだけでなくしっかり頭を下げると自分自身が落ち着きますし、見ている人もそうなり、落ち着いた環境を保つことができます。

9.3. 導入編2：伝わる話し方

ここでは「話すこと」と「書くこと」の違いを通して、伝わる話し方について学んでいきましょう。

> ここにミュージカルについての説明が書かれています。
> 「ミュージカルとは、音楽・歌・芝居・ダンスを統合させた演劇形式である。ユーモア、哀しみ、愛、怒りといった様々な感情的要素と物語を組みあわせて、言葉・音楽・動き・その他エンターテインメントのあらゆる技術を統合したものである」
> この説明文の内容が、どうしたら「伝わる」でしょうか。考えてみましょう。

では、具体例を実際に見ていきましょう。

具体例1

　私はミュージカルが好きで、友達の結婚式の余興などで歌うことがあります。今日はミュージカルについて考えてみたいと思います。ミュージカルの舞台ではどのようなことが行われているでしょうか。
　「歌があります」
　他には？
　「踊り」
　もう一つぐらい聞いてみますか。
　「楽器の演奏」
　いろいろ出てきました。このようにミュージカルというのは歌、音楽、踊りなどが組み合わさったイメージがありますね。そして、更にストーリーがあります。そのストーリーのなかでは、主人公がいろいろな経験をし、怒ったり悲しんだり、愛を感じたりします。その感情部分も組み合わさったものになっているのです。動きや音楽、ダンスがあり、感情的なものが入ったストーリーをもったエンターテイメントのあふれるものがミュージカルです。

藤田　素晴らしかったです。気をつけたポイントは何ですか。
発表者1　最初に説明してしまうと問いかけられないので、最初から質問して考えてもらおうと思いました。
藤田　自分から言葉を発する前に皆さんから出してもらう。これは非常に高度です。声の問題でいいますと、「どうですか」というふうに声掛けをするときの、声を飛ばす方向がはっきりしていました。

　それから声には感情が乗ります。恥ずかしいという気持ちも全部伝わるわけです。

　また、一人に話すときと100人に話すときでは、「こんにちは」の発声も変わってきます。

　発声と発想はつながっていて、何を思い、どのようなイメージをして話すのか、そしてその声をどこに届けたいのかが明確だと声が定まってきます。

具体例2

　皆さん、こんにちは。ミュージカルとは何かということを今日は話していきたいのですが、ミュージカルを見たことがある人はいらっしゃいますか。皆さん見たことがありますね。ミュージカルというのは音楽とか歌とか芝居とかダンスが含まれていますが、いろんな感情も含まれています。どんな感情が含まれているか思いつく感情を教えていただけませんか。
　「悲しい」
他には。
　「好きだ」
もっとありますか。
　「喜び」「光」
希望みたいな感情ですね。ポジティブな感情からネガティブな感情までいろんな感情があふれ、それを言葉や音楽や動きによって表現していくのがミュージカルだと思います。

藤田　どのあたりにポイントをおいてやりましたか。
発表者2　やはり質問形式にしたいと思いました。誰に話すかで視線がちょっと泳いでしまったのですが、方向性は決めたいと思ってやってはみました。
藤田　なるほど。声は、間をとることが大事です。間というのは相手の反応を待つところで、質問をして答えが返ってくる間ですね。これが最初のうちは、「早く答えて」とあせらせた感じがありました。
　沈黙は最初はとても不安で、間ができると「何かいわなきゃ」と思ってしまいますが、間を恐れないことが大切です。

もう一つは、少し早口です。そのとき意識すべきなのは、落ち着くという意識の問題ではなくて、口の形です。口の形をなるべく縦に大きく開けると話し方がゆっくりになり、落ち着きを取り戻したり、声を正確に伝えることができるようになります。

9.4. 交流編1：まずは自分の緊張をほぐす

ここでは、緊張をほぐすことがテーマです。自分自身や教室の緊張をどのように解き、良い雰囲気にもっていけば良いでしょうか。三つの学生のタイプに注目してみましょう。

藤田　最初の授業では学生だけでなく教員も緊張しますが、これを早い段階でほぐすには学生を巻き込み、たくさんの味方をつくることが大切です。どういったタイプの学生に、どのような声掛けをすればいいのかを見ていきましょう。

＜熱心な学生＞

たいていの講座には、前に座っており熱心な学生がいます。あいさつをした時点でもう目があっているとか、うなずきが多いという学生を見つけてまず声を掛ける。そしてまずは明るい空気をつくって、自分もクラス全体もリラックスできるようにもっていきます。

ただ、こういった方は稀かもしれません。

＜ムードメーカー＞

二つ目のタイプは自分の意見をしっかりもっていて、このクラスを引っぱっているリー

ダータイプ、ムードメーカーです。私語をしていて最初はちょっと落ち着きがないように見えるので、こういうリーダーを見つけるのは簡単です。

　声を掛けるポイントは、自分の意見を述べてもらうことです。これがとても大切なリアクションの引き出し方です。その周りには、引っぱられていく学生がいますから、その学生たちをも巻き込んでクラス全体のムードをつくっていきます。

＜授業参加に距離をおく受講者＞

　最後に注目するタイプは「あまり興味ないよ」というスタンスの人です。こうした学生は苦手だと思って、ずっと声掛けをしないと、どんどんと距離ができてしまいます。最初のうちになるべくこういう方にも声を掛けます。

　声掛けの大切なポイントは、個人的な意見等を質問したのでは「別に」「わかりません」という答えが返ってきます。なるべくクイズ形式にして答えやすくし、その場に参加しやすい空気をつくってあげます。また、全員が参加しなければこの授業は成立しないというルールをつくります。

　以上、この三つのタイプの学生は非常に目立っていることが多いので、いち早くそうした学生を発見して声掛けをしていくと良いでしょう。

9.5. 交流編2：リアクションを生み出すために

　ここでは、授業のなかで学生のリアクションを引き出すことについて考えます。例えば、突然「自分の意見を述べてください」といわれると学生は身構えてしまいます。授業の導入部での準備が重要です。そのためにできることを紹介します。

藤田　まず一つ目は、皆さんから出なかったのですが、目線の移動のしぐさです。目線を移動させ、眼球のリアクションからスタートさせます。このような方法も、意図的に使うことによってリアクションを生み出す準備に使えます。

　二つ目は体が動くことです。落ち着きなく動くのではなくて、学生の動きを誘導するように先生が動いてあげることが大事です。これを意識すると大変良いかと思います。

　三つ目は、学生を挙手させることです。段階的に質問をして挙手させるのは、巻き込むための初歩的なテクニックです。このときも、教員が自ら手を挙げてあげることでミラーの関係をつくり、学生の動きを誘発させます。

　四つ目は「せーの」という掛け声で声を出させることです。これは大人への研修でも非常に重要なことで、最初に声を出しておくと、その後の「隣同士で自己紹介をしてください」や「ご自分の意見をおっしゃってください」という指示にスムーズに対応しやすくなります。

　ここで大事なことは段階を踏んで行うことです。心は急にフルスロットルでは動きません。徐々に学生の心と体を動かして、大きなリアクションを引き出せるように細かくデザインして授業を始められると、スムーズに学生に参加してもらえると思います。

9.6. 質疑応答1：伝え方について

ここでは、伝え方についての疑問とその回答という形で、まとめていきます。

Q：のどが痛くならない声の出し方があれば教えてください。

藤田　のどとは声帯のことですが、私たち俳優はのどを開けてしゃべることを意識しています。あくびのときがのどを開いた状態です。ただ、あまり強烈にやり過ぎると共感度ゼロの声になってしまいます。実はリラックスした状態では、のどは開いています。ところが緊張した状態ではのどを閉めて話しがちです。気持ちのうえでも、皆と分かちあいたいという気持ちになるとリラックスして話せると思います。

渡辺　響きを意識することも大切です。実は声は口からは5〜6割ぐらいしか出ていません。体全部から出ているのです。ですからよく声が響くポジションを教室内でも探して、そこで話すように意識していくと、より効率良く声が届くと思います。

Q：声が低く聞き取りにくいといわれますが、どうしたらいいでしょうか。

藤田　声が低いと説得力が増すので、ご自身の声の低さを武器だと思ってお使いになると、伝わり方が変わると思います。

　でも声の高低よりも、トーンを明るくつくると自然に滑舌もクリアになり、相手に明瞭に届くようになります。明るさは実は表情なのです。低い声になっているなと思ったら目を開けてみるだけで声のトーンが上がります。

Q：緊張していることを意識すると更に緊張してしまうのですが。

藤田　どんなときも緊張との戦いがあると思いますが、カッコつけていると緊張してしまいます。こうあらねばならぬと、現実の自分からかけ離れた姿を追い求めてしまうのです。ですから例えば自分はまだまだ未熟だというように、ありのままを受け入れることが大事です。これを認識していれば、緊張は逆に相手の共感につながることがあります。それから慣れるためには場数が重要です。

渡辺　「今日は僕は緊張しています」とオープンにしてしまうと、学生の側も緊張していたりすることがあるので、それをきっかけに共感が生まれることもあります。

Q：効果的な身振り手振りはどうしたらいいのでしょうか。

藤田　闇雲な身振りは落ち着きがない感じがしますね。身振りするときに私たちは、手に何か積み木のようなものをもっていると意識しています。AとBということを提示するときに、Aの積み木、Bの積み木をもっていると。手に何ももっていないイメージではなくて、具体的に積み木をもっていてポイントとなるものを積み木に重ねたり、あるいはつなげたりという身振りの使い方をするといいと思います。

Q：それぞれの持ち味や個性を活かした自己紹介やプレゼンをしたいと思うのですが、どうやってそれを見つけたらいいのでしょうか。

藤田　人それぞれにキャラクターがありますから、同じように動けば同じものが伝わるかといったらそんなことはありません。いくらテクニックでごまかしても、それだけでは本当には伝わりません。大切なのは、自分が何を伝えたいのか、何のために人前に立っているのかです。これはたぶん一生追い続けることなのだと思います。例えば音楽座ミュージカルで受けるフィードバックでは「生き方が良くない」といわれたりします。もうぐうの音も出ませんが、ここに尽きます。この追究を日々していかないと自分も伸びませんし、クラスが良くなることもないと思います。

9.7. 質疑応答２：クラスルーム・コントロールについて

Q：クラスのリーダーを見つけてアプローチする重要性は理解できますが、普段の教室ではあまり話している学生を見ません。話しているシーン以外でリーダーを見つける方法を教えてください。

藤田　リーダーというのは、常に全体を気にしていて、自分一人で何かをやっているということは少ないですね。座り方を見ても、隣の人に気を配っていたり周りを意識しているなというのがパッと見えてくるようになります。

渡辺　授業が始まってから、「お互いに少し話しあってください」と、そういった動きが出やすい時間をつくって観察すると、もう自然ににじみ出てきます。

Q：誰も手を挙げないなどの全員非協力的なクラスの場合は、どうすればいいでしょうか。

藤田　粘り強くリアクションを求めていくことが大切です。挙手させるのがもっとも簡単なやり方ですが、そのときに挙手してもしなくてもいい質問ではなく、必ずどちらかに手を挙げてくださいという質問にすることがポイントです。一度、「手を挙げなくてもいいんだ」という初期設定が生まれてしまうと距離は縮まりません。最初に手を挙げて絶対参加させるという意識をもつことが大事です。

Q：リーダーとそうでない人とにバランス良く話してもらうためにはどうしたらいいでしょうか。

藤田　いきなりは難しいです。リーダーの周りの人は、リーダーの顔色を気にしている場合があります。ですから、リーダーが話している最中でも、彼、彼女に目線をしっかりと移して、あなたの存在もしっかり私はわかっていますよという信頼関係をつくります。

　　　休憩時にリーダーと離れた際にちょっとした声掛けをすると、次の時間に安心して発言で

きることが多いです。

Q：学生に先生が近づいていくことが物理的に難しいケースでは、どういうふうにクラスコントロールしたらいいでしょうか。

藤田　やはり目線によるコントロールが大事です。例えば三列目を意識したときは、しっかり三列目を見る。自分の体がいかなくても意識をしっかりそこにもっていくことで空間をつくっていく。

あるいは声もこちらだけではなくて、向こうの方にも届ける。そうすることで学生たちに「自分もこの空間のなかに存在するんだ」という意識をもってもらえると思います。

渡辺　正直に聞くという方法もありますね。「後ろのそちらの方、聞こえてますか」「はい」というように、私はあなたを認識していますよというサインを出し続けることが集中を途切らせないコツだと思います。

Q：学生の反応のチェックの仕方に、どのような方法がありますか。

藤田　ちょっとした体の向きや目線が合う合わない、があります。表情は微妙なサインを出しているので、それを感じられるようなマインドにしておくことも重要です。講義の前に自分の内面を見つめる時間を短くてももってから講義に臨むと、普段は感じられないような感情やサインを受けとることができるようになります。

渡辺　自分の鉄板ネタで笑いが起きるものをもっているとやりやすくなります。今日は温度がまだつくれていないな、なども感じとれますし、少しでも笑いが起きると自分がリラックスするという効果もあります。

参加者　表情の変化はどのように見つけるのでしょうか。

藤田　大事なのは自分の表情が相手に映っているかどうかです。例えば自分が笑顔になっていてその気持ちが届いていると、相手の表情が自分と同じになっているのでわかります。

Q：寝ている人や、ガヤガヤと騒いでいる人を叱らずに何か面白く注目させるコツはありますか。

藤田　「最後までうるさくしている方、最後までおしゃべりが続く方に、今日の授業に協力していただこうと思います。さ、待ってみます」といってやると、一気に静かになります。アクティブ・ラーニングは、全員がここに参加しているというモードをつくれるか否かが重要なので、そういう人たちにスポットを当てて話題の中心にもってくることで、参加しやすい状況をつくることが大切だと思います。

9.8. まとめ：失敗を恐れるな

藤田　最後のスキル・セッションは「失敗を恐れるな」です。栗田先生は授業で失敗したエピソードがありますか。

栗田　毎回、何かしら失敗しています。教員になった当初は授業が終わるたびに落ち込んでいました。それが、最近は失敗したことをその場でいうと学生が笑って場が和んだり、例えば、スライドが切り替わらないと得意な学生が積極的に助けてくれ、一緒に授業をつくっている

のだ、私も学ぶ側の一人だと思えるようになり、ずいぶん楽になりました。

　それから、教壇に立った当初は、力み過ぎていろんなことを教えなくてはと思っていました。そうすると自分が授業の準備をすることばかりに気をとられて、ものすごい量の資料やスライドを用意して、自分だけが頑張っている、自分はアクティブにティーチングしているけれども、学生はラーニングになっていないということが多々ありました。

藤田　渡辺さんはどうですか。

渡辺　自分が納得した形が必ずしも相手に伝わりやすいとは限らないということに、ずいぶん後になって気がつきました。自分が持ち味だと思っているものと、自分がこれはダメだなと思っているものが、相手にとっては実は全く逆ということもありました。受講者の方に何回もフィードバックしてもらい価値観が逆転する。それが大変だけど面白い部分ではないかなと思います。

藤田　失敗が逆にチャンスだと思った方が、絶対に自分のためにもなりますね。毎日いろいろなトラブルが起きるというのは、毎日チャンスだらけの授業だということですから。

　その場合、とにかく絶対に目の前で起きていることを悪いことだととらえないことが大事だと思います。

　例えば、遅刻してくる学生がいると、もう一回話をしなければいけないとか、場がせっかくうまくいったのにもう一回スタートしなければと負担に感じてしまうとそれで終わりです。しかし、私は遅刻してきた人に前に出てきてもらって「全員の自己紹介が済みましたので、自己紹介をお願いします」というのです。すると「遅れて申し訳ありません。私は○○と申します」とちゃんと自己紹介してくれます。そこで遅刻者も仲間になるし、その後は引け目を感じずにこのグループで授業をしていくというチームワークができます。

　今回のスキル・セッションの担当は、「教えることは本当は学ぶことだ」という、自分たちにとって暗黙知だったものが言語化される非常に素晴らしい経験でした。ありがとうございました。

第10章 先達に学ぶ

「インタラクティブ・ティーチング」には、ストーリー・セッションと称して、様々な革新的な学びの研究や実践をなさっている第一人者の方々に、中原淳（本章編集担当）がお話を伺う対談が含まれていました。本章では、先生方から伺ったお話を短くまとめ、対談形式で再現しました。アクティブ・ラーニングや革新的な学びの最前線を感じていただけるものと思います。

10.1. 平岡秀一「理系のアクティブ・ラーニング」

■大学一・二年生を対象にした理系のアクティブ・ラーニングの授業を実施

平岡 秀一
東京大学大学院総合
文化研究科教授

中原　先生のご専門はどういう領域なのでしょうか。

平岡　有機化学と超分子化学です。

中原　ぼくは全くの文系なので、もう少しわかりやすく説明していただけますか。

平岡　有機化学が扱うのは有機物質で、体のなかにある分子のほとんどは有機物質です。また超分子とは、有機物質などの分子が集まってできる秩序構造のことです。体中にあるDNAやタンパク質、もしくはウイルスなども超分子です。これらはどれも小さな構成要素が集まり、自己集合という現象によって構築されています。ただ、私の研究は、直接このような生命分子を扱うのではなく、有機化学の力を使って自分たちで構成要素をデザインし人工的に合成し、これをもとに集合体をつくったり、あるいはこれらの集合体がどのようにできあがるのかを調べたりすることが中心です。

中原　先生は理系分野で学生が非常に能動的、主体的に関わるアクティブ・ラーニングの授業を、2013年あたりからされていると聞いています。でも一般にアクティブ・ラーニングというと、どちらかといえば文系での取り組みの方が多いという印象があります。先生は理系で、どんなアクティブ・ラーニングの授業をされているのですか。

平岡　2013年の冬学期に、「アクティブ・ラーニングで自然科学を楽しむ」という講義が教養教育高度化機構[i]から開講され、全13回のうちの二回を担当しました。私が行った二回では、最先端の化学をアクティブ・ラーニングの手法を使って楽しむことを目的に授業を行いました。

中原　すると、その授業は大学一、二年生を対象にアクティブ・ラーニングで自然科学の基礎を学ぶというような、学部生向けの授業ということですか。

平岡　そうです。ただ内容は専門的で、実際に自分が取り組んでいる研究の一部をなるべくかみ砕いて紹介しました。でもそれだけなら、既に東大の一、二年生向けに行われる講義のなかにもあります。この講義では二回分を担当しますので、一回目に内容理解を中心に行い、二回目に一回目の内容をふまえた学生間のディスカッションを実施しました。

■理系では学部生までは講義での情報提供が一般的

中原　理系というと、学ばなければいけないことがたくさんあるので、座学中心に教え込んでいくという印象がありますが、そうしたディスカッションのようなことは、かなり頻繁にされているのでしょうか。

平岡　理系では、学部までの講義の中心は、学生実験や演習科目を除けば、ほとんどが教授から学生に対する一方的な情報の提供という形だと思います。一方、大学院以降になると、一転して理系の研究室ではディスカッションベースになります。例えば輪読や文献紹介では、発表者は資料を準備して内容を紹介し、ほかの大学院生や教員と質疑応答をします。このため、本来、理系もアクティブ・ラーニングを通じて学問を学び、深い理解をはかるという活動が当たり前だといえます。

中原　なるほど。そうすると、ある意味で研究の現場はアクティブ・ラーニングなんて言葉は使っていないけれども、議論そのものをベースとした授業になっているわけですね。しかし初年次や学部生の頃には、そういう授業はあまりないということですね。そうすると、ギャップがかなり激しいということにはなりませんか。

平岡　そうだと思います。やはり文系ですと、アクティブ・ラーニングでディスカッションする題材が社会的な問題だったりするため、大学に入った時点である程度、議論の入り口に立っていることも多いと思いますが、理系の場合はそもそもディスカッションするために最低限必要な専門用語や内容そのものを把握できていないということがあり、学部生が教員や大学院生とディスカッションするにはギャップがあります。一般的には、そこを埋めるために学部の四年間があると考えられています。ですから、たくさん教えてからでないとディスカッションさせることは難しい、という考えがあったのだと思います。

中原　そうすると、学部の四年間はひたすらコンテンツを積み上げることになるのですね。

平岡　はい。

■初年次でもディスカッションし、研究のプロセスを経験

中原　でも、平岡先生のように知識を積み上げつつ、後にやるであろうディスカッションも前に少し倒して一年生の頃から経験できるというのは、いいことですね。

平岡　ディスカッションする力は年齢に関わりないと思っていますので、当然、大学以前からでも、始めて良いと思います。たくさんの知識がついて、大学院生になってからディスカッショ

中原　ンを始めるのではなく、それ以前でも、その時点でできる内容についてディスカッションし、そうした手法のトレーニングを積んでおく方がはるかに良いと思います。

中原　なるほど。聞くところでは東大でも2015年から理系で100コマの必修科目かつアクティブ・ラーニング形式の初年次ゼミナールが始まるそうですが、そこではどんなことをされる予定ですか。

平岡　理系では、アカデミックスキルやライティングスキル、プレゼンテーションスキルなどを身につけることになっています。私も2015年から担当するのですが、2014年の夏学期に既にパイロット授業を実施し、私の講義では、学生たちに自己集合について考えてもらいました。これは私の専門分野ですが、受講生は、高校までにそれに関する知識を学んでいません。ですから、彼らが大学入学時点でもっている自己集合に関わる知識に基づいて、そのなかで彼らが積極的に取り組めるような課題を導入しました。学生たちは答えのない問題に取り組み、学生間でディスカッションし、論文を書き、それを学生間でピアレビューして添削します。更にプレゼンテーションを行い、聴いている学生によるコメントや評価などのピアレビューも行いました。

中原　それは研究者のアーリーエクスポージャーというか、研究者として将来やるであろうことを前倒しで経験させるという感じなのでしょうか。

平岡　専門を教えている先生方からすると、内容はおままごとのように見えるかもしれません。しかしプロセスを学ばせることが重要で、実際に受講生からの反応としては「相手の文章を校正したり、校正してもらったりすると、はじめて自分の文章がいかに完璧ではなかったか気づいた」という感想が得られました。最初のピアレビューでは、学生たちは遠慮して思ったことをはっきり相手にいいません。また、そもそも落ち度が見えてこないということもあります。そのような場合には、教員も入り、「ここはこういうところを直したらいいですよ」とアドバイスすると、「ああ、こういうのもあるのか」と気づいていきます。最後の方の回では、学生同士のピアレビューで、かなり細かいところまで時間をかけてじっくりと相手に指摘ができるようになりました。こういうプロセスを経て、かなり視野が広がっていると感じました。

■学生の反応で授業を変えていく臨機応変な対応力が大切

中原　やはりだんだんと上達してくるんですね。先生は研究者としても教員としても第一線でやっていらっしゃるわけですが、これから大学の教壇に立ちたいという大学院生の方々に、これから大学の教壇に立つうえで「こんなところが大事だよ」とか、あるいは「こんな姿勢って、あるといいね」ということがあれば、ぜひ最後にお話しいただきたいのですが。

平岡　アクティブ・ラーニングというと、学生だけでなく教員もアクティブになっていなければなりませんね。教員が授業を明確にコントロールして、授業のなかで「この時間にこれをやり、次はあれをやり」ということを全て計画してしまうと、授業が静的になってしまうこともあると思います。アクティブ・ラーニングの授業では、学生と教員間もインタラクティブになりますから、教員が用意した内容がその授業時間内に達成できなかったり、シナリオが変わってしまったりということも往々にしてあるはずです。通常の座学の講義に慣れている

と、各回の講義で計画したことを計画した時間内に計画した順番で終わらせなければならないと考え、その枠に収まるように学生を誘導したくなってしまうのではないでしょうか。しかしそこを抑えて、方向が多少変わっても、寄り道をしてもいいから、学生から出てきた反応と向きあって学生と一緒に考えたり、流れに任せて計画から外れた内容を扱ったりしても良いと思います。そういう意味では臨機応変な力が求められているのではないでしょうか。

中原 うーん、なるほど。

平岡 ハードルが高いように見えますが、学生と一緒に問題に取り組むことを基本にして、ディスカッションを授業時間のこのぐらいの時間にやろうという程度に大枠だけを決めておき、そのなかの流れは学生と一緒にやりながらその場で決めていくというくらいの心の余裕があって良いと思います。心に余裕をもてれば臨機応変に対応できますから、そこを大切にしていただきたいと思います。

中原 授業のなかで起こった出来事から、学生と一緒にインプロビゼーション[ii]に授業をつくっていこうとすると、ある種の臨機応変さが求められるのですが、そこはたぶん、学生と一緒に楽しむということなのかなって先生の話を聞きながら思いました。

平岡 そのくらいの気持ちでやらないと、なかなか自由なマインドで授業をできないのではないかという気がします。

中原 わかりました。ありがとうございます。

平岡 ありがとうございました。

[i] 東京大学大学院総合文化研究科・教養学部附属の組織。

[ii] インプロビゼーション（improvisation）とは「即興的対応」のこと。計画どおりに物事を進めるのではなく、そこで起こった出来事や事象に「反応」しつつ、後続する行為を決める。この場合は、授業を「計画に従い、そのまま、進めるもの」ではなく、「学生とともに即興的につくり上げていくもの」としてとらえることを示唆する。

平岡 秀一

東京大学大学院総合文化研究科教授。専門は、有機化学・超分子化学・錯体化学。研究テーマは自己集合体の開発と形成機構の解明。主な著書・論文に、『溶液における分子認識と自己集合の原理：分子間相互作用』（サイエンス社）、『超分子金属錯体』（分担執筆、三共出版）、"Rate-Determining Step in the Self-Assembly Process of Supramolecular Coordination Capsules"（共著、Chem. Sci. 5, 2014.）、"In-water Truly Monodisperse Aggregation of Gear-Shaped Amphiphiles Based on Hydrophobic Surface Engineering"（共著、J. Am. Chem. Sco. 132, 2010.）など。

10.2. 髙木晴夫「経営学のケースメソッド」

■複雑、複合的で、ダイナミックな経営を教える手法としてのケースメソッド

中原　経営学の髙木先生に来ていただきました。先生が実践なさっているケースメソッドとは、そもそもどういうものなのですか。

髙木　経営というのは、何かの目的を達成するために、たくさんの人々が集まって組織をつくって、そこで人々が協力して活動します。目標に向かって皆が動機づけられて、協力体制が組まれて、時間をかけて進んでいく。これが経営です。

髙木　晴夫
法政大学経営大学院イノベーション・マネジメント研究科教授、慶應義塾大学名誉教授

　英語では administration や management といわれ、広い意味をもっています。それを学校で教える場合の授業方法を二つに分けると、古典的なのが講義で、もう一つのやり方がケースメソッドです。

　講義というのは、正しい物事を順序立てて説明をすることです。しかし経営というのは、正しいことを順序立てて実行してもなかなか目的の達成に至りません。むしろ、その方が多い。なぜそうなってしまうかというと、事前に順序立てられる分量が少ないからです。経営活動が進行すると、想定していないことが起きてきます。どう動くかわからない競争相手がいます。お客さんもいます。同僚や部下も思ったとおりに動いてくれたり、くれなかったり、ということがあります。とても複合的、複雑なことが経営のなかで起きてきます。こういうことを講義で教えるのはとても難しい。

　でも、このダイナミックに起こることを教室のなかでわからせなければなりません。教室という制約条件を外せば、フィールドワークやワークショップ、インターンシップなどで現場に出て体で覚えることができます。それは非常に重要ですが、一方でフィールドワーク系では扱える題材が限られてくるという問題もあります。

　もっとたくさんのことを教えなければいけないとなると、教室というのは実は便利な場でもあります。大学の授業でいえば、複数のセッションがあって毎回題材を変えることができます。その題材に事例やケースを使うわけです。

■クラス全体が一つの生き物のように動いていくさまは、まるで舞台芸術

中原　それがケースメソッドですね。ケースメソッドの授業は通常どういうふうに進んでいくのでしょうか。

髙木　教室で授業がスタートすると、先生は解説や説明はあまりしません。先生の口から出てくる言葉は、「今からこのケースについて皆で議論をしよう」、「これについて皆どう考える？」、「ケースのなかのこの場面について、なぜこれが重要で、なぜあちらのことが起きてきたんだろう。それについて皆はどう考える？」、というようなものです。

中原　一回の授業のために、学生は準備にどのくらいの時間をかけるものですか。

髙木　一つのケースについて A4 の紙にざっと 20 数ページ書いてあります。通しで一回読むの

に、たぶん、小一時間かかると思います。なぜかというと、ビジネス・スクールだったら会社経営のことが書いてありますから、スラスラ読めるほど単純ではなく、しかも当事者とほぼ同じ頭の状態にしないといけないわけです。

更に、文字に書かれていないけれど、たぶんこうかもしれないという合理的な推測もかなり要求されます。それで、もう一回読む。するともう一時間かかる。

ところが、予習には「この切り口からあなたはどういう意見をいいますか」、「当事者のこの意思決定についてあなたはどう評価しますか」というような設問がついているから、今度は自分の意見構築をしないといけません。それでもう一回読むと合計で三時間かかります。

中原 学生がそんな準備をしてきて、授業が始まると、「はい！　はい！」と手が挙がるというのは、授業中にはどんな工夫をされているんですか。

髙木 学生の意識を喚起するために「つかみ」を1分、2分しゃべってからスタートしています。話題は様々です。

議論が始まると、私の頭の奥の三分の二ぐらいは絶えず場の動きを見て、次の方向を考えています。教室の発言がただダラダラとりとめもなく出ているだけだと、必要な頭のなかの訓練になっていません。そうならないように、様々な条件設定を入れ替えたりして頭の訓練をするわけです。非常なリアリティをもって当事者の立場で考えさせないといけないから、それを促すために、次に出す先生側の言葉がものすごく重要になります。

中原 なるほど。三分の二は学生の進展を見つつ、残りの三分の一で言葉を考えると。

髙木 そうです。もっと大事なのは、学生の発言を絶えず板書していることです。授業が開始してから今の時点まで誰が何を言って、どういう話題が出てきてというのは、黒板を見ていると学生たちにはすぐにわかります。鳥瞰図ができているわけです。

そのときにちょっと工夫をして、どこを空けておくとか、色を変えるとか、字を大きく書く、どこに書くかということで意図的に議論の流れをハンドリングしています。ここら辺に隙間が空けてあるので、誰かがいうだろう。この上にこれが書いてあって、その隣にこれが書いてあるので、ここは誰かがいうだろう。そして、それをいった途端に今までの議論が全部つながってくる、というようになります。

うまくハンドリングできると、クラスの50人が全体で一つの生き物のようになります。そのときに、全体がこっちに向かって動いていきたいということが起こります。

そうなると、その議論がどこにたどり着くかを早い時期に推測して、次に何をやるとこれが活きてくるのかを考えます。あるいは、今度はこっちへ向けないといけないのだとか。もう、本当に舞台演劇、舞台芸術だと思います。

■ケースメソッドの教え方を学ぶ最適な手法はケースメソッド

中原 ケースメソッドを先生はどこで学ばれたのですか。

髙木 ハーバード・ビジネス・スクールの博士課程に留学をしていたときです。実は、留学する以前に助手をしていた慶應ビジネス・スクールでは、ハーバード流のケースメソッドを導入していたので、私の先生方がケースメソッド授業をやっているのを見ているわけです。しかし、学生としてハーバードへいくと、別世界でした。

ハーバードでの私の先生が、クリステンセンというミスター・ケースメソッドと呼ばれていた人なんですが、その方のセミナーにたくさん参加して、教え方を教えてもらいました。

中原 ケースメソッドの教え方を、どういうふうに学ぶのかがすごく気になります。

髙木 「ディスカッション・リーダーシップ・セミナー」という必修科目では、ケースメソッドの授業方法をケースメソッドで学びました。ケースメソッドというすごくダイナミックな授業方法を講義で学ぶわけにはいきませんから。それで帰国して、10何年か前に慶應ビジネス・スクールで、ドクターと修士の学生が履修できる「ケースメソッド教授法」という科目を開きました。

中原 その「ケースメソッド教授法」の授業では、どんなふうに教えていらっしゃるのですか。

髙木 ケースメソッドで教えるといっても、若干は講義が必要です。ケースメソッド授業方法の構造や予習のさせ方、授業の展開のひな型についてなどです。このレクチャーは毎回のセッションの内の30分ぐらいで、残りの午前と午後の時間を一日かけてセッションをやります。それが7回くらいあります。その午前と午後のセッションでは受講者の誰かがくじ引きで先生役になって、残りの受講者が学生役になって、練習授業を行います。

中原 受講者の多くはビジネス・パーソンだと思いますが、どういう反応なのでしょうか。

髙木 50人ぐらいのクラスだとすると、先生から講義を聞いて理解する方が得意だという方が必ずある程度います。しかし大多数は、ビジネス・スクールという所は自分から学ぶものだという前提できています。となると、自分からのめり込んでくる方たちに、もっとたくさんの視野をもたせねばというのもありますが、先生側のチャレンジとしては、聞いて学ぶ方が得意という人を引き上げていきたいわけです。

中原 そういう変化は起こるものなのですか。

髙木 起こりますね。ただ、そのためには丁寧に学生たちを見ていないといけません。この科目は10何セッションかありますが、最初の1回、2回、3回は静かにしているけれども、4回目、5回目、6回目ぐらいになってくると前に身を乗り出すような姿勢になってくるときがあるわけです。そういう姿勢になってきたときを先生側は見逃してはいけなくて、今日は今までの彼・彼女ではなくて、こういうふうになってきているので、どこかで手を挙げそうだと。だから、こっちで議論していても、そっちをときどき見ていて、手が挙がるタイミングを見逃さないことです。

■自分の専門でないことにも真剣に取り組んで教えるのが教育者としての責任

中原 最後に、これから大学の教壇に立ちたい、あるいは社会教育施設で教えている方々にメッセージをお願いします。

髙木 大学の人間が使命としてやらねばいけないことが二つあって、研究と教育ですね。望ましいのは自分が研究していることを教室でも教えることでしょう。しかし、自分が研究していないことを何かの都合で教えなければならないこともあると思います。

ところが、学ぼうとしている人はこの先生から学ぶわけです。先生の側が「これは、自分の研究とは違うことを教えているんだよね」という発想をもった途端に、学生にはすぐにわかってしまいます。すると、学生も「単位だけとれればいいんだ」となってしまう。しかし、そういうふうに学生が思うことを先生は許してはいけない。自分の研究と直結してはいないけれども、教育の責任を果たさねばいけない。これは重大です。

　そのためには、その科目で教える内容について必要な書物、教科書、関連する参考図書は学生よりももっと読まないといけないですよね。そこに非常に重点をおいて授業に向かわないと、「この先生、何だ」となってしまいます。「こなしてるな」と学生は敏感にわかります。

　教育者としての責任が問われているわけです。

髙木　晴夫

法政大学経営大学院イノベーション・マネジメント研究科教授。慶應義塾大学名誉教授。慶應義塾大学大学院工学研究科博士課程単位取得満期退学。ハーバード大学ビジネス・スクール博士課程修了。博士（経営学）。慶應義塾大学大学院経営管理研究科助手・助教授・教授を経て、現職。専門は、組織行動学。主な著書に、『ケースメソッド教授法入門』（監修、慶應義塾大学出版会）、『組織能力のハイブリッド戦略』（単著、ダイヤモンド社）、『プロフェッショナルマネジャーの仕事はたった１つ』（単著、かんき出版）、『経営人材を育てる』（共著、慶應義塾大学出版会、執筆担当第５章「グローバル・ビジネスを成功させる人と組織」）ほか。2011 年 NHK 番組「白熱教室 JAPAN」に出演。慶應ビジネス・スクール MBA ケースメソッド授業を四回放送。

10.3. 本田由紀「講読票と二本のマイクで行う『教育社会学概論』の授業」

■事前に二本の論文を読んで講読票を作成

中原　学部の学生から授業が面白いと評判の東京大学大学院 教育学研究科の本田由紀先生にお越しいただきました。学部で担当されている「教育社会学概論」ではどんな授業をされているのですか。

本田　「教育社会学概論」は、多様な学生たちに対して教育社会学のエッセンスを伝えるという授業です。私のコースでは3年の必修科目ですが、教職科目でもあるので、教員免許をとる方が理系も含めて他のいろんな学部から、あるいは大学院からもきて80人ほどでやっています。

本田 由紀
東京大学大学院教育学研究科教授、日本学術会議連携会員

　私がしている工夫は、毎回二本の文献を指定して事前に読んできてもらうということです。そのときに、講読票というオリジナルな様式があって、「キーワード」と「概要」、「ポジティブな意見」と「ネガティブな意見」を書いて授業にもってきてもらうのです。

　そして授業の最初では、15分ぐらいかけて四～五人のグループで、「さあ、みんな講読票をもってるよね。それをグループで共有して」とディスカッションしてもらいます。二本の論文なので、両方をしっかり読んできているとは限りません。そういう学生でも二本分の情報が共有できるように、とにかく「何が書いてあったか、どう思ったか、グループのみんなで、さあ話して」というのが最初のフェーズです。

中原　ある意味でレベルあわせのようなことをするわけですか。

本田　特にネガティブな意見の所ですね。何を疑問に思ったか、批判的に感じたかということについてすりあわせてもらう。そうすると、「ああ、そういう読み方もあるのか」となって、チェックする視線がクロスオーバーし複雑になるかなと期待して、最初にディスカッションをしてもらうわけです。

　その間に、私は歩きまわってワイヤレスマイクを二本それぞれどこかのグループに置きます。この二本のマイクが、それ以降の授業の進行において重要な役割を果たします。グループ内でのディスカッションが終わったら、二本の論文について一本ずつ、「さあ、みんな書いてきたことを紹介して」といって、どんどんマイクをまわしながら「はい、キーワードをどうぞ」というふうに書いてある分だけいってもらいます。

　そして教室にはTAがいて、学生の発言を全部書きとり、それをプロジェクターに映しています。それを見ながら、「じゃあ、次のマイクの人、キーワードの残りある？　ないんだったら、概要にいって」と、概要の所も、論文の骨子だけは一応最後まで把握できるように順番にいってもらいます。

　更に、次にはポジティブ、ネガティブな意見を順番にいってもらいます。

中原　文献は結構、難しいのですか。

本田　各回のテーマがあって、教育社会学の全体を見渡すような回もあれば、特定のテーマ、例えば「教師」についての回、「生徒間関係」の回など、教育社会学の扱う様々なテーマ別に

設定されていますが、そうした各回のテーマに関わる論文二本です。その二本の組み合わせは、概説的なものと実証研究のピンポイント的なもの、実証的なもので手法が違うもの、計量的なものと質的なフィールドワークなど、異質な論文を併せて読んでもらうことが多いですね。両方を併せ読むことによって、一つのテーマについての理解が複雑になるということを狙っています。

■講読票に基づき二本のマイクを使ってランダムに議論

中原　授業に参加するためには絶対に読んでくることが前提なのですか。

本田　決まりは、絶対に一本分は講読票をもってくることです。一本でも講読票があれば何かいうことができますから。

　なぜこういうふうにしているかというと、グループディスカッションが行われる場合に、その場で思いつきで話したり、声が大きい人がディスカッションを牛耳ったりすることがあるので、そうならないようにするためです。予め自分で考えてきて言えることがあるということが大切で、違う意見が出てくればぶつけることができるわけです。

　ポジティブな意見のところはいつもサラッと流します。次にネガティブな意見ですが、そこが、やっぱり面白いわけです。「この論文のここに疑問を感じました」「ここはよくわかりませんでした」ということをいってもらって、「はい、じゃあ、もう一本のマイクの人、今の批判的な意見に対して、この論文を書いた人の気持ちになって、無理やりでもいいから、答えてみて」と、"むちゃ振り"することもあります。授業中はずっと教室中をマイクが移動していて、自分にマイクがきたときに何をいうことになるかわからない面があるので、かなり緊張感が伴います。私としては、ネガティブな意見のところで、学生のなかで「でもその意見はちょっと、納得いかない」というようなやりとりが自然に始まってくれることを期待しています。

中原　いつから、先生はそういう授業をされているのですか。

本田　2008年ぐらいからこの授業をやっています。ただ、毎年、改良は加えています。例えば、最初の15分のグループディスカッションの時間を設けるというのは、おそらく二年目か三年目くらいからです。

　最初は、個別に一人ひとりやっていたんですが、せっかくもち寄ってくるものがあるので、学生間で共有してもらった方がいいなと、グループ単位で進めることにしました。

中原　先生が学生の議論を促していくために工夫なさっていることがありますか。

本田　できるだけ無理に指名しないように、自発的にいってもらうようにしています。例えば「何々の意見の人、手を挙げてみて」といって、「そう思わない人も手を挙げてみて」という感じで、クラスを二つに分けてから、「あなた、こちらに手を挙げてたよね。なぜそうしたか言えるはずだよね」という感じです。

　でもそんなに盛り上がらないこともあって、そのときは私が介入して「さっきの疑問は、実はすごくいい疑問だよね」と、自分で説明に入ってしまいます。

中原　教えているときに一番怖いのは、何をいっても反応しない人を相手にすることではありませんか。

本田　そうですね。実は私が学生のときには、授業が面白くなくて、黙っているどころかしばしば寝ていたので、教員になった暁には学生を寝させてたまるものか、という気持ちがあります（苦笑）。

だから、常に緊張感が走るようにしています。

最初のオリエンテーションのときに「面倒くさそうな授業だと思ったら、履修をやめて教室から出ていって構わないよ。お互い時間の無駄だからね」というと、何人かの学生はバラバラと出ていきます。残った学生は、わかったうえで授業をとってくれていると思います。ただ、授業中に質問されてウッと詰まったとき、うまくいえないときには「パス」もあります。緊張ばかりだと学生も嫌になるでしょうから、一応、緩みももたせてはいます。

■教育への準備がないまま教壇に立つ日本の大学教育の問題

中原　今私たちが取り組んでいるのは、近い将来、大学の教壇に立ちたいという大学院生などを対象としたプレFDの試みですが、どうして先生はご興味をおもちになったんでしょうか。

本田　前から指摘されていますが、日本では研究一筋できて大学教員になるわけです。でも大学教員としては、教育も大きな仕事ですよね。その教育に向けての準備が、ほぼないままに大学教員になっているというのが実は大問題です。今回の試みは本当に素晴らしいことだと思っています。

あと、教師の立場の違いのようなものが、かつてと今とではあります。かつての大学教育は今ほどは進学率も高くなく、教員と学生の間の属性や発想が、それほど違っていませんでしたから、やりやすかったかもしれません。しかしご存じのように、特に90年代以降、日本では大学への進学率が上昇して、いっそう多様な大学ができてきました。

そうすると、難しい大学に行って大学院まで進み、勉強や研究が大好きで、一生懸命にやってきた学生が、勉強が好きじゃない学生ばかりの大学で教鞭をとることは、全然、珍しくなくなっています。

自分の歩んできた生涯と、自分の目の前に座っている学生たちの考え、発想、感じ方との間の大きなギャップを、どのようにして埋めていくかは、学生の側に求めてはならないことで、教える側の責任だと思います。教える側が責任を果たすためには、この違いにまず気がついていなければならない。それすら気がついてない場合も結構あって、それは恐ろしいことだと思うのです。

中原　普段、大学院生が接しているのは研究者だと思います。そうすると、大学の授業を、専門用語がわかって頭のいいスマートな人たちに対するプレゼンテーションと勘違いしてしまいます。

本田　学会発表みたいになってしまいますよね。やり過ぎかなと思うぐらいかみ砕かないとわ

かってくれないし、私が授業でやっているように、学生の何かを揺るがしたり煽ったりする役割を、大学教員として担ってくれたらいいなという希望と期待があります。

■リアルな世界と関わらせて学問のコアを教えられる大学教員に

中原　最後になりますが、近い将来に大学の教壇に立たれる若い研究者、あるいは大学院生に対して、先生から何かメッセージをいただけますか。

本田　学問の知識というものに立脚してつくられているのが大学の授業だと思います。それを大学の授業以外の広い社会に投げかけたときに、そこにどういう化学反応が起きるのか、コアとしての専門的な知識をギューンと広げていろいろな社会の現場に届かせて、このギューンとなったふくらみのところに学生を巻き込んでいくような、そういう大学教育であって欲しいと思っています。大学は学問や研究が中心になりがちですが、それだけに凝り固まるのではいけません。大学に入学してきて、学んで、そして卒業して、また社会に出ていく人たちの仕事や人生にとって、様々な学問のコアというものが、どういうふうにギューンと伸びて関わりをもち得るのか、それをきちんと伝えることが大学教育の職業的レリバンスということなのだと思います。実社会に対してどれほどの射程をもてるかということが、授業の良し悪しを決めると思うのです。ですから、学問をどのようにリアルな世界と関わらせて教えることができるかというところに、心を砕いてもらいたいと思います。

本田　由紀

東京大学大学院教育学研究科教授／日本学術会議会員。東京大学大学院教育学研究科博士課程単位取得退学。博士（教育学）。日本労働研究機構研究員、東京大学社会科学研究所助教授等を経て、2008年より現職。専門は教育社会学。教育・仕事・家族という三つの社会領域間の関係に関する実証研究を主として行う。特に、教育から仕事への移行をめぐる変化について指摘と発言を積極的に行っている。主な著書に、『若者と仕事』（東京大学出版会）、『多元化する「能力」と日本社会』（NTT出版、第六回大佛次郎論壇賞奨励賞）、『「家庭教育」の隘路』（勁草書房）、『軋む社会』（河出文庫）、『教育の職業的意義』（ちくま新書）、『学校の「空気」』（岩波書店）、『社会を結びなおす』（岩波ブックレット）、『もじれる社会』（ちくま新書）、『「ニート」って言うな！』（共著、光文社新書）、『労働再審1　転換期の労働と〈能力〉』（編著、大月書店）、『現代社会論』（編者、有斐閣ストゥディア）ほか。

10.4. 三宅なほみ「協調学習における『知識構成型ジグソー法』」

■人のもつ学ぶ力を支援する協調学習

中原　協調学習に取り組んでいらっしゃる東京大学の三宅なほみ先生です。早速ですが、教える人にはどんな資質、あるいはアクトが必要だとお考えですか。

三宅　人は生まれたときから放っておいても勝手にいろいろな言葉を覚えたり、あそこにおいしそうなものがあるとか、にっこりすると何かいいことがあるとかを学びます。経験したことで次を予測できるようになります。

三宅 なほみ
東京大学大学総合教育研究センター教授、大学発教育支援コンソーシアム推進機構副機構長

人がもっているそういう基本的な学ぶ力とはいったい何なのか。小学校、高校、大学からたぶん社会に入っても、その力を使って人は学んでいるはずです。とすると、いろいろ経験して自分で考えて、自分でわかる、つまり学ぶこととは主体的なものなんだ、というふうに学習者を見るところから出発することが大事です。

中原　先生のご専門の協調学習はどのような学習法ですか。

三宅　人が自分で学んで体験からつくっている予測の範囲を、他人が経験して知っていることも対話でとりいれて、予測の範囲をもっと広くする学び方といえばいいでしょうか。

人は他の人が一緒にいて、話しあいができるときに学ぶ力をもつわけですが、それを意識してデザインされた対話の場と、そうでない場とでは、大きな違いが生じます。これから授業をつくろうという方たちは、うまく場をデザインして、対話が起きるように支援する、ファシリテートすることが大切です。そうすることで生徒や学生たちがどんどん主体的に学んでいくような授業がデザインできると思っています。

中原　具体的な授業の形式はどういったものですか。

三宅　大事なことが二つあって、一つは「問い」を共有していることです。

あることについて自分は少しわかっているけれど、もっと知りたい、もっと予測の範囲が広くなるといいなというような意識です。わかりやすくいうと、自分はサッカーボールを蹴るのがうまくなってきたけれども、すごく整備してある校庭だからできるだけで、整備されていない荒れた校庭だとうまく蹴れない。荒れた校庭でもうまく蹴れるようになりたいなと思っている子どもたちが集まって、「じゃあどうやって蹴ったらいいんだろう」というような話をするときには、問いが共有されていますよね。

もう一つ大事なことは、一人ひとりの知っていることは違うということを認めることです。私はこういう蹴り方をしている。でもあいつはちょっと違う蹴り方をしている。あれを自分のものにしたいというように、皆の違いを一緒にしたら、全員がやっていることの質が上がるかもしれない。そんな場がうまくデザインできると、それぞれが、「ああ、今日はいろいろ話しあって、学べて良かった」となります。

一人ひとりは自分が正解だと思うことを話しています。そうすると他の人から「えー、違

うんじゃないの」といわれ、「え、どうして？」と話しあううちに、自分がわかっていると思っていたことを表現し直していく。それだけでも自分のやっていることがしっかりしてきます。

そこに相手が、「でもこういうときにはこうすればいいと自分は思ってるよ」といってくる。最初は相手のいうことが間違っていると思っていたけど、自分の考えが変わっていくうちに、「ああ、あいつのいってることもいいかもしれない」となって、それを両方組み込んだような表現ができるようになってくると、その人は賢くなるわけですね。それが対話による協調学習です。

■エキスパート活動とジグソー活動で構成される知識構成型ジグソー法

中原 協調学習のなかで知識構成型ジグソー法というのは、どういうやり方なのでしょうか。

三宅 子どもが対話から経験範囲を広げていけるような本来的な学びが、教科書で教えたいことにあわせて教室でもできますよ、という対話が起きるように仕組んだ型です。

中学校の理科を例に説明しましょう。中学二年生ぐらいで、雲はどうしてできるのかを学びます。海面の所にある空気のかたまりが山などに沿って上がっていくと軽くなって自分で膨らんでしまいますね、という話が一つ。それから気体が勝手に膨らむと、なかの温度が下がります、これが断熱膨張という話で二つ目です。

更に空気のかたまりのなかの温度が下がると、そこのなかに入っていた目に見えない水蒸気が、温度によってどれだけ水蒸気が含めるか決まっているので水になります。だから夏の暑いときにコップの外側に水滴がついたりするでしょう、みたいな飽和水蒸気量の話が三つ目です。

これらは教科書に書いてあって、多くの授業ではそれに沿って先生がずっと説明をしていきます。しかも、できるだけわかりやすく、自分が一番いいと思う図版を使って、電子黒板を使ってパッパッと説明する。でも、それって先生だけが学んでいるような感じがしませんか？

本来学ばなければいけない生徒はそれを聞いて、「ああ、先生の説明うまいな」といってるだけで、一度も自分では断熱膨張のことも飽和水蒸気量のことも話しません。

そうではなくて、三つの知識を組み合わせて生徒たちに答えをつくらせたい。でもそれを一人でやるとあまり効率が良くないので、一緒にやって効率良く皆で答えを出しましょうと。

具体的な授業の進め方としては「雲とは科学的に何かって皆で考えてみようね」とまず先生がいって、そのときに生徒たちに考えていることを、ちょっと書いておいてもらいます。生徒たちには、自分はこんなこと知っているけど全部は知らないな、でも答えを出したいな、という気持ちになってもらうわけです。

そして、一つのグループの子どもたちに「気体が上昇したらどうなるかというパートを担当して」といって、雲ができる話の三つの構成要素の内の一つのパートを渡します。もう一つのグループには「断熱膨張について書いてあるのを渡すから、内容をわ

かってね」と二つ目のパートです。更に、こっちのグループには「飽和水蒸気量は雲ができることとどう関係してるか、答えをつくってね」と三つ目のパート。

そうやって10～15分間で各グループに担当したパートを整理してもらい、それぞれ何となく「私にはこんなことをいいたい」というのができてきます。ここまでをエキスパート活動と呼んでいます。即席エキスパートになってもらうわけです。

でも、その段階では、全員がわかってることは部分でしかないということもわかっています。

それから、三つのパートを担当するそれぞれのグループから一人ずつ集まって三人で新しいグループをつくって、「この三人で今学んだ三つの内容を組み合わせて、雲がどうしてできるのかの答えを話しあってみて」ともっていきます。

ここまでをジグソー活動といいますが、ここで出てきた答えは、おそらく自分が一人で考えていたときよりも良くなっていますよね。こういうグループがいくつかできて、それぞれ少しずつわかり方が違いますから、グループごとに発表してもらいます。話し手になったり聞き手になったりしながら、それぞれ自分が一番納得のいく表現をつかんでいく。

そうなってきたときに、先生が「あ、ここ、こういうふうな言い方でいいよね」というようなことをいうと、全員がわかりかけているので、「そうか、その方がいい」となったりします。

この学習法ではグループを使いますが、何のためかというと、一人ひとりが自分で答えをつくっていくためです。だから、最後に一人で答えを書きとめます。

■生徒の知識の定着率も高く、多くの教育委員会で研修を実施

中原 効果はどうなのですか。

三宅 このやり方でやった方が定着率が良いですね。先生が10回話してくれるのを聞いているよりも、自分で「断熱圧縮だったっけ？ 断熱膨張だったっけ？ 何だっけ？」というようなことを言葉にして、何度も言い換えてみたり、最初は読めなかったものが、「何て読むの」といって生徒同士で教えあったりすると、自分なりに確認できるので。

中原 先生はどういうふうにこういう授業を小学校、中学校、高校とかの現場に増やしていらっしゃるんですか。

三宅 大体は教育委員会の方でやってみたいという先生たちを集め、三～四日間の研修を組んでいただきます。

理系の先生には社会・人文系の授業、社会・人文系の先生にはさっきの「雲がどうしてできるか」のような理系の授業を体験してもらって、生徒と同じような実感をもってもらいます。実は、この授業体験自体がエキスパート活動になっていて、その後、理系と社会・人文系の違う授業を体験した先生方に集まってもらって、「どんな授業でしたか？ どの辺が肝でしたか？」と話してもらって、「じゃあご自分の授業案をつくってみてください」となります。

■現場での学びを支援し、それを分析できる大学教員に

中原　近い将来大学の教壇に立つ若い方々、若い教育の実践者に先生から何かアドバイスをお願いします。

三宅　教え方ってこういうふうにするといいよ、という理論やマニュアルが必ずしもあるわけではないのです。自分がどう学んできたのか、ほかの人たちがどう学んでいるかというところに立ち戻って、どういう学びをするのが人は得意なのか、どこを支援してあげたら良い学びが起きるのかなと自分で考えて、目の前にいる人をいろいろとサポートしてみる。そして実際どんな学びが起きるのかを分析してみる、というようなことをやられるといいと思います。

　だからまわりでもし、「今度グループで新しいことやるから手伝ってよ」という先生がいたらもうラッキーっていう感じでいて欲しいですね。そこへいって、入ってやってみて、体験する。

　本を読んで学習理論を身につけてからでないと現場に入れないというふうには、あまりお思いにならない方がいい。それよりはコンテンツが大事ですね。教えたいことについては専門性をしっかり身につけて、ご本人が学ぶのが好きというタイプの方が、自分の好きな学びを他の人にも一緒にやってもらうというやり方がいいのではないかと思います。

三宅　なほみ

東京大学大学総合教育研究センター教授・大学発教育支援コンソーシアム推進機構副機構長。カリフォルニア大学サンディエゴ校心理学科博士課程修了。博士（心理学）。青山学院女子短期大学、中京大学情報理工学部を経て2008年より現職。専門は認知科学、学習科学。対話など協調的な過程によって理解が深化する仕組みを解明し、その知見を教育現場に活用している。一人ひとりが賢くなれる協調的な学習活動のデザインから実践・評価までを実践的に研究している。主な著書に、『21世紀型スキル：学びと評価の新たなかたち』（監訳、北大路書房）、『教育心理学概論』（共著、放送大学教育振興会）、『概念変化のための協調過程』（単著、心理学評論、vol. 54、pp. 328-341）。

※三宅先生は、2015年5月29日にご逝去されました。

10.5. 渋谷まさと「『解剖生理学』におけるアクティブ・ラーニング型授業」

■ステップを小さくして、一歩ずつ理解を進めていく

中原　女子栄養大学短期大学部の生理学がご専門の渋谷まさと先生です。まず、ご専門について、少しお話しいただけますか。

渋谷　生理的状態というのは、人の体が正しく動いている状態です。生理の対極の言葉が病理であり、明らかに病的な、正常に働いてない状態です。生理学は、人体は正常な状態ではどのように機能しているのか、そこから病理的な状態をも考えていこうという、医療における基礎分野です。

渋谷 まさと
女子栄養大学短期大学部教授、昭和大学医学部客員教授

中原　先生ご自身は、医師でもありますが、お勤めの女子栄養大学短期大学部では、何を目指してどんな教育をされているのでしょうか。

渋谷　栄養士の養成学校です。学生たちは二年間、生理学をはじめ、臨床医学、栄養学を学び、卒業後は栄養士として社会で活躍しています。栄養士は学校給食の献立づくり、食材の調達、実際の調理などの仕事を担っています。

中原　生理学は必修だと思いますが、普段はどんな授業をされていますか。

渋谷　「解剖生理学」という科目で約50人が受講しています。医療系の内容はわかりにくいので、なるべくかみ砕いて教えること、イメージが湧くように伝えることを意識しています。

中原　かみ砕くとおっしゃいましたが、先生の授業は、一歩ずつ一歩ずつというコンセプトで、ステップを踏んで教えていらっしゃるのですよね。

渋谷　はい。例えば、心臓について教えるときには、当然、心臓の弁について語らないと駄目です。ご存じのとおり弁は四つありますから、複雑といえば複雑です。いつ開いて、いつ閉じるということはかなりややこしい。だから心臓の弁を語る前に、そもそも弁というのは、どういうときに開いて、どういうときに閉じるのかということをまず理解してもらいます。

中原　それは、自宅での予習で理解してくるのでしょうか。

渋谷　自宅でも、今の時代ですからコンテンツをネットに載せて学生たちの進捗状況を管理することも、いくらでもできます。授業の予習だけではなく、自宅での復習にも使ってくれています。

　一本の管があって、その途中に弁があるとします。弁にはストッパーがあって、下流側には開くけれども上流には開かない、一方通行です。とすると弁の上流側の圧は弁を開く力だということになります。そして弁の下流側の圧は弁を閉じる力だということになります。両方に圧がかかっていることも、多いわけです。そういう弁の原理的なことから一歩ずつ静止画＝イメージを使って、イメージが湧くように教えていきます。

　要するに、学生たちに「わからない」とはいわせないようにしていきます。もし、わからなかったら、どこがわからなかったのか。それは教えている私、あるいは使っている教材が悪いのだから、「どこがわからないのかぜひ教えてください」とのやりとりも楽しんでいます。

■学生目線でわからないことをふまえた教材を学生とともに作成

中原 その教材は先生が自らつくられたのですか。

渋谷 私と私の研究室を中心としたグループの仲間がつくりました。学生もいますし助手もいます。

中原 そうすると、学生の目線でわからないところがわかりますね。学生が共通して引っかかるところがわかってくる。

渋谷 そうなのです。私のグループは生命科学教育シェアリンググループと名前をつけていますが、ここでは教員として私が知っていること、私が理解してもらいたいことを教育の現場にシェアさせていただく。その知識と同じだけ重要なのは学生の意見、疑問、感想です。これも教育の現場においては同等に大切だというのがコアコンセプトです。それを一カ所に集めて、皆でワイワイやって、教員がいうことだって駄目なものは駄目、学生がいったことだって、いいものはいいというふうに、学問の世界ですから格好良くいえば「上下なんてない」というスタンスでやっています。わからないことがあれば、学生に対して、「どうすれば君が引っかかったところを後輩が引っかからないようになるのか。そこを一緒に考えようよ」と。これはとても楽しいことです。

中原 学生さんが引っかかることというのは、結構、出てくるものですか。

渋谷 出てきますね。

中原 それは、先生が一人で考えていたのでは、出てこないですか。

渋谷 そう思います。ときどきはっきりと学生から「そんなのじゃわかんないよ」といってくれることもあります。そうでなくても、教室の空気ってあるじゃないですか、何かこう、こっちは一生懸命に汗をかきながら説明したのに、「はあ？」というような。はっきりとわからないとはいわなくても、何かこう困った空気というか。それを拾う、キャッチするアンテナも教員には必要です。

一方的に教員がしゃべって、「わからなければあなたたちが悪いのですよ」というのも一つのやり方としてはあるし、ときには必要だとも思いますが、特に生命科学などをはじめて勉強しようという人たちが、弁の原理のような基本的なところでつまずいてしまっては、絶対に医療人にはなれないわけです。となると、何が何でもわかってもらいたいところは、「こっちはこういうことを考えているのだけど、私のもっているイメージがわかりましたか」と常に問いかけているわけです。

中原 研究者は普段、研究者同士で話すからか、わからない人のことがわからないというか、話すレベルをすごく高くしてしまう傾向がありますよね。でも、先生は「1メートルを10センチ×10段ではなく、1ミリ×1,000段で上る階段のように細かく切っていって、誰もがつまずかないで登っていけるようにしたい」とおっしゃっています。

渋谷 そうですね。いきなり心臓の弁を四つ一度に出すのではなく、一つの弁の性質を学びましょうというように、ステップが多いだけじゃなくて一つ一つのステップが小さいというのも、勉強しやすくなっているのではないかなと思うわけです。

■課題解決の前に、学生が参加し語ることで知識を定着

中原　先生の授業では学生同士が教えあいをしていますが、なぜそうしているのですか。

渋谷　一つには、私自身にとってしゃべるのは楽しい。特に、自分のつくったコンテンツを「これ見て」というふうにしゃべるのが楽しく感じます。人がつくったコンテンツでも、自分で理解したことを、自分の脳を使って、自分の言葉で語るのは楽しい。ニュースでこういうことをいっていたと人に伝えることだって、「ああ、そうなの」と聞いてもらえれば楽しいわけです。学生たちも自分がしゃべることによって、何となくわかったというレベルから、更に深く、これは自分のものなのだ、自分はこれがわかったというふうになり、そのイラスト、内容に関しては忘れないのではないかと思われます。だから、なるべく、授業中にもクイズを解こうとか、空欄がいっぱいある配布物を埋めていこうとか、とにかく参加型で皆忙しいというふうにしています。

中原　ともすれば、アクティブ・ラーニングを手法として考えてしまい、コンテンツが軽視されてしまうことがあるじゃないですか。先生の場合、教えるべき内容に関しても、洗練してわかりやすくしつつ、でも一方向で教えるのではなくて、双方向なのだという絶妙なバランスだなと思いました。

渋谷　アクティブ・ラーニングには、問題発見も課題解決も学生自身で取り組むというカテゴリーがあります。けれども、そこに至るまでに、例えば生命科学なら心臓の弁がいつ開いて、いつ閉じているのかわからなければ、循環系に関して、問題発見も課題解決もできないわけです。その基本的な段階を、学生と教員が一緒につくったコンテンツを使って、お互いに説明したり図を埋めていったりクイズを解いたり、そういった広い意味でのアクティブ・ラーニングをとりいれているのだと考えています。誰だって最初は「はい、あ～ん」「アンヨはじょうず」というアクティブ・ラーニングをやらざるを得なかったわけであり、同じことが生命科学教育にあってもいいではないか、と思っているわけです。

中原　学生からのフィードバックはどうですか。

渋谷　匿名のアンケートでは、一歩一歩つくったコンテンツは他のコンテンツと比べると、5段階評価で4と5が半数ずつあたりをいただけています。学生たちと一緒につくっていますから、喜んでくれているというのも、あると思います。

中原　先生は、教え始めたときから、こういう授業をやってらっしゃったのですか。

渋谷　最初は、ネットもパソコンもそれほど普及していない頃なので、ワープロでクイズをたくさんつくって、「この授業の内容がわかったら、このクイズは解けるはずなのだけど、どう」という感じでした。そして、それをデータベース化していくと、このクイズが解けるには、どう理解してくれたらいいのだろう、どうやったら印象に残るのだろうかというところにつながって、今のような形に進んできたわけです。

■よりわかりやすく教えたいという「おもてなしの心」をもった教員に

中原　最後に、近い将来、大学の教員になりたいという方にメッセージをお願いします。

渋谷　教育って、ある意味、おもてなしじゃないかなと思います。日本の教育レベルが高い、大人の学力が国際的に断トツで高いというデータも、ちょっと前に発表されました。それはやはり、日本のおもてなしの心とどこか関係あるのではないかと私は思っています。

　「わからなければ君が悪いのだ」という考えではなく、なるべくわかりやすく伝えたいという気持ちです。それは、私自身のなかにもありますし、多くの先生たちもそうだと思います。それも日本が教育力を保っている要因の一つではないかなと、私は思っています。それを続けよう、と後輩たちにお願いしたいです。

　また、大学院の学生の皆さんも、ここは違うのではないだろうかとか、ここはちょっとわかりにくいなと思っているなら、そこを改善してご自身の後輩にやっていただければ、今でもいい教育がますます良くなっていくのではないかなと思います。

渋谷　まさと

女子栄養大学短期大学部教授／昭和大学医学部客員教授。博士（医学）。東京慈恵会医科大学卒業。昭和大学医学部第二生理学助手・講師を経て、現職。専門は生命科学（人体）教育。「一歩一歩学ぶ生命科学（人体）」を展開している生命科学教育シェアリンググループを創立・コーディネート。主な著書に、『一歩一歩学ぶ心電図』（三原医学社）、『一歩一歩学ぶ生命科学（人体）：基礎編』（女子栄養大学出版部）。2013年に、日本高等教育開発協会「第一回グッド・ティーチング賞」を受賞。

10.6. 上田信行「プロジェクト型学習に学生を巻き込む」

■やってみて、その経験を意味づける

中原 同志社女子大学の上田信行先生に、学生を巻き込むプロジェクト型学習をどうつくっていけばいいのか伺いたいと思います。最近大学でProject-Based Learning（プロジェクト型学習）やService Learning（サービスラーニング）が行われています。先生は同志社女子大学で実践なさるときに学生が主体的にプロジェクトに取り組んでいくような場を、どういうふうにつくられていますか。

上田 信行
同志社女子大学現代
社会学部現代こども
学科特別任用教授

上田 僕はパッションをすごく大事にしています。真剣に何かに情熱をもって取り組むとき、特に何が起こるかわからないとき、ワクワクドキドキしますね。この学びを、僕はプレイフル・ラーニングと呼んでいます。学ぶことが楽しくて仕方がないと思うと自然にパッションが湧いてきます。

情熱が大事だと学校で習っても、実際に情熱をもってやれることとの間にはだいぶ距離があるので、僕は最初から経験をしてもらって、その経験についてグループでディスカッションさせます。「経験から学ぶ」とよくいわれますが、実はその経験について考え、省察的に意味づけることではじめて学びが成立すると思うわけです。だから、これからプロジェクト型の授業を実践される先生方は、体験させればそれでいいということではなくて、その体験をどう意味づけていくかをグループで思い切りディスカッションさせて欲しい。それが大学の授業や、その背後にある教育学のセオリーとつながっていくと面白いと思うのです。

教育学や学習環境デザインを学んでいる学生たちの多くは、単にイベントができればいいと思っているんですが、一番大事なのは抽象化する、モデル化する能力です。イベントをしたとすると、アクティビティや活動の順序もありますが、活動の構造がどうなっているのか、なぜそういう構造を使っているのかが重要です。そして、その構造がどういう学びと深く結びついているのかを、学生たちが理解することが大切です。だから活動だけをたくさんやってもあまり意味がなくて、活動からモデル化して抽象化する。そして今度はそれを使って、応用問題として全然違うものをやる。それができると社会にいったときにどんな分野でも役に立つと思っています。

ここがたぶん、今までの大学での授業とちょっと違う所で、今までは最初に理論やモデルを教えて、それから応用問題をやっていこうという順序でしたが、実際にまず水のなかに飛び込んで、あっぷあっぷしていっぱい失敗もしながら、それに自分で意味づけていく。そして、自分や学生たちだけではどうしても偏りがあるので、広い世界の例えば先端の教育学の考え方だとどうだろうか、というようなことに結びつけていくわけです。そこが実は大学の授業として一番面白いところですね。

■プロジェクトを成立させるのは Joint Attention

中原　でも学生も一様ではないですよね。ものすごいパッションをもっている学生から、とりあえず単位をとっておけばいいという学生もいるわけで、そうすると「何かを一緒にやっていこう」というときに差が生まれますよね。

上田　大学生を対象にする場合、それが一番大きな悩みです。社会人の場合は、何のために今ここにきてワークショップに参加しているか、このプロジェクトをやる意味は何かがわかっていますが、学生はまだわかっていません。単に大学の課題だと思っていたり、あるいは自分の問題としてはとらえていないということがあります。

　でも、それはやっていくなかでしか解決できないと思います。とにかく最初は「ちょっと嫌だな、意味がわからない」と思っていても、とにかくやってみると絶対何かあるのです。だから「まずは現場にきなさい」といいます。最初は嫌でもいくと、いけば必ず「何かを発見しました」、「いってみたら結構面白かった」などの反応が生まれます。

　そうはいっても、プロジェクト学習が崩壊寸前までいくこともあります。それを何とか乗り越えていく力というか、ドライブになるのが、何のためにやるのかという価値観です。だから、やることに意味があると学生が思った瞬間、皆のモチベーションが上がります。性格的にモチベーションが低いとか高いとかではなくて、その学生が今回のプロジェクトに対して自分としてどういう意味づけができているかという、その差だけです。

　だからまずやってみて、そこで感じたことをちゃんと皆で受け止める。僕はJoint Attention（共同注視）といっていますが、例えば15人ぐらいのプロジェクトで、横（仲間）を向く、つまり他者へ注意を向けるのではなく、課題を皆で見る、課題を共同注視する。そうすると、皆の意識が課題に向くからあまり横が気にならないんです。横ばかり気になっていると、「自分はバイトも辞めて頑張っているのに、こっちの人はバイトに行っている」というようになる。意識をそこに向けないでプロジェクトの方を全員が見てその意味を考える。プロジェクトがあって自分がいて他者がいるという三項関係を意識してやっていくと結構うまくいきます。だから、いろんな問題が起こったときには「もう一回皆で課題をちゃんと見ようぜ」といっています。

■本気になれるステージと、ロールモデルとなり得る「憧れ」

中原　そうするとJoint Attentionできるような課題の設定や目標が大事なわけですね。

上田　特に意識しているのはステージです。例えばピアノをやっている人は、まず発表会は小さなホールからスタートしますが、だんだん大きな舞台へ、果ては世界コンクールへチャレンジしていきます。バンドの人は、最初はストリートから始まって、ゴールは東京ドームでというのもありますよね。

　最初は人が用意してくれたステージに乗っかるのですが、次は自分でステージをつくってステージを挑戦的にどんどん上げていくことによって、オーディエンスが多様になってきます。そうするとどんどん腕が磨かれていくのです。

　大学のなかでも、閉じた所でプロジェクトをしていてもあまり成長できません。いろいろ

外に出ていってアウェーで勝負します。例えば今日はビジネスマン、明日は女性のリーダーシップ研修会、そうした多様なオーディエンスにあわせて、その人たちのために何ができるかと考えるようになると、モチベーションが上がってくると思います。

中原　なるほど。そういう意味でいうと人に見られたり人に出会えたりするような機会や場、ステージがあるからこそ本気になるのでしょうね。

上田　そのとおりです。学校の教室で、気持ちだけ、今日は本番だから本気になって、といってもなかなかそうはなれません。でもお客さんがいると変わります。

　僕はラーニングを三つの風景に分けているんですが、ラーニング1.0は誰か先生がいて学ぶという学校型の学びです。ラーニング2.0はアトリエやスタジオ型で、ワークショップやプロジェクト型の学習もそうなんですが、皆でものを協働してつくったりします。ラーニング3.0は「learning through love」といっているのですが、これは「learning through performance」と言い換えてもいいかもしれません。オーディエンスに喜んでもらおうとするなかで学ぶということです。

　自分のためだけに英語の勉強をしようと思っても、なかなかモチベーションが続かないけれど、例えば自分が英語でどうしてもあの人たちのためにプレゼンしなければいけないとなると頑張れますよね。人間には、自分のためだけではなかなか本気になれなくて、誰かのために何かをして喜んでもらいたい、という気持ちがあるのだと思います。それに喜んでもらうと感謝されますよね。僕はこれを「喜びの循環モデル」といっていますが、喜んでもらって感謝されると、次はもっと頑張ろうと思うのです。

　そういう幸せな気持ちでいっぱいになる機会をプロジェクトに組み込んでいこうということです。

中原　なるほど。僕の学部時代の同期で、東京学芸大学で演劇の先生をしている高尾隆くんが、自分のために何かを生み出そうとするとクリエィティビティがなかなか発揮されないんだけど、誰かを喜ばせるために何かをつくろうとすると自然といいアイデアが生まれてくる、といっていました。そのテーマが Give Your Partner A Good Time だったのです。クリエィティビティを発揮したり、何か新しいものを生み出そうというときは、その Give Your Partner A Good Time の発想が大きいですよね。

■ PBL は Passion-Based Learning

中原　これから大学の教壇に立ちたいという大学院生の方に、先生から何か一言メッセージをお願いします。

上田　まず自分自身が楽しんで欲しいと思います。「このプロジェクトは面白いから一緒にやってみないか」というように。おいしいものを食べたら、「絶対あそこに一緒に食べにいこうよ」と本気でいいますよね。だから先生方も本気で、「やってみよう！」という気持ちとパワー

をもつことですね。そうはいっても、先生もなかなか一人きりではパワーが出ませんが、学生たちと一緒にやっていくと、自分がある意味で引っ張っていくリーダーというか、いやそれよりもむしろ学生たちを挑発したり触発したりして「面白いぞ！」という感覚を共有し、先生自身が面白がっている場に学生を巻き込んでいくことがとても大事だと思います。

　それから僕はもっと憧れをもって欲しいとも思います。よくいうことですが、何かやりたいとすれば、その憧れの人がいる所に近寄りなさい、その場にいきなさいと。伝統芸能の世界では、師匠の家に泊まり込んで稽古しますよね。このラーニングモデルは、すごくパワフルだと思っています。ですから先生が自分のゼミや授業自体を「憧れの最近接領域」にする、すなわちここにいれば憧れに手が届くと学生たちに感じてもらえるような場にすることが大切なのです。

中原　なるほど。それは先生自身もパッションをもたなければいけないということですね。

上田　そういう意味でPassion-Based Learningです。フィンランドに行ったときに、「今ヨーロッパではPBLのPは、もうパッションですよ」といわれて、「やっぱりそうですか」といってきました。パッションはやはりすごく大事です。だからパッションとラブと、プレイフルスピリットがあれば、プロジェクト学習ができます。

　　　　　上田　信行
　　　　　同志社女子大学現代社会学部現代こども学科特別任用教授。ハーバード大学教育大学院博士課程修了、Ed.D.（教育学博士）。帝塚山学院大学専任講師、甲南女子大学人間科学部人間教育学科教授を経て現職。専門は、教育工学。学習環境デザインとラーニングアートをテーマに、実践的研究を行う。主な著書に、『プレイフル・シンキング』（宣伝会議）、『学校と博物館でつくる国際理解教育 ―新しい学びをデザインする―』（分担執筆、明石書店）、『協同と表現のワークショップ ―学びのための環境のデザイン―』（編著、東信堂）、『プレイフル・ラーニング ―ワークショップの源流と学びの未来―』（共著、三省堂）ほか。

10.7. 斎藤兆史「講義一辺倒から進化する英語教育の現在と課題」

■映像を活用した東大教養学部での英語授業

中原　東京大学大学院教育学研究科の斎藤兆史先生にお話を伺います。先生のご専門は何ですか。

斎藤　今は英語教育が中心になっていますが、もともとは英語文体論でした。文学のテキストを、きちっと言語学的に読むというのが専門だったのです。それを教室で英語教育に応用しようという流れが世界的にあり、その流れから教育に関心をもつようになり、英語教育を研究し始めました。

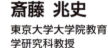

斎藤　兆史
東京大学大学院教育学研究科教授

中原　先生は教育学研究科にいらっしゃる前に、駒場の教養学部で20年間ぐらい英語の先生を経験されていますね。

斎藤　そうですね。一、二年生のレベルでは英語を教え、三、四年生の学部の後期課程レベルでは、イギリス科という所でイギリス研究を、言語情報科学分科では言語科学を、また大学院レベルでは文体論など、とにかくいろんなことを教えていました。

中原　何人かの東大の学生から、先生の授業がものすごく面白かったと感想を聞いたのですが、先生は駒場ではどんな授業をされていたのですか。

斎藤　駒場の授業は、こちらで選べるものもありますが、大体、カテゴリーが決まっています。今は名前が変わりましたけど、「英語I・II」という分け方をしている場合には、「英語I」は共通の教材を使います。これは全国的にも話題になったプログラムで、これを任されると、決まった教材で、毎週、決まったセッションをやらなければならないわけです。要するに視聴覚教材と一緒に、ある決まったテキストを使って英語を教える授業です。この授業では、かなり大人数のクラスを教えることもありました。

　自分なりの工夫ができたと思うクラスは、英語IIの方です。例えば読解であるとか、あるいはコンプリヘンションと称して、読んだり聞いたりする力をつけるために、読み教材と視聴覚教材を一緒に使って英語を教えるというクラスです。

中原　視聴覚教材には、どんなものを用いたのですか。

斎藤　いろいろです。このいろいろ使えるというのが私の好きなところです。そもそも、そういう授業がやりたかったので、コンプリヘンションというクラスの基本的なデザインを私がつくったようなところが、実はあります。もちろん一人でということではなく、同僚の英語の先生方と一緒に皆で討議してつくり上げたクラスですが。

　例えば、その授業で新渡戸稲造の『武士道』を英語で読ませるとき、視聴覚教材で武士道に関係する映像を見せたりして、これはユニークだったと思っています。日本の文化的なことを発信する内容のものが多かったので、その他にも禅に関するもので、鈴木大拙の英文と鈴木大拙自身が実際に英語で禅を説明している映像を組み合わせるなどして教えていました。

■映像だけでなく音声も活用して学ぶ

中原 映像は何分ぐらいのものを用いたのですか。

斎藤 当時の駒場の授業は英語では90分ですし、人間は皆30分ぐらいで集中力が切れます。なので、全部を流すと長いので、30分ぐらいに一回、5分から10分見せていました。そして、また30分経ったところで5分から10分見せます。そんな形で視聴覚教材を使っていました。

中原 その映像を見せた後、先生が解説するのですか。

斎藤 します。視聴覚教材ですから映像だけでなく音声も重要になってきます。「ここで今、何ていってたかな、聞きとりしてみよう」というふうに聞きとりの教材にもなりますし、たまに字幕を出して読みながら自分の理解度を確認するなど、いろんな作業ができるのです。

ただ、そのときのテーマに沿ってどういう視聴覚教材を用意できるかにもよりますし、字幕があるかないかもあります。そうした条件にあわせて授業中の作業も変えていく必要があります。

中原 では視聴覚教材を常に探していらっしゃったわけですか。

斎藤 探していました。しかし非常に幸いなことに、放送大学で自分の好きな教材を使った視聴覚放送をしたことがあります。私が出演した放送そのものも使うことも随分ありました。

中原 それ以前は、映像を使った授業はされていなかったのでしょうか。

斎藤 していなかったというよりも、特に英語に関しては視聴覚教材が開発されるようになったのが、割合、最近のことです。昔は本当に講義形式の授業だけをやっていました。VHSビデオが出だした頃から、こういう授業をやったら面白かろうということで使うようになりました。最近はDVDで自分の授業や自分で撮ってきたものをうまく編集して使ったりしています。

中原 今だったらネットでYouTubeにいろんな映像があふれているから、そうしたものも使えるかもしれませんね。

■コミュニカティブ*に流れてしまう現在の英語教育

中原 先生が教育学研究科に移られてから、中学、高校の英語教育も見ていらっしゃると伺っていますが、今の中高の英語教育はどんな状況ですか。

斎藤 理念と現実との乖離など、様々な問題があります。全体的な流れとしては、これを私は必ずしも好ましいという意味で申し上げるわけではないのですが、コミュニカティブな英語運用能力が重要であるということになって、文科省もその方針で通達を出しています。

ところが現場はなかなか変わらない。昔ながらの文法・読解が重要だという認識なのでしょうが、先生方は非常に混乱していますね。私は駒場にいた頃から、中高の英語教育に関して、いろいろと意見は

申し上げていましたが、教育学研究科に移ってからは授業検討会に参加するなど、更に密に関わっています。そういうところに呼ばれていってみて、先生方のご苦労というのは非常によくわかるのです。

国や経済界や政界が、「グローバルな人材をつくれ」「もう少し会話で自分たちを発信でき、世界で活躍する人材を育てよう」というのですが、理念的には素晴らしいことだけど、現場で「じゃあ、何をするか」というとなかなかはっきりしてこない。

やはり私などは、一朝一夕にしゃべれるようになるわけではないので、基礎からしっかり教えていかなければいけないと思うわけです。その辺の社会の要請と現場でできることとの間の距離というのは非常に大きいなと、改めて感じています。

中原 コミュニカティブというのは、それでもコミュニケーションを重視するということですか。

斎藤 そういうことになるでしょうね。単純な文法でもいいから、何かいいたいことをいっていこうということです。しかし、それだと非常にレベルの低いことしかいえません。

ですから、きちっと文法を教える必要があるわけです。よく日本では「文法を気にし過ぎるから話せないんだ」といいますが、実はそうではなくて、日本語と英語はすごく言語的に距離があるために習得が難しいのです。気にしているから話せないのではなくて、気にならなくなるまで徹底的にやってないから話せないのです。そこを多くの人が誤解しているわけですね。

中原 そうすると、ひたすら体に染み込むまでやらないと駄目だということですか。

斎藤 駄目なのです。フランス人が英語を習得するのとはわけが違いますから。逆に日本人が、韓国朝鮮語を学ぶときには比較的短期間でできるわけです。これは言語間の距離が近いからなのです。

そういうことを無視して、「こういう言語教育がいいんだ」というのは、理念的、理論的には出てきますが、現場ではなかなかそううまくはいかないと思います。

中原 大学教育でも、今の英語教育はコミュニカティブな方向なのでしょうか。

斎藤 そちらに流れていますね。昔のような文法・読解というのは、多少、敬遠される傾向があって、中高でもその傾向が強くなってきていますが、「英語で教えなさい」「教授言語を英語にしましょう」という流れになってきています。

もちろん、これは悪いことではありません。教師が非常に質の高い英語を話すことができて、学習者がそれを理解できるのならばそれが一番いいわけです。でも、そういう条件が揃うときばかりとは限りません。100のクラスがあったら100通りの教え方があるので、教師が臨機応変に教授言語も含めて方法論を選択できるような幅をもたせた方がいいと思います。

中原 教授言語を英語にするということは、教員養成そのものも英語でやらなければなりませんか。

斎藤 それは英語じゃなくてもできないことはないのです。ある部分を英語で徹底的にトレーニングするということはできますから。

ただ現場にはまだ、「自分は話すのは苦手だけど文法は任せておけ」「読解は任せておけ」という先生はいます。そういう先生たちが自分の得意技を活かせるような、多少、余裕のあるカリキュラムも必要だと感じています。一律に「授業は英語で行うことを基本とする」と

いうのが指導要領にも盛り込まれてしまいましたが、それは縛り過ぎかなという気がしています。

■教授法の前に専門をしっかりと学んでおく

中原 これから大学の教員を目指す大学院生に、メッセージをいただけますか。

斎藤 最近、特に授業のやり方や教授法に重点がおかれる傾向にあって、それはそれで非常に好ましいことだと思います。授業のやり方は非常に重要なことですし、どういう機材を使って、どういうやり方で進めていくかも重要です。しかし、ややもすると、教授する内容、教育内容が軽視されがちです。英語教育の場合は当然、英語という言語になりますが、それに対する理解については最近タブー視されていると感じます。

つまり、どういう授業をしたらいいかとか、どう教えたらいいかということばかりに注意が向けられているので、英語の先生自身の英語力というのは問われない傾向があるのです。

ですから、まず大学院のときには、自分が教えようとする科目、その教育内容をしっかり勉強してください。もちろん、教え方についても、その後、じっくり勉強していく必要がありますけどね。まずは英語の先生になろうという人は英語がきちんと運用できるように勉強してください。そして、英語で授業しなさいといわれたときには、学習者のしっかりとした手本になれるような英語を話す訓練をしておいてください。

＊コミュニカティブとは、ここでは communicative approach を指す。コミュニケーション活動を重視する言語教育の手法の総称。

斎藤　兆史

東京大学大学院教育学研究科教授。栃木県宇都宮市出身。東京大学文学部卒業、同大学院人文科学研究科修士課程修了。インディアナ大学英文科修士課程修了。ノッティンガム大学英文科博士課程修了（Ph.D）。東京大学文学部助手、東京大学教養学部専任講師、東京大学大学院総合文化研究科助教授、准教授、教授を経て、現職。専門は英語教育、英語文体論、英学。著書に『英語達人列伝』、『英語達人塾』（以上、中央公論新社）、『英語の作法』、『翻訳の作法』（以上、東京大学出版会）、『英文法の論理』（以上、NHK出版）、『日本人と英語』（研究社）、『教養の力 ─ 東大駒場で学ぶこと』（集英社）などがある。

10.8. 苅谷剛彦「オックスブリッジのチュートリアルと大学教員の育成」

■文献を読みエッセイを書き1対1で議論するチュートリアル

中原　オックスフォード大学の苅谷先生にお越しいただきました。苅谷先生には、イギリスと日本の大学で教壇に立たれた経験をもとに、大学教員をどのように育成していけば良いのか、ざっくばらんにお話を伺えればと思います。

苅谷　イギリスの場合は、特にオックスブリッジ（オックスフォード大学・ケンブリッジ大学の併称）では、チュートリアルという個別の指導が、教え方、学び方の根幹を成しています。基本は1対1で、毎週、「必ずこれだけのものを読みなさい」となっていて、リーディングの量はアメリカの課題どころではありません。しかも読むだけではなくて、問いに答えなければいけない。それを、口頭で先生に伝えるのではなくて、事前に、A4判で10枚ぐらいの論文、オックスフォードではエッセイといいますが、それにちゃんと議論を書いて提出しなければなりません。

苅谷 剛彦
オックスフォード大学社会学科教授・同大学ニッサン現代日本研究所教授

　それを、事前に先生に渡しておいて、先生はそれを読んだうえでフェース・トゥ・フェースで、それに対して「こんなこといってるけど、どうなんだ」といった議論をするわけです。

中原　議論は一回に何時間ぐらいですか。

苅谷　大体一時間ぐらいです。しかし、その10枚のエッセイを書くためには、何冊もの本を読まなければならず、しかもエッセイを書くための時間も要るので、オックスフォードではフルタイムの学生は一日8時間で週五日間勉強するのが当たり前だといわれています。

　しかも、事前に先生が読んだうえでコメントするので、チュートリアルの前に既にお互いの了解すべき情報と知識の共有や確認は終わっています。それをふまえたうえで、お互いがいかにクリエイティカルに、その知識に対して新しい価値をどうつけ加えられるかということについて一時間くらいディスカッションをするわけです。

中原　読むことは当たり前で、ミニマムなのですね。

苅谷　そうです。その知識を間違って使っていたらもちろん正しますが、それ以上に、いかにしてその知識を使って有効で、できればオリジナルな議論を組み立てられるかということをやるのです。だから、エッセイの課題には抽象的で高度なレベルの問題が出されるし、それに答えるために、学生たちは自分のオリジナリティを発揮して、読んで得た知識を自分なりに使いこなしながら、しかも論理的で美しい文章で書かなければならないわけです。

■モノローグ型の日本的コミュニケーションを越える

苅谷　私が、まだ東大の教員だった頃、1992年に『アメリカの大学・ニッポンの大学』という本を書いたときのことです。そのなかで日本型のコミュニケーションのスタイルと、アメリカ型のスタイルが違うことが、教える場面、あるいは学ぶ場面にも表れていて、そのことが、

日本人がアメリカ型に移そう、まねしようと思っても、できない一つの壁になっているのではないかということを書きました。ダイアローグ型とモノローグ型という仕分けをして、ディスカッションが積み上がり、だんだん高次の次元に認識が高まっていくようなダイアローグ型の議論と、誰かがいったことを受け止めはするけどキャッチボールが積み上げ型になっていかないモノローグの連鎖のようなコミュニケーションの違いです。そのとき、日本のは「連歌みたいなものだ」というふうに書いたかもしれません。もともと日本人のもっているコミュニケーションのスタイルが、まだモノローグ型だと指摘したのです。あれから既に四半世紀経って、今はもっとディスカッションが必要だと。そのディスカッション次第で、認識を高めていったりできると、日本でも強調されるようになりました。

　批判的な思考力が必要だということは、これだけいわれているけれども、じゃあ、どういうディスカッションをしたら、それを高められるかというところに一歩でも二歩でも近づいていけたらと思って、当時、東大で授業をしていました。そのとき思ったのは、結局大学教員が、自分なりの工夫をし、実践を積み上げていくしかないということです。それによってしか、学生にある能力が育つということにつながっていかない。

　特に授業の入口を工夫するようにしました。なぜかというと、学生たちにとにかく私と議論できるところまできてください、そこから先は私が教えるから、まずは興味をもたせたいと思ったからです。私の仕事は、まずは学問の入口まで、学生を連れていくことです。それが成功したかどうかはわかりません。しかし、私の教え子の一人でもある、中原さんは、当時、私が授業でやっていた授業の試みを、何十年経った今でも覚えてくれているわけですよね。

中原　今でも覚えています。本当に素晴らしい経験でした。

■学生を入口まで連れてくるのは教師の責任

苅谷　当時、私は様々なことを授業で試していました。そうやって、学問の入口まで、とにかく学生を連れていくために教師は工夫が必要だと思ったのです。

　それは、たぶん、私が日本の大学の学生だったとき、あまり興味をもてないような授業がけっこうあったからです。でも、もしかしたら、もう一歩自分で進んでその学問のなかにいったん入れば、すごく充実した、面白い内容がいっぱいあったのかもしれないと今は思います。

　ところが、私が学生の頃はそんなにまじめな学生じゃなかったし、途中でつまらなくなったら、そこから先にいかないわけですよ。学生の立場から見たら、教師の立場も思惑もわからない。だから、教師になったときには学生を学問の入口までどうやって連れていくかが大事だと、実感しました。工夫をいろいろと考えて実践しました。

　それから、私自身が東大の若手教員のときには、これは教育学研究科のなかだけですが、いろんな先生たちに協力していただいて、院生向けに大学で教えるためのスキルを伝えるワークショップを一学期だけやったことがあります。

中原　授業ですか。

苅谷　いいえ。単位は出ません。週一回一コマ分の時間を設定して、そのなかで例えば大人数の講義をするときに、どういうところに注意すべきかというのを、実際に大人数の講義をされ

ている先生に話してもらい、それを例に使いながら、そこにきている院生たちとディスカッションするというワークショップです。それからシラバスの書き方や、成績評価をどうするかもとりあげました。

そうやって、毎回、協力してくださる先生に、ご自分の経験を話していただいて、それを材料にして院生たちとディスカッションするようなことをしました。

中原 すごく先進的ですね。まさに、現在私たちがやっているインタラクティブ・ティーチングの原型をそこに見ることができます。

苅谷 だけど、個人のボランティアでやっているから、だんだんしんどくなって、学内業務の変化などもあって、結局継続できなくなってしまいました。その後、だんだんとティーチングアシスタント（TA）が制度化されてきたので、今度は、いろいろな授業を通じて TA たちに、授業を手伝ってもらうだけではなくて、大学で教えるにあたって大切なことを理解してもらおうと、例えば授業の後お昼ご飯を食べたりしながら伝えました。

実際、TA には講義やゼミのディスカッションを手伝ってもらいますが、同時にそれは彼らに私の講義の仕方やディスカッションのやり方を見せている時間にもなります。更に、自分のやり方を見せると同時に、その後で、「実は、あのときああいう発問をしたのは、自分の考えがこうこうあってね」などと楽屋話をして、そこで種明かしをするなかで、院生たちに教えることに対する意識とノウハウを伝えようとしました。それは東大を辞める頃まで、続けていましたね。

■学生に自由に教えられる大学教員の特権を活かせ

中原 最後に、これから近い将来、大学の教員になる若い世代に先生からのメッセージをお願いします。

苅谷 授業に出てこない学生もいるかもしれないし、出てきても寝てしまう学生も、スマホをいじっている学生も、つまり授業に耳を傾けない、参加度の低い学生もいるかもしれないけれど、多くの学生たちは、少なくとも教室にはきてくれていますよね。

とすると、教師というのは自分がその人たちに対して、少なくとも、一方的に何かを伝える権限は与えられているわけです。授業の場を仕切る特権です。

しかも、大学というのは高校までの教育と違って、学習指導要領や教科書検定などで国がガイドラインを決めているわけでもなく、そういう意味では国の統制から比較的逃れていて、自分で決められる範囲が広い。そのなかで自分が教えるという仕事に立ち向かえるのです。

もちろん、基本的な知識を教えなければいけない授業もあるし、必要不可欠な高度な知識を教える授業もあるけれども、少なくとも目の前にいる学生に対して、教師の側が能動的に働きかける特権をもっているわけです。この特権って、やっぱり素晴らしいものですよ。いかにそれを利用するかが問われています。

そういうなかで、大学でしかできないことって何

でしょう。高校までの授業ではどうしても教科書で教えます。伝えるべき知識が決まっています。小学校から高校までの教育では知識を使って、概念を抽象化したり演繹・帰納させるなどの頭の働かせ方はあまり意図的にはしていません。

　だけど大学では、ある概念を教え、ある概念が現実とどう対応しているか、あるいはいろんな現実の経験則のなかから、いかにしてある規則性やパターンを見いだし、概念や理論に結びつけるか、というような演繹と帰納のような頭の働かせ方をします。そうした頭の働かせ方は大学でしか教えられません。

　そういう頭の使い方ができるようになると、環境問題や政治の問題を含めて様々な問題について私たちが日常のなかで、価値判断をし、生きていくうえでの力になります。それらの問題を一般則に照らして抽象化したり、あるいは抽象化した概念から問題の広がりを認識したりできる。逆に、自分の知っている具体的な経験や問題からそれにあてはまる概念を抽象化し、具体的な事例を理解していくこともできる。抽象化と具象化のいったりきたりをするということです。

　そういう頭の働かせ方を時間をかけて教えられるのは大学です。それをいかに自覚的に次の世代の知的な能力形成につなげるか。授業中に居眠りしそうな人たちにもうまく関心をもたせさえすれば、そういうことを伝えられるポジションに大学の教師はいるのです。

苅谷　剛彦

オックスフォード大学社会学科教授・同大学ニッサン現代日本研究所教授。ノースウェスタン大学大学院博士課程修了。博士（社会学）。放送教育開発センター助教授、東京大学大学院教育学研究科助教授、同大学院教授を経て2008年から現職。専門は、現代日本社会論、教育社会学。著書に『階層化日本と教育危機』（有信堂／2001年／第一回大佛次郎論壇賞奨励賞受賞）、『教育の世紀：学び、教える思想』（弘文堂／2005年（ちくま学芸文庫／2013）／サントリー学芸賞受賞）、『教育と平等』（中公新書／2009年）など。

10.9. ヘルマン・ゴチェフスキ「音楽史を学ぶのではなく音楽史をつくる」

■出席もとらず単位もつかないドイツでの講義

**ヘルマン・
ゴチェフスキ**
東京大学大学院総合
文化研究科教授

中原　東京大学 総合文化研究科のヘルマン・ゴチェフスキ先生です。先生のご専門はどんな分野でしょうか。

ゴチェフスキ　年ごとにだんだんわからなくなってきていますが、簡単にいうと音楽学です。

中原　若い頃の駆け出しの先生として教えられていたときの、印象深かったことをお話しいただけますか。

ゴチェフスキ　ドイツでは教授資格をもってはじめて講義ができます。教授資格をとる前は、ドイツのアシスタントはゼミ形式の授業をたくさんもつことができるのですが、講義形式は基本的に教授資格をもった人しかできません。しかも、ドイツの大学では講義は単位になりません。

中原　単位にならないとすると、興味がなかったら出なくていいということですか。

ゴチェフスキ　そうです。出席も誰もとらないし試験もないし、学生はただその授業を聴くだけです。だから聴きたい人しか出ないですね。
　そこですごく大変だったのは、私が最初に講義をしたときに、最後に学生は一人しか残らなかったということです。最初はたぶん 30〜40 人いたと思いますが、皆「この先生が教えていることは面白くない」と……。

中原　授業が面白くなければ、受講生がいなくなってしまうとは、ドイツでは「究極の授業評価」が機能していますね。

ゴチェフスキ　そうなのです。学生には成績がつかないけれども、先生には成績がつくのです。やはり講義は相当頑張らないと学生が興味をもってくれないということが良くわかりました。次回からは少しずつ増えてきましたが。

中原　最初のときと二回目以降とはどこが違ったのでしょうか。

ゴチェフスキ　私は基本的に自分が研究中のテーマについて講義をします。それは自分が研究を進めたいからで、講義をすると来週何かを教えないといけないので研究しないといけない。研究する動機が出てくるのです。今でもそうやっていますが、最初の講義のときは自分の能力を過信していて、短い期間でたくさん研究してもっと面白いことが話せると思っていたわけです。でも実は追いついていなかった。だから面白くないことをたくさん話したと思います。
　ドイツの大学には、ずっと前に研究したことについて、いつも同じ講義をやる先生もいます。しかも、そういう講義が学生にはかえって人気があったりします。私が学生のときにびっくりしたのは、ちょっと年寄りの先生の講義でしたが、教授資格をとった 25 年前からずっと同じ内容の講義をしていました。音楽の講義なのですが、使うのは全部 25 年前の音源。この 25 年間で研究はかなり進んでいたのですが、それは全然、関係なしという感じでした。
　私は二度同じ授業をしたことは今までにありませんが、でも、ずっと同じ講義をする先生はとても人気がありました。だから私もいろいろと考えさせられ、最初の失敗を念頭に、非

常に頑張って授業の工夫もして、それで内容はそれなりに面白くなったと思います。

中原　僕も授業を一回も繰り返したことがないので、すごく共感できます。日本の大学にこられて、どう感じましたか。

ゴチェフスキ　一番びっくりしたのは、講義の後に試験をやらないといけないことです。ドイツで講義をしていたときは、試験に出せるような内容があるかどうかなんて考えたこともありません。日本にくるまで私がやってきた講義のなかで、実は試験問題になるような内容は全然なかったと思います。

　結局、今は何とか試験ができる内容で講義をやっていますが、今でも僕は全然良くないと思っています。でも、学生が単位をとるためには、どうしても試験をしないといけません。特に教養学部では単位や成績が重要視されていますから。

■大学では誰かの説を学ぶのではなく、その説のつくり方を学ぶ

中原　ドイツご出身の先生から見て、日本の学生や大学の先生はどんなふうに見えますか。

ゴチェフスキ　まず学生が若いです。日本人の学生は本当に未成年で大学に入ってきますから。

　ドイツでは高校を卒業するのが19歳か20歳で、その後で例えば語学研修などで一年ぐらい他にいくというような人が多くて、実際に大学に入るのは22歳、23歳になってから。もっと年齢が高くなって入ってくる学生もいます。

　日本でもドイツでも、大学に学生が一番期待しているのは何かを学べるということです。私は学部生に教えているときには、「大学は何かを学ぶ所ではない」ということを最初にいいます。高校までは何かを学ぶ所でしょうが、大学は学び方を学ぶ所です。

　例えば、先日の学部生向けの音楽史の授業で最初に教えたのは「音楽史が存在して、それを学ぶことができるというのは間違った考え方であって、私たち学者が音楽史をつくっている」ということです。それは学者一人ひとりによってつくられる音楽史が全く違っていて、学生が学ばなければならないのは、そうした知識をつくった人がいるということです。そのつくった人はどのようにつくったかということを考えるのが授業です。

中原　そして、いつかは自分も音楽史のつくり手になるってことですよね。

ゴチェフスキ　そうです。例えば重要な作曲家がどういう作品をつくって、それはいつつくったとか、今は全部Googleで調べればすぐわかるので、大学の授業を受ける必要はありません。だからそれは基本的には大学の授業でやらなくてもいいのです。

　音楽史のなかにこの作曲家が出てきて、この作曲家が出てこないということがあるわけですが、どういう基準で誰がそれを決めたのかということを考えるのが大学での学びです。

■ペーパーと徹底した議論で進めるアジアの学生との交流授業

中原　現在取り組んでいらっしゃるアジアの学生と東大の学生とが交流しながらの授業とは、どんなものですか。

ゴチェフスキ　実際に学生交流をやるようになったのは2011年からです。今回は韓国の二つの大学、ソウル大学とヨンセ大学と、台湾の大学からも学生が参加して交流することになってい

ます。

中原　どんなテーマでディスカッションするんですか。

ゴチェフスキ　それは毎回テーマを考えます。私の所にもそれほど多くの大学院生がいないし、ソウル大学の先生の所にもそれほど多くの大学院生がいません。そのため、そのなかのできるだけ多くの学生が参加できるテーマを設定するのが重要です。

今回、私はリスニングというテーマを出しています。リスニングというのは音楽文化のなかの重要な行動の一つで、自分の家でスピーカーからリスニングする人もいるし、演奏会にいってリスニングする人もいたり、どこかの森にいって鳥の声をリスニングする人もいたりする。しかもリスニングする対象はクラシック音楽、ポップス、伝統音楽、あるいは音楽ではなくて面白い音だったりします。そこでリスニングは歴史的にも文化的にもどのように変わってくるかなどを、様々な面からディスカッションします。

中原　言語は英語ですか。日本人の学生は元気に発言していますか。

ゴチェフスキ　やはり共通の言語は英語しかないですね。それから日本の学生が発言するためには準備が必要です。私はこの授業を大体一年間ぐらいかけて準備しますが、最初は参加希望の学生全員にアブストラクト（要旨）を出してもらいます。そこで優秀なアブストラクトしか受け入れません。学生を選ぶのです。

次のステップはちょうど今進めているところですが、メーリングリストをつくって皆で連絡がとれるようにしてお互いに自己紹介をします。そして次のステップは、そのアブストラクトをもう一回書き直して皆でシェアします。

今回の参加者は全部で17人ですが、その17人を四つのグループに分けます。各グループは四人か五人になりますが、それぞれのグループには必ず台湾の学生と韓国の学生と日本の学生が入るようにし、同時に各グループには、自分のテーマと近いテーマをやっている学生がいるように編成します。

例えば、アバンギャルド音楽についてやっている学生たちで一つのグループをつくる。あるいはアジアの伝統音楽をテーマにしている学生たちで一つのグループをつくるというふうにです。そして各グループ内で集中的にディスカッションをします。次に、ゼミが始まる一カ月前に皆にフルペーパーを英語で出してもらいます。

一カ月くらい読む時間をとって、基本的にはほかの16人の学生が書いたペーパーを全部読むのが条件です。そこでまた集中的に同じグループの人のペーパーを読んで、そのペーパーに対して質問をする義務があるんです。自分のグループに入っている人には必ず質問をするということです。二つ三つくらいの質問を考えてもらいます。

それで実際に東京に集まったときに、自己紹介の後に四〜五人のグループでセッションをして、自分が予定している発表についてディスカッションしてもらいます。最終的に皆45分ずつもらって発表し、17人の学生に加えて先生たちも含めて一つずつのペーパーについて、しっかりとディスカッションするというパターンです。

もちろん懇親会などもたくさん計画してあって、一週間やったらもう皆英語をペラペラ話

せるようになります。

■自分が本当に興味をもてることに取り組んで欲しい

中原　将来大学教員になろうとする大学院生にメッセージをお願いします。

ゴチェフスキ　自分が本当に興味があることをやってくださいということです。ほかの人が興味をもってくれるかどうかということも、もちろん考えなければなりませんが、でもやはり自分が本当に興味をもたないと、結局人も興味をもたないと思うのです。

　こういうことをやると雇われるかもしれないという考えで、そっちの方向にいくのはやはり邪道だと思います。もし本当に自分が興味をもてることがなければ、大学の教員になるという希望が間違っているかもしれないわけです。

ヘルマン・ゴチェフスキ
東京大学大学院総合文化研究科教授。フライブルク大学博士課程修了。博士（音楽学）。ベルリン・フンボルト大学で音楽学の教授資格取得。お茶の水女子大学（1996-1997）、ハーバード大学（2001-2002）での留学を経て現職。専門は、音楽学。主な著書は、Die Interpretation als Kunstwerk（芸術作品としての演奏）（単著、Laaber）、『東大駒場連続講義　知の遠近法』（編著、講談社選書メチエ）、"Nineteenth-Century *Gagaku* Songs as a Subject of Musical Analysis: An Early Example of Musical Creativity in Modern Japan" (Nineteenth Century Music Review 10, 2013) 他。URL:http://fusehime.c.u-tokyo.ac.jp/gottschewski/

10.10. 山邉昭則「学習者とともに創る授業」

■駒場で行っているアクティブ・ラーニングの授業

山邉 昭則
東京大学大学院総合
文化研究科・教養学
部附属教養教育高度
化機構特任講師

中原 東京大学 教養学部の山邉先生です。まず先生のご専門の領域についてお伺いします。

山邉 最近は教育学をベースの一つとして研究を進めています。もともとは科学を研究していましたが、科学の歴史というのはいってみれば人類の知の歴史で、大学や教育の歴史とも多く重なる面があります。また、自分自身が教育を実践していくなかで、関心が大いに深まってきた面もありました。現在は「リベラルアーツ」をキーワードに据えて、そこから見えてくる新しい学びや教育のあり方の研究を進めています。

中原 普段は駒場の教養学部で教えていらっしゃいますね。どんな授業を担当されているのですか。

山邉 大きく二つありますが、一つがアカデミックスキルズの習得を支援する初年次教育です。もう一つが、学期ごとに様々なテーマを設定してアクティブ・ラーニングの形式で取り組む授業です。

後者でいえば、例えば先学期は、国際問題をテーマとしてチームで課題解決に取り組む授業を実施しました。他にも、学問をわかりやすく正しく社会と共有するサイエンス・コミュニケーションや、今学期は、最近の社会状況をふまえて、研究倫理をアクティブ・ラーニングで学ぶ授業に取り組みました。

中原 国際問題や研究倫理などのテーマがあって、その学ぶ手法をアクティブ・ラーニングやインタラクティブに学ぶというふうに認識していいですか。

山邉 そうですね。もう少し具体的にいいますと、国際問題や研究倫理のテーマについては、Problem-Based Learning の手法を使っています。サイエンス・コミュニケーションでは、Project-Based Learning の手法で行うことが多いです。

中原 Problem-Based Learning と Project-Based Learning はどちらも略すと PBL ですが、どういう違いがあるのですか。

山邉 Problem-Based Learning は基本的に課題解決をゴールとするものです。学習者がグループに分かれてアイデアを寄せあい、PBL の省察的で循環的なプロセスを通じて解決方法を見いだしていきます。Project-Based Learning は、そういった要素も含まれますが、ゴールはある種の創造性といって良いかもしれません。プロジェクト達成へ向けて、多角的に情報を精査して、時には、街を探索したり、いろんな職種の人の話を聴いたり、それを教室にもち帰って議論して、吟味して、企画立案やそれを具現化した作品などをつくって学びを深めていきます。教室内で完結させずに、その先に、例えば社会の皆さんに、大学祭やオープンキャンパスの学術企画のような機会にプレゼンをしたり、交流をはかったりということも行います。今の時代、学問と社会の双方向性的な理解は大事だと思います。

■授業で重視していること

中原　先生は、学生がそういうふうに議論しているときには何をなさっているのですか。

山邉　ケースによって少し異なりますが、基本的には状況をよく観察して、議論が滞っている班に控えめに介入したり助言したりして、ファシリテートします。あとはTAさんと次の動きや着地点をオンゴーイングで決めたりしています。PBLでは学習者への介入を二割以下に抑えることが望ましいというエビデンスもみられますので、学生を信頼して、教師として適切に介入すべきところは介入して、という感じです。

中原　先生が欲しい意見や、こっちの方に進めばいいのではと思うところを念頭におきつつも、学生からそれが自発的に出てくるのを待つという面があるわけですね。また、学生の議論が非常にあちこちにぶっ飛んでいくのを、この辺までは許容しなければならないという面もあります。その辺は、かなり難しそうですが。

山邉　確かにその辺りはある程度、教師のセンスに左右される面があるかもしれません。ただ、センスだけに帰着させないようにとも考えています。テクニカルなことでいえば、例えば、学期の最初に大きな枠組みを示して、その枠組みのなかであれば、どういったトピックを設定しても、自由に発想しても大丈夫ということで、はみ出してはいけない大きな枠とその枠内での高い自由度という二重の構造を意識的に設けています。そうするとカオスにならなかったりします。

　あとは、週ごとに冒頭の時間を使って、各班の前回までの取り組みを共有して、方向性を確認し、学生と教員が授業を共創している前向きな雰囲気をつくるようにしています。

■意識しているのは学習者中心の教育とダイバーシティ

中原　僕は研究柄、社会人やビジネスパーソン、大学院生を教えるのは得意ですが、学部生は苦手なのです。なぜ苦手かというと、学生がどの辺までわからないのかが僕自身にわからないという問題があったり、何に興味関心をもってくれるのかがわからないという問題もあったりするからです。先生に、もし学部生に教える場合に、どういうコツがあるのか、どういう心構えがあるのかをお伺いしたいのですが。

山邉　そうですね。大きく二つあるかもしれません。一つは、学習者中心の教育を意識するようにしています。それは決して教師が学生におもねるのではなく、学習者を信頼して、そのことを伝えて、学習者が自らの学びに対して責任をもつという意識の醸成につなげることも含みます。また、そのためには私たち教員は最大限、君たちをサポートするということもきちんと伝えます。その辺りがまず一つです。

　もう一つは、限られた範囲ではありますが、ダイバーシティです。学部生は必ずしも専門性が固まっていません。特に東大では、文科Ⅰ、Ⅱ、Ⅲ、理科Ⅰ、Ⅱ、Ⅲという科類に分かれています。幸い私のゼミは多くの履修希望をいただいてきたため、選抜を行うときに学習者の了解のうえで、科類と学年と性差をバランス良く配分した学習環境をつくっています。そうすると、学生たちは自分と異なる、普段の授業では一緒にならない知的志向の学生たちと出会って、同じ場で学びあうことで新しい自分を発見することができる。そういう良い反

応が生まれることが多くあります。

中原　ダイバーシティが高いということは、バラバラになる可能性もあると思うのですが。

山邉　おそらく学習者の内面的には、ある種のコンフリクトがあると思います。受け入れ難い価値観と出会ったりもします。ただ、そういったコンフリクトも含めて学びであるということを、きちんと明示的に学習者に伝えることで、皆がそのプラットフォームに乗ったうえで学び成長していくという状況をつくり出すようにしています。

　もう一つ、ダイバーシティについて考え始めたのは実は最近ではなく、十年ほど前からその必要性を考えてきました。参考になるかどうかわかりませんが、英国発祥の医療者教育で、インタープロフェッショナル・エデュケーションというのがあります。従来の医療者教育は、医学科があって、看護があって、薬学があって、栄養があって、リハビリテーションがあって、ということで、およそ縦割りで行われてきました。ところが、臨床の現場ではチーム医療や集学的医療が重要とされています。その一方で縦割りで専門を修めてきた学生たちは実際の臨床現場でようやく他の職種とご対面という、いくらか由々しき事態が少なからず生じていたわけです。しかし、もうそのときには既に、目の前には患者さんという大事な存在がいらっしゃいますね。ある種の手遅れ感のようなものがあります。そこでとられた方略が、それぞれの学科の学生が学びの初期段階から同じテーブルを囲んで、症例に対して各専門からの見解を表明しあい、そこで認識や方針の違い、あるいは共通点を発見したりして、それこそPBLなのですが、それを通じて協働能力を高める教育を行おうというものでした。

　それは私たちが今いる東大という総合大学でもあてはまりそうな概念だなと前から思っていました。環境問題でも国際問題でも、一つの専門からのアプローチだけではほぼ解決不可能です。だから学生の段階で、自分と志向や思考が異なる人たちと協働し、問題解決にあたるというレディネスを高めるため、多様性の大切さは意識しています。

中原　葛藤も生まれるかもしれないけれど、それを抱きながらやっていく必要があるということですね。

■教育者も学習者によって成長させてもらっている

中原　これから教壇に立とうとする若い方々に何かエールをいただけますか。

山邉　私も教師としての経験は必ずしも厚くないのですが、見方を変えると皆さんと同じような気持ちをまだ共有している一人ではないかと思います。これまで、ひとえに学生の皆さんの熱心な気持ちもあって、肯定的授業評価をいただいてきました。ですが、教育を行っていくうえでは、誰しも必ずつまずきが、教育者として、あるのです。皆さんにも、きっとあると思います。そうしたときには、自分自身が学習者中心の教育を、果たしてできているのかということを自らに問うことで、つまずきの理由が明らかになったり、発展的に解決すべき課題が明らかになったりすることは意外と多いのです。

先ほど医療の話をしましたが、例えば、良きお医者さんがどういうものかということを考えてみると、きちんとエビデンスに基づきつつも、目の前にいる患者さんの様々な文脈を読みとって、その患者さんにはどういったアプローチが最善であるのかを常に考えているお医者さんこそが名医だと思います。

　教育にも似たようなところがあって、教育者も自分が良かれと思うことを学習者に押しつけるのではなくて、目の前の学生諸君、あるいはクラスが、それぞれの文脈でどういった学びを必要としているかを丁寧に読みとって、そこを支援していくという意味でのプロフェッショナリズムを発揮するといいのではないかというのがまず一つです。

　もう一つは、教育者も学習者によって常に成長させていただいているという意識でいると、それはやはり「態度」として出るので、結果として、学習者と教育者の良き関係が築けたり、良き教育をともに創り上げる雰囲気が生まれてくるのではないかと思います。

　もし皆さんが、これからご自身なりに課題を感じられたら、様々な解決策の一つとして、今、申し上げたようなことを意識していただければ、とてもありがたく思います。

山邉　昭則

東京大学大学院総合文化研究科・教養学部附属教養教育高度化機構・特任講師。自治医科大学医学部准教授。国際基督教大学大学院比較文化研究科博士後期課程修了。博士(学術)。専門は、歴史学、教育学、科学技術社会論。実践としてリベラルアーツ教育、初年次教育、科学コミュニケーション教育等。科学技術と一般社会との橋渡しを担う人材の養成を目的とした東京大学の全学共通プログラム、「科学技術インタープリター養成プログラム」の講師。近著に、『アクティブラーニングのデザイン ─ 東京大学の新しい教養教育』東京大学出版会、2016年（共著）。『医と知の航海』西村書店、2016年（共著）。『あらゆる学問は保育につながる ─ 発達保育実践政策学の挑戦』東京大学出版会、2016年（共著）。翻訳書に、『ビッグクエスチョンズ　倫理』ディスカヴァー・トゥエンティワン、2015年。『ビッグクエスチョンズ　哲学』ディスカヴァー・トゥエンティワン、2015年、など。

10.11. 入江直樹「まだわかっていないことをテーマに生物学を考える」

■人間が仮面ライダーのような姿に進化する可能性はどのくらい

入江 直樹
東京大学大学院理学系研究科准教授

中原　東京大学大学院理学系研究科の入江先生です。先生のご専門は、理学系研究科からもう少しブレークダウンするとどうなりますか。

入江　理学の生物学です。動物の進化の過程と、人間はどうしてこんな形をしているのかを含めて、どういうふうに体がつくられていくのかを研究しています。

中原　先生は今、東大ではどんな授業を担当されていますか。

入江　分担しているものを含めると十コマを超えますが、分担しているものを除くと、進化発生学や科学英語を担当しています。

中原　進化発生学は先生のご専門に一番近い科目だと思うんですが、何人ぐらいの学生が受講していますか。

入江　理学研究科の学部生ばかりで、三年生なのですが、今年は十九人です。

中原　どんな授業をなさっているのですか。

入江　授業では「現在の最先端の研究でもここがわかっていないんですよ」ということが伝わるようにと心がけています。全部わかってしまっていることを話しても面白くないじゃないですか。だから、人間がこの先、バッタの頭をもつ仮面ライダーのような姿に進化する可能性はどのくらいあるのでしょうか、といった問いを学生に投げかけています。素朴な質問ですが答えられませんよね。だから、そういう問いに答えようとしたら何が必要か、ということを考えるというような授業です。

中原　そうすると、学生たちは今までの研究で既にわかっているところはどういうふうに学ぶのですか。それは家で文献を読んでおくということでしょうか。

入江　「教科書のこの部分だけは家で勉強しておいてください」といって、授業では毎回小テストをして、知識確認は一応しています。

　それをできるだけまとめられるように、クエスチョンベースで小さな項目を授業内で組んでいくという感じです。テストを見ると、家で読んでくる学生はもうびっちりと読んできていますね。

　読んでいない学生はテストの結果を見るとすぐにわかってしまうので、そんなときに「ちょっとランクがだいぶ下だからやばいぞ」とか「この前の点数は、ちょっとやばかったで」と言って頑張らせたりしています。

中原　そのクエスチョンについて皆で議論するのだと思いますが、議論は盛り上がりますか。

入江　そこが、今、ちょっと難しいなと思っているところです。普段は大学院生と接しているので、学部生に対してもそのレベルで考えて話してしまうんですよね。そうするとたまにかみあわないときがあって、改善の余地ありといつも思っています。

■教えるために俯瞰することは研究にも役立つ

中原 私も駒場で教えたり、学部生と話さなければならないときに、どこまでを前提にして良くて、どこからを問いにしていいかがわからないことがよくあります。

入江 そう、わからないですよね。それで小テストも課していますが、こっちも勉強をさせてもらっている感じがあります。

中原 先生は、以前は理化学研究所にいらっしゃって、東大にこられてから一年くらいですが、どんな一年でしたか。

入江 ものすごく忙しいというのはありましたが、でも中身が充実していて自分の研究にもすごくプラスでしたね。

中原 一般的に研究大学にいると、やはり研究が大事で、教育はどちらかというと負担だと思う人もゼロじゃないなと思うのですが。先生にとって、あるいは自らの研究にとって、教育とはどのようなものですか。

入江 自分の研究のプラスになるものです。理化学研究所にいたときには、自分の知識を削りながら研究しているような感じでした。時間はかなり自由に使えて、どんどん自分で研究を進められますが、俯瞰するということがあまりありませんでした。

　ところが、専門知識をもっていない学部生に教えるとなると、様々な知識をベースから押さえておかないと話ができません。また「俯瞰したり大きく見たりすると、ここが謎ですよ」という話は、自分のなかで整理できていないと、なかなか授業でできないと思います。そういう授業をしていると、自分が専門分野の細かいところだけにはまりかかっていたのを、いったん少し引き上げてもらえる感じがあります。

　だから、それが大学の魅力というか、教育をしながらそれを研究に役立てられるというか、自分の研究の足しになるものですね。

中原 確かに研究って本当にすごく細分化されているから、小さいところで皆勝負しますよね。そういう意味でいうと、教えるためにはもうちょっと上に、メタに上がらなきゃならないというか、俯瞰しなければならないですものね。

入江 そうなのです。東大にきて教えるようになってから、やはり研究も素朴な疑問の方が面白いなと余計に思うようになってきました。

　例えば「イカはどれぐらいの時間が経ったら陸地に上がって歩き回るようになるの」などという疑問です。あるいは「そんな可能性はあるの？」とか「ないの？」とか、非科学に近いような問いですけどね。実はイカは無脊椎動物のなかでもかなり賢い方の動物なのです。

　ほとんど非科学の疑問に最初は聞こえますが、例えば物理学だったら50億年後の宇宙の姿について平気で議論をするわけでしょう。そういう予測性をもつ科学というのもあるわけです。じゃあ振り返ってみて、自分の生物学という分野は何が足りないかと考えると、確かに進化生物学ではそういう予測性の話ができていないなと気づく。そうした俯瞰の作業になるわけです。

中原 「イカはいつになったら歩き始めるのか」的な問いは、意外に学部生の方が得意なのではないですか。

入江 確かに学部生の方が、発想が自由でいろいろと話せますね。自分は専門知識や専門家の作

法にはまってしまっているという面がありますから。

　なぜこの質問、疑問に答えられないのか。あるいは、「何がわかればこれが解けるんですか」という質問に答えられないのか。

　例えば、万能細胞というのがありますが、あれは見つかってからかなり時間が経っています。にも関わらず、「なぜ試験管のなかで心臓のような三次元の臓器をつくるのがそんなに難しいんですか」「何がわかればいいんですか」と尋ねられると、それに答えるのが難しいのです。自分のなかで知識が整理されてないとすぐにはわからない。それはグサッときますよ。

中原　素朴な問いですが、鋭い問いなのでしょうね。確かにそういうのは学部生の方が得意かもしれないですね。

入江　「賢い人がいっぱい集まって研究しているはずなのに、何でできないの」とか、「何がわからないの」といわれると、「そうか、自分の研究では何でこれに答えられないんだろう」と考えてしまいます。

■どのレベルに焦点を当てて授業をすべきか

中原　東大に移ってこられて、最初は授業するのが大変ではなかったですか。本当にゼロからやっていかなきゃならないわけですから。

入江　何に苦労したかというと、やはり授業を受ける学部生の知識がどれぐらいあるのかをつかみ切れなかったことです。今もちょっと四苦八苦しています。試行錯誤していますが、そこがかなり難しいところですね。

中原　どのぐらい詰め込んだら90分になるかとか、授業の組み立てのようなことはどうですか。先生は90分間しゃべくりまくるというような授業はされていないと思いますが。

入江　そこもなかなかわからないですよ。たまに「何々の特別授業をしてください」と頼まれて他大学へいったりすることは、前々から少しずつはありましたが、もっと長期に半年とか一年をかけて90分をシリーズとしていくつも組んで、生物学の全体を教えるにはどうしたらいいかとなると、迷いますね。

中原　2013年に私も駒場にいって、一、二年生向けの授業をしました。そうすると院生で扱う一講義分を三分の一ぐらいにして細かくかみ砕いてやらないと伝わらないのです。それで、どのぐらいの分量をもっていけばいいのかがわからなかったりしました。

入江　多過ぎたり、反対に議論を簡単にかみ砕き過ぎると、今度は「中身がないと思います」といわれたりします。

　ただ、そういうのをもらえた方が、「ああそうか、これは歯応えがないと感じるのか」とフィードバックにはなりますね。

中原　結構フィードバックがきつい学生もいますしね。

入江　真面目にきついことをいう学生って、成績上位者ばっかりだったりして、それに応えようとすると、いつの間にか成績が下の方の学生を放ったらかしに

してしまって、全体のこと考えてなかったとか、マニア向けの授業になっていたとか、ということがあったりしました。

■教育 DUTY の発想を越えよう

中原 だから、そういう場合はどこにレベルをあわせていいかまた悩むわけですよね。ところで、近い将来に大学の教壇に立とうする人たちに、先生からメッセージをいただけますか。

入江 これは自分の尊敬する先生、研究者の方がいっていたことなのですが、大学の先生は確かに忙しいんですけれど、「忙しい、忙しい」、「教育の Duty、Duty」といい過ぎではないかと思います。

やはり教育から得られている面白い部分や、研究に役立っている部分がたくさんあるわけです。だから、教育ってやってみたらすごく楽しいし、そんなに重いものでもないし。

もっとも、楽しかったというのは、まだ教え始めて一年目、二年目のメッセージですけどね。でも、自分としてはこのままでいきたいと思っています。

僕にそういってくれた先生はかなり年上の先生ですが、ずっとそういう感じでこられていて「楽しいよ」と。Duty 自慢のようなことばかりをしていても、しょうがないでしょうと。

その先生は、自分の学派というか「こういう考え方ができるやつを育てたい」とおっしゃって、そこの大学の出身者はやたらその分野に強いわけです。そういう学問分野を育てることにもなると、教育はそういうやりがいがあることなのだとその先生はおっしゃっていました。

私もそう思って教育に向きあっています。

入江 直樹

東京大学大学院理学系研究科・准教授。京都大学大学院医学研究科博士後期課程修了。博士（医学）。京都大学 医学（系）研究科（研究院）研究員、独立行政法人理化学研究所研究員を経て現職。専門は、動物発生と進化。主な執筆記事に、「進化と発生の関係性定式化にみる生物のやわらかさ」（物理科学月刊誌『パリティ』2013 年 1 月号 特集「物理科学、この 1 年」、pp. 66-68）、「脊椎動物ファイロタイプとボディプラン進化」（共著、『遺伝』2013 年 3 月号、vol. 67, no. 2, pp. 178-182）、Nature Genetics, 45(6), pp. 701-706, (2013), Nature Communications, 2: 248, (2011) ほか。

10.12. 加藤雅則「社会人向けワークショップでのアクションラーニング」

■「場づくり」が重要な企業内ワークショップ

加藤 雅則
株式会社アクション・
デザイン代表

中原　今回は大学教育から離れ、企業、社会教育施設、生涯教育施設、という大人の学びの空間での教育や学習の問題を扱います。加藤さんは、今、どんなお仕事をされていますか。

加藤　主に企業のなかの課長、部長などの役職別に人を集めて、ワークショップという形で学んだことをどう自分のものにしていくか、ということをやっています。

中原　それは企業のなかの人材育成や人材開発という領域になると思いますが、一斉講義型ですか。

加藤　コンプライアンスといわれる法令順守などをテーマとするときは、一斉講義のようなやり方もありますが、最近の大きな流れは、日頃集まれない人が同じ立場で集まって話をし、そこで学んだことを何かしらアウトプットしていくという、トレーニングのスタイルが多いという気がします。僕らはアクションラーニングと呼んでいます。

中原　グループでのアウトプットということは、実践をするということですか。

加藤　そうです。実際に自分で学んだことをやってみて、その結果をもち寄り、発展として、もう一回話しあう。PDCAのサイクルで繰り返しやることが多いです。アクションとラーニングがくっつくから、アクションラーニングという言葉を使います。

中原　そのときに、加藤さんは何をなさっていますか。

加藤　僕の役割はファシリテーター、ないしはグループコーチという役割です。まずは皆で話しあって頭のなかを整理するというのが一つあります。加えて、どうしても組織のなかにいると理不尽な出来事がいっぱいあるので、その気持ちの整理もするということが一つ。これら二つがまず大きな要素になります。

　いろんな人たちが集まってグループで話しあうと、拡散し過ぎることもあります。でも敢えて広げます。そのなかで「他の人はこう感じているが、自分はどうだ？」と、自分のことを客観視するようにもっていき、そのときは整理役のようなことを担います。

　ファシリテーターという役割で一番大きいのは、「場づくり」だと思います。そこで対話のためのルールを設定します。特に、企業の場合はタブーがいっぱいあるので、どこまで踏み込んで話していいのかという、その場の設定です。それから、どういうことを話しあうのかという点、どちらも大事なところです。

　とはいっても、最初からうまくテイクオフできるところもあれば、場によってはドン引きというか、皆が引いてしまう場合も当然あります。いかに最初に、皆が「ちょっと話してみよう」と感じられる場づくりをしていけるかが、僕らプロの勝負所です。だから最初の一時間が決定的に重要です。

　これを僕は年に、200日ぐらいやりますが、本当に毎回ビビリます。吐きそうになるときもあります。参加者は別に学びたくてきているわけでもないし、「私は忙しいんだよ」と

途中でメールを打つ人や内職をするつもりできている人もいますし。それから、腕組みをして、「やってごらん」という傍観者の姿勢の人もいます。そういう人をいかにより早く、「お、これは面白い」、「ちょっとやってみよう」という気持ちにもっていけるか。そこは自分の全経験をかけて勝負をするところですが、それが最初の一時間です。

中原　そういう人にいかに、近づいてもらうかというのは、すごい課題だという気がします。

加藤　面白さに気づかせるというか、触れさせるためには入口に立たせないと始まらない。細分化されて高速回転で仕事をしている日常から、急にポンと引き離して、「さぁ研修だ」といわれても、いったいどんなテンションでやっていいのか、戸惑うと思います。そのような困惑は、部長や役員など、上の人になってくればくるほど、その感じがあります。

中原　対話や議論をしているなかで発言を促しても、うんともすんともいわない人もいるのではありませんか。

加藤　います。だから、そういう人に無理にいわせようとしてもしょうがないのですが、たぶんその人が考えているであろうことを、代わりに僕がちょっと言語化するのは、結構大事だと思っています。

例えば、「今日もこんなに忙しいのに、何のためにここに私たちは集まっているのかって、つい思っちゃいますよね」って、思わず頭のなかで吹き出しが出ているような気持ちを言語化すると、皆ニヤっとしますね。

「わかってるじゃん、お前」、のような感じでしょうか。そういう「お前も私たちの気持ちを一応わかってくれているんだな」となると、少し留飲が下がるというか、ガードが下がって、少し前向きになってくれる感じがします。参加者の気持ちを想像することはすごく大事です。僕は、その場の声をちょっと増幅するという感覚ですね。

■コンサルタントではないから参加者にオーナーシップをもたせたい

中原　そこに、コツはあるのですか。

加藤　例えば、どんな組織にもタブーというかいっちゃいけないことがありますよね。その部分に踏み込むのは、結構、得意で仕掛けます。例えば「おたくの商品ってダサいといわれていますが、それってどうなんでしょう？」のような内容です。当然、皆が「えっ、そんなことまでもいうの？」といった反応が出るような切り込みです。そこに反応があれば、いい反応でもネガティブな反応でも場は進行させられます。反応がないのが一番困ります。どちらでもいいから、反応さえあれば何とかなると信じてやっています。

中原　議論が拡散して、「何が問題だっけ？」という状態、着地やゴールが見えないような状況は起きませんか。

加藤　収拾がつかなくなるときも当然あります。特に拡散系でやる場合は、いろんな話が出てくるのはいいんですが、「で、結局どうするの？」と参加者の頭のなかに「？」が出るときがあります。

そのときに、僕の感度が良くて、既に何かが見えているときは、「皆さん本当はこうしたいんじゃないですか？」とスパンといえます。でも感度が悪いときは、会場の皆さんに相談します。「皆さんはどうしたいですか？」と。そうすると、それなりに皆経験がある年齢の

社会人だから、「こうしていきましょう」などの反応が出ます。私が一方的に良いことをいわなきゃいけないという呪縛から離れると、意外と面白い声が参加者のなかから出てくるような気がします。

僕は、参加者に自分たちでこれからやることを決めさせたいのです。それはたぶん、僕が当事者ではないからです。僕の立場はあくまでも外部の人間でファシリテーター、支援者で、実践するのは彼らなので、彼らの手に戻したいのです。オーナーシップをもつということですね。「自分ごと」にしていくというプロセスが、本当に大事だと思います。

また、そこで僕が参加者を待てるかどうかです。なぜなら、ついこっちに誘導したくなるときも当然あるので。でも、それだったら、コンサルタントになってしまいます。僕はコンサルタントじゃなくて、ファシリテーターであり、コーチですから。

中原　でもそういうときに、参加者に加藤さんの気持ちが見えてしまいませんか。

加藤　はい。ときには相手に読まれます。そのときは「皆さん、読んでいるんでしょう、私の気持ちを」、といい返しています。そしてもう一回そこから立て直して、リスタートします。でもなるべく読まれないように努力します。なぜなら、皆ある程度組織のなかでの熟練者ですから賢い。オチを見つけたらそこに向かって、予定調和的に最後は集まってしまうんですよ。でもそこはなるべく蹴散らしたい。僕はたまに「僕の研修はオチがないから、どこに行きたいかは皆さん次第です」といいます。

中原　そういう対話や議論の場で、相互作用をハンドリングしたり、ファシリテートしたりしていくのは、高度な技術ですね。

加藤　怖いものはあります。場からつくるということは即興力に近いものがありますし。その力をつけるには、よくいわれていますが、場数を踏むことの経験が当然必要だと思います。また、場を読むというのもあると思いますが、そこに対しては、僕の身体感覚としては、十二年前からやっている合気道が参考になっています。合気道の「相手の力を使って投げる」という感覚に近いのですが、受講者から発せられたものを素材として使って展開していく方向になるべくもっていきたいと思っています。

合気道は、相手と一体化して展開していくとでもいうか、自分と相手の区別をなくすようなところがあり、それが結果的に相手の力を使って、相手を投げるということになります。そこで、仕事としては、場と自分の一体化、あるいは場の一部として自分を使えるようになると、その場を動かせるという気がします。コントロールしたい気持ちを手放せる気がします。

僕の場合、せっかちなせいで、つい参加者が考えていることを追い越してしまいがちです。具体的には、先のことをいってしまう。「こうでしょ」と答えをいいたくなります。だけど、それをなるべくいわないで待つ。参加者が自分で起き上がって、立ち上がってくるところまでをちゃんと待つ。それが、僕にとってはトレーニングが必要だった分野でした。

■人の可能性を信じることは、企業の組織観、経営観に反映される

中原　企業や社会教育施設などで人を伸ばすことに携わっている方に一言アドバイスを、お願いします。

加藤　ちょっと精神論になってしまいますが、人の可能性を信じるということです。人の可能性を信じて関わるかどうかが、全てににじみ出ると思います。これ、僕の仕事的には、組織の可能性を信じるという話と同じになりますが。

　人が伸びるということを信じる人間観が組織観や経営観にもなっていきます。企業の場合はそういう信じる気持ちのようなものが社風のように出てくると思います。

　人を育てる会社とそうではない会社は、露骨なほど違いとなって表れていると思います。

加藤　雅則

株式会社アクション・デザイン代表。http://actiondesign.jp 慶應義塾大学経済学部卒業後、日本興業銀行に入行。カリフォルニア大学バークレー校経営学修士を取得（MBA）。2000 年、プロ・コーチ養成機関 CTI ジャパンの設立に参画。2001 年、株式会社アクション・デザインを設立し、プロ・コーチ養成の手法をベースとした組織開発支援を開始。組織で働く個人が直面する正念場において、「自分を立てなおす」機会を提供している。専門は、対話の場づくりと組織デザイン。主な著書に、『コーチング・バイブル（第 1 版）』（共訳、東洋経済新報社）、『自分を立てなおす対話』（日本経済新聞出版社）、『「自分ごと」だと人は育つ』（博報堂大学編、日本経済新聞出版社）ほか。

10.13. 山内祐平「MOOC、反転授業、対面授業」

■オンラインを使えば、教育の国境がなくなる

山内 祐平
東京大学大学院情報
学環教授

中原　山内先生は、高度に情報技術が発達した場所での学習という問題をご研究されているのですね。
　　　まず伺いたいのですが、こういうMOOCに代表される学習のデジタルメディアは、いつ頃から発展してきたのでしょうか。

山内　gaccoが始まったのは2014年4月ですが、さかのぼること二年半、2011年の秋にスタンフォード大学の教授たちが、「自分たちの授業をネットで公開したらどうなるだろうか」という実験をしました。
　　　公開した授業の一つが、スタンフォード大学の人工知能のコースでしたが、世界中から16万人もが集まり、成績上位400位以内にスタンフォードの学生が一人も入りませんでした。
　　　その400人というのは、スタンフォード大学の学生よりもよくできる人たちで、世界中からオンラインでどっと集まってきたのです。つまりそれは、「教育は、オンラインを使えば国境を越える」ということがわかった、ということでした。そこで2012年の春ぐらいに、大手であるCourseraやUdacityが、MOOCサービスを一気に立ち上げました。本当につい最近のことです。

中原　それは教授たちがつくったのですか。

山内　はい。スタンフォード大学の教授たちは、終身雇用ポストも投げうってつくりました。彼らを動かしたのは、「大学レベルの教育を、これほど世界中の人たちが求めているのだ」という使命感ですね。
　　　大学というのは、もちろん大学に通う人たちのものでもありますが、やはり社会のなかに位置づいていて、社会で求める人がいれば、「ここ（大学）でもってる知」を、皆で分かちあおうというものです。これがMOOCの根本にある考え方だと思います。

中原　そうなんですか。それ以前からも、「ネットで授業を出しましょう」という動きがありましたが、それとMOOCとの違いは何ですか。

山内　2000年代初頭にMITがオープン・コースウェアを始めました。授業映像やシラバスやテストなどをネット上に公開することを10年以上やっています。日本でも東京大学も含め、多くの大学が似たことをやっていますが、あくまでも、授業資料の公開で、授業そのものをオープンにしていたわけではありませんでした。
　　　MOOCは、実際に掲示板でディスカッションしたり、テストで評価をしたり、最後に試験に合格したら修了証も出るということで、授業に近い形の教育サービスがオンラインで無料で公開されたというところに、大きなインパクトがあります。

中原　資料の公開に過ぎないものと、教育サービスの提供という違いですね。それに修了証は大きいかもしれないですね。

山内　面白い話があります。さっきのMOOCをスタンフォードの教員がベンチャー事業とし

て立ち上げるときに、スタンフォード大学はむしろ反対していました。たぶん学習者に対して、修了証を出すのは、大学の仕事だと思っていて、教員個人や企業が出すものではないと考えていたのでしょう。

■オンライン活用で対面授業は高次な能力育成の場にシフト

中原　面白いですね。ところで、「反転授業」という言葉が世の中に登場しましたが、どういう経緯で出てきた言葉ですか。

山内　「反転授業」というのは、Flipped Classroom と Flip Teaching の訳ですが、今までの普通の授業の流れは次のようなものでした。先生が教室の前に立って、基本的な知識を黒板に書いて説明し、学習者はノートを一生懸命にとります。授業中に基本的な知識を習得したうえで、応用的な問題演習のステップは宿題でやる。ところが2000年代中盤から、スマートフォンやタブレットが出てきたこともあり、ネットで学ぶことが一気に広まりました。そして誰でも、講義相当部分は、e ラーニングで予習の形で学べるようになりました。そうすると、今まで教室でかなりの時間をとっていた、基本的な知識を習得する部分は、「自宅で、オンラインで予習してきてください」ということが可能になります。今まで、難しい応用問題を一人で宿題でやっていましたが、応用問題こそ、本当はお互いに助けあったり、先生がヘルプに入ったりする方が、より良く学べるはずなので、こっち側を教室にもってこようとしました。つまり、これまでの教室の役割と自宅の役割がひっくり返るので、「反転授業」といわれるようになりました。

中原　なるほど。知識の習得など自分一人でできることは、自宅でやると。そして、空いた時間にもう少し付加価値の高い、難しい問題やインタラクティブなことをやれるということになるわけですね。

山内　基本的には、より応用的な課題を、まさにインタラクティブ・ティーチングでやるということになります。

中原　わかりました。そうなると大学の役割は今後、どういうふうになっていくのかというのが、大学人としては気になるところですが、それはどうですか。

山内　組み合わせ方はいろいろあると思いますが、今後オンラインの学習がどんどん広がっていくと、オンラインでできることはオンラインでやり、対面の特性が一番活きることを対面でやるという、ハイブリッドサービスになっていくと思います。

　実際対面授業はかなりコストが掛かるものです。キャンパスを維持し、人員を用意してこそ、皆が集まってくるわけですから。対面授業でないとできない、密度が高い内容、例えば「物事を深く学ぶこと」、「新しい付加価値を与えるようなこと」、「創造力を育てること」などですね。このような、今、社会で求められている高次な能力育成に、対面授業がシフトしていく。これをやろうとしたら、知識も必ず必要なので、知識習得は欠かせません。その部分はオンラインでやることになり、次第にサービスが融合されていくと思います。

■カリキュラム選択がフレキシブルになると、問われるアウトカム評価

中原 様々な知識でレベルはあると思いますが、東大のような総合研究大学はどのような形式になっていくのでしょうか。大学は探究や研究が中心になっていくのでしょうか。

山内 そうだと思います。ただ、「探究・研究」というとき、これまでは比較的、専門ごとに完全にコースがはっきりと決まっていたと思いますが、今後はもう少し自由度が生じ、例えば、別のオンラインプログラムでも別の体験プログラムでも、ある程度の単位を取得できるなど、カリキュラムが徐々にフレキシブルになり、最終的には四年間かけて、目標とする人を育てられるかどうかという点が、一番問われるようになると思います。「何を教えたか」ということよりも、「どういう人が育っているのか」ということが問われます。

いわゆる達成度、アウトカム評価といわれるものです。そこが重視されるようになると思います。

中原 結局、どういう人材が育ったのかが、最後に問われる時代、ということですね。厳しい時代だ。

■大学教員に必要となる二つの専門性

中原 そのとき、大学教員の役割はどのように変化していくのでしょう。

山内 大学教員の重要な側面として、専門性をもっていることがあります。実際に今この講座を受講されている方も、様々な専門性をもっていらっしゃると思いますが、それは絶対今後も大事にしていく必要があります。また、今までは専門性をきちんと説明できれば、それ自体がティーチングになりましたが、今後はそこがインタラクティブ・ティーチングになります。

つまり、まず自分の専門性、そして次にインタラクティブに学習支援ができる、というもう一つの専門性です。必要な専門性が二重になることが、今後、大学教員だけでなく教員全般に非常に重要になってくるという気がします。

中原 教員は、まず自分の屋台骨があり、次にそこに興味をもつ学習者や学生に、いろいろなやりとりをさせて、彼らに変化を起こさせる。そして「結局、こういう人材が育った」といえるようになる、ということですね。口で言うのは簡単ですけど、結構、タフですよね。

山内 そうですね。インタラクティブ・ティーチングに関していえば、今でも小学校の先生に問われているものだと思いますが、これからは大学の教員にも、同様にこの能力が求められるようになってくるでしょう。

中原 わかりました。では最後に、これを見ていらっしゃる多様な方に、山内さんの専門性の視点からの、メッセージをいただけるとうれしいです。

山内 学習者に対し、ちゃんとインタラクティブに支援をして、アウトカムも保証するときに、私が一番大事だと思うのは、学習者をしっかり見ていることだと思っています。学習者が今、どういう状況にあって、そこにどういう手だてを打てば、どう変わるか

ということを、きちんと見て、判断して、しっかりと関わる。しかもそれが短期的なことだけじゃなくて、長期的に、三年間なり四年間を見続け、積み上げていくことが大事だと思います。でも、実はこれってね、結構、楽しいものなのです。

　つまり、これは何かを育てるプロセスそのものなので、変化していくことがその場で見えてきます。だからインタラクティブ・ティーチングは楽しいものなんですよ。

　ですから、こんな大変なことをやらなきゃいけないのかとうんざりするのではなく、インタラクティブ・ティーチングを楽しんでもらうことが、大事かなと思っています。楽しめば苦にもならないし。逆にいうと、こうやって講座を見てくださる方も、ぜひやっていただいて、その楽しさをわかっていただければうれしいです。

中原　　そうですね、インタラクティブに教えるためには、学生や学習者の変化を見ながら、次の手を打っていく。そこに楽しさみたいなものを見いだせるといいですね。短い時間でしたけれども、どうもありがとうございました。

　　山内　祐平

　　東京大学大学院情報学環教授。大阪大学大学院人間科学研究科博士後期課程中退、博士（人間科学）。大阪大学助手、茨城大学助教授を経て、2001年より現職。研究テーマは「学習環境のデザイン」。MOOCや反転授業などの情報通信技術を利用した学習環境について、実践的なプロジェクトを行いながら研究を進めている。著書に『デジタル教材の教育学』（編著、東京大学出版会）、『学びの空間が大学を変える』（共著、ボイックス）、『デジタル社会のリテラシー』（岩波書店）ほか。

10.14. 浅田孝紀「演劇の要素をとりいれた高校『古典』の授業」

■古典のエッセンスを創作戯曲で表現する

浅田 孝紀
東京学芸大学附属高
等学校教諭

中原 演劇を活用した国語科授業ということで、東京学芸大附属高校での実践についてお聞きします。一年生、二年生を対象にした授業とのことですが、どのような授業ですか。

浅田 一言で申し上げるのは非常に難しいのですが、戯曲を文学作品の一つとして考え、例えば俳句を創作するような形で戯曲を創作することが一つ。もう一つは、演劇的な行為を授業のなかにとりいれて、発表学習の一つの形態としてアクティブに活動していくということです。

中原 授業にアーティストの方々も参加されているそうですね。

浅田 ええ。具体的には様々なことをやっていますが、そのなかの一つが『古今和歌集』などを使う授業です。まず短歌を三つ、クラスのグループ六つに割り当て、その短歌を解釈していく過程があります。一方で、単に解釈や鑑賞だけで終わるのではなく、それを使って新しい文化的な成果物をつくります。具体的には、新たな戯曲をつくり、それを上演するというものです。

『古今和歌集』や『新古今和歌集』の場合でも、あるいはそれ以外の場合でも、和歌集には部立てというものがあります。大雑把に分けると、春夏秋冬といった季節の歌、それから恋の歌、それ以外の別の種類の歌という三種類です。『古今和歌集』などは、それが特にはっきりしていますが、その三種類のなかから、私が選んだいくつかの歌を生徒で抽選します。そうしますと、部立ての違う歌が三首ずつ、各班に割り当てられます。

まずは歌を解釈し、次に台本のなかにとりいれます。具体的にはセリフになったり、ナレーションになったり、あるいは意訳してイメージになったりしても構わないのですが、ともかくその三首を溶け込ませた一つの戯曲をつくったうえで、そのグループで最終的には生徒全員の前で上演するということをやっています。

中原 生徒は何時間かけて戯曲をつくるのですか。

浅田 年によっていろいろあります。基本的には、和歌の解釈まで終わっている段階をスタート地点として創作に向かいますが、戯曲をつくる時間そのものは、まずは授業時間で一時間とります。そのとき各グループに私からアドバイスをしますが、授業後にも各班が放課後等に創作作業をします。また、アーティストの方々が実際に参加する授業もあり、その場合は各班の生徒がまずリーディング発表をします。これは特に演技はせずに、でき上がっている第一次台本を生徒が読み上げるものです。次はそこに対して、各班に一人ずつのアーティストがついて、台本として成立しているかどうか、改善点はどこかなどのアドバイスを受け、ブラッシュアップ作業をします。その後また授業で一時間ぐらい、私一人のときにブラッシュアップ作業の続きをしますので、合計四時間ぐらいで最終形ができ上がります。その次が本番となり、そこにもアーティストが参加します。

中原 なるほど。アーティストの方からは、プロの目線による台本の実現性について指導を受け

ているというイメージでいいですか。
浅田　そうですね。
中原　ところで、なぜアーティストの方々を招くことができたのですか。
浅田　アーティストの方々にきていただけるのは、文部科学省がやっている、「児童生徒のコミュニケーション能力の育成に資する芸術表現体験」という事業に採択されて、予算が下りたからです。また、その事業に私が手を挙げたきっかけは、私自身が高等学校で演劇部の顧問をやっているので、大会の会場を借りたり、ご指導してくださるようなアーティストとの関係がもともとあったりしたということが大きいです。

■旧来のインプット中心の古典の学び方からの脱却

中原　僕は古典はド素人で、とりあえず暗記や、文法を覚えるものという感覚でしたが、お話を伺って授業の印象が変わりました。
　それから、国語の授業というと、何かを読んで理解するイメージでした。だから授業はインプットするものという感じでしたが、先生が「上演によって、理解したことを表現する」つまり、アウトプットするという授業をなさるのは、そこに深い思いがありますか。

浅田　そうですね。特に古典でインプットするというパターンは、昔から訓詁注釈の世界でした。でもその訓詁注釈で終わってはいけないというのは、随分と前からいわれていました。しかし国語教育で、様々に工夫された実践は多いのですが、古典の分野で何かを創作するということはあまりありませんでした。もっぱら、調べてそれを発表するというプレゼンテーションでした。
　でも、それだけでは結局、感性の部分を育てるにはもう一つ足りないのです。それでも、現代文の短歌や俳句の分野などでは、教科書で学んだ後に、今度は自分でつくったりもします。現代詩や小説の分野では朗読などもします。私は、そのようなパフォーマンス的な部分も、立派な発表活動だと思いますので、それが古典でもできるといいなと思っておりました。
　ただ、古典で何かやるといっても、生徒に古文をつくらせるのはなかなか大変なので、古文をアクティブに朗読したり、あるいは古文を使って、現代の作品に転換したものをつくって、それを上演するようなことを生徒にさせたいと思っていました。

中原　僕の高等学校時代はパフォーマンスも演劇も若い頃に触れる機会はなかったのですが、今は少しずつ変わってきていますか。

浅田　そうですね。演劇への触れ方は地方によって状況が違いますが、本校の場合は東京なので、その機会はかなりあります。例えば、一年生の現代文のなかでは、現代劇鑑賞という、外へ出て演劇を見る行事があります。また、三年生は全八クラスありますが、文化祭では、全クラスが必ず演劇をやっています。本校生徒にとって、演劇は遠いものではないようです。

中原　ちょっと考えてみると、私たちの日常生活そのものがパフォーマンスだという部分がありますね。

浅田　はい。そこは実は、私も生徒にもいっております。「君たちのなかで普段何にも演じていない人はいないよね」と。学校では友達としても演じているだろうし、家では子どもとしても演じているだろうし。その役割を演じるというのは、人間の行為としては普通のことだか

ら。それをちょっとかっこつけてやってみようという、それぐらいの感じです。

■伝達される授業とアウトプットする授業のバランス

中原　なるほど。ゴフマン（※ドラマツルギーを社会学において提唱した社会学者）の「演じる」という社会学の学びですね。わかりました。
　　　ところで、演劇に関してもう少しインタラクティブに授業をしていこうとなると、旧来からの文法を覚えるなどの、伝達される授業をばっさり切り捨てていくという立ち位置もあったのかもしれないと思うのですが。そのバランスはいかがですか。

浅田　私の基本的な考え方として、どんなものでも「それ一辺倒」では駄目だと思っています。ですから、例えば文法指導しかなさらない先生もなかにはいらっしゃるように聞いていますが、それでは古典イコール文法というイメージを生徒に植えつけてしまい、読解作業だけやるものに感じてしまうと思います。古典嫌いの生徒を増やすだけの授業は絶対に良くないということは、国の側も言っています。私はある程度バランスはとるべきだと思っています。古典のなかで、先ほどのような授業をやっていくと、当然のことながら、文法や読解、様々な文学作品について勉強する場面が必要です。
　　　だからそのための時間も確保します。もしそちらもやらなければ、例えば一年中、古典を使って演劇ばっかりやっているようでしたら、恐らく生徒は全員そっぽを向くと思います。大学へ進学する生徒もたくさんいますので。
　　　これまでの授業形態として、普通のことを普通にやるだけというのがかなり多かったのですが、こんな授業のやり方もある、あんな授業のやり方もあると、次々と新しい授業を開発してきているという歴史があります。
　　　そのなかの一つとして、あまり他の人がやったことのないような授業をやっていってもいいかなと思っているところです。

中原　日常の私たちの行為が演劇的であり、演じることと無縁ではないことから考えると、授業のなかに「演じる」という要素が入ってくるのは、普通のことなのかもしれないですね。少なくとも、20年前の僕はわかりませんでした。

浅田　私は30年以上前です。当時はもう本当に授業はただ聞いているだけでした。

■経験から新視点を得て授業に反映する

中原　では最後に、大学や高校の教壇に立ちたいという方に向けて、一言アドバイスをお願いします。

浅田　ある程度ベースになる知識とか、あるいはわきまえておくべき良識とかいったものは、どんな分野にも必ずあると思います。私は大学での授業も若干経験していますが、講義一辺倒の授業だと、大学生も寝ますね。私が大学でやるような授業は、大体現場の教員を目指す学

生が相手なので、国語科の場合、「国語科教育法」をやることが多いのですが、毎回のように、ある程度話題を与え、覚えるべきことは覚えろということを要求しつつも、その題材に関する議論を必ずやって、それをその後で発表させるというサイクルを設けています。

それから、先ほど話題になりましたような、『古今和歌集』などを使った授業を、大学生に実際にやらせたこともあります。

そういう新しい体験を学生が積んでおかないと、新しい手法の開発にたどり着けず、教育現場で、結局、自分が昔に受けた授業を再生産してしまうと思うからです。

私自身も30年前に受けていた授業の再生産をしている部分があります。でも私はそれを越えたい。それを越えるためには自分で工夫する。あるいは先輩たち、特に実践報告などを出している方々の実践に学ぶということと、様々な場でチャンスを活かして新たな視点を得て、自分のなかに取り込んでいくことがとても必要だと思っています。

浅田 孝紀
東京学芸大学附属高等学校教諭。筑波大学大学院教育学研究科博士後期課程単位取得退学、教育学修士。2003年より現職。専門は国語教育学。演劇部の顧問も務める。文部科学省の「児童生徒のコミュニケーション能力の育成に資する芸術表現体験」に採択され、演劇ワークショップを導入した古典の授業を行いながら研究を進めている。著書に「語用論導入による会話の意識化 ―演劇的指導による実践の試行―」（共著、『新しい時代のリテラシー教育』東洋館出版社、2008年、pp.342-355）ほか。

10.15. 吉見俊哉「マクロな立場から見た『高等教育』」

■大学の誕生は、中世、知の旅人の協同組合として

中原　吉見俊哉先生のご著書には、『大学とは何か』がありますが、大学とはもともとどういう場所であり、どのように発展してきたのか、という点についてお話しいただけますか。

吉見　大学が生まれたのは大体12世紀から13世紀のヨーロッパで、まずは教師と学生の協同組合として生まれました。

吉見　俊哉
東京大学大学院情報
学環教授、副学長

ユニバーシティとは、教師と学生の協同組合という意味です。協同組合をつくる必要があった理由は、12～13世紀の中世ヨーロッパは都市と都市がネットワークで結ばれていて、先生や学生は知識を求めて都市から都市へと、旅をしてまわる旅人だったからです。

旅人の立場は弱く、旅先の地主や領主などから「こいつらから税金をとろう」、「規則に従わせよう」など、様々な圧力がかけられます。それらに対し、先生も学生も自分たちが特別の協同組合の一員だと名乗り、更にその協同組合の特権は、ローマ法王や神聖ローマ帝国皇帝など、はるか上位の権力者から特許状によって保証されているのだということで、余計な干渉を退けることができました。

つまり、キリスト教の超越的な秩序に支えられて普遍的な理性の活動をする場が大学であり、そこにイスラム経由のアリストテレス哲学が結合して大学の力を広げました。でも16世紀、17世紀、18世紀と、そうした中世的な大学はどんどん衰退していきます。

いくつか理由がありますが、例えば16世紀の宗教戦争で、プロテスタント側の大学とカソリック側の大学に分かれてしまった。それからフランス、ドイツ、イギリス、イングランド等、国民国家が徐々にできることで、ヨーロッパが次第に国ごとに分裂していきました。なかでも大きかったのは、15世紀後半、グーテンベルグの活版印刷の発明です。新しい知識が活字になり、本が何千部、何万部と刷られ情報へのアクセシビリティが増したことで、わざわざ大学にいかなくても必要な知識は得られるようになったのです。

近代の有名な思想家や科学者を考えても、デカルトやパスカルなど誰でも知っているような人たちは、ほとんどが大学教授ではない。しかし、彼らは非常に重要な本を書いた著者でした。出版された本の内容がとても重要であれば著者の権威が確立します。また、そういう著者はアカデミーの会員になり、王侯貴族から庇護を受けました。だから本当の思想家や科学者は大学教授にはならない、という時代が18世紀ぐらいまで続きます。

ところが、その後、19世紀に大学は忽然と復活し、やがて再び知の中枢機関になるという転換が起こりました。この転換の一番大きな力は、ドイツを先駆けとして国民国家型の知の体制の中核に大学が位置づけられていったことです。国民国家には国を支えるエリートが必要で、このエリートを選んで育成していく中枢機関として大学は復活したのです。それはドイツからイギリス、更に日本にも広がり、国民国家の下での高等教育が確立してきました。大学はやがて大衆化し、卒業後は企業にいくとか、様々な回路が広がりますが、それ以前に

はエリートと国家官僚という結びつきが、大学を通じてそれぞれの国にできていったのです。

19世紀から20世紀末まで、国民国家という枠組みが世界中に広がっていくにつれて、大学の数も非常に増えました。第二次世界大戦が終わったとき、日本には50大学もありませんでしたが、今は約780大学あります。現在アメリカには2600～2700大学、中国には1200～1400大学。世界中の大学数をあわせたら、一万近くあるのではないでしょうか。仮に一つの大学に数千人の学生がいるとしたら、大学生の数は数千万人。すごい数です。

■グローバル化とデジタル化で揺らいだ大学の地位

中原 先生の目から見て、大学というのは今はどういう意味をもつ組織になっているのでしょうか。

吉見 20世紀末から現在にかけ、大学が大きな転換期に差し掛かっています。第一にグローバル化の時代を迎え国民国家というフレームの力が弱まってきています。第二にデジタル化です。情報化が進むと、重要な知識や多くの情報はネットで得られます。ゆえに、大学の地位がとても揺らいでいるのが現在です。

ですから、「大学の未来」について考えますと、「人生の通過儀礼としての大学から、キャリアやビジョンの転轍機としての大学へ転換すべきだ」と私は思います。普通、私たちの思っている大学は、高校時代と社会人の間にはさまっていて、前後に入試と就職活動があります。この二つが通過儀礼としての大学にとって入口と出口です。小学校、中学校、高校、大学、社会人と進むのは、社会的に非常に安定的な段階構造に組織化されているなかでのことです。その都度、自分の所属する段階があり、ある段階に所属していれば次への道が開ける。それが自然に成り立つ社会において、この大学観ははじめて可能だったと思います。

しかし、今は違ってきています。社会がすごく流動的になってきているので、それまでの殻が壊れていく。つまり、年齢的なことや組織、国への所属意識が変化してきました。こういう状況のなかでの大学は、今までの通過儀礼的な仕組みよりもむしろ、多くの人が人生で三回ぐらい入ったり、入り直したりできる場になるべきだと思っています。

その場合、一回目は18歳の高校卒業後ですね。二回目は30歳前後。ひとしきり企業や職場で経験を踏み、同じ組織で管理職になっていくのか、それとも大きく方向転換して別の可能性を探っていくのかに迷う時期だと思うからです。三回目は60歳前後。もうすぐ定年ですが、75歳ぐらいまでは元気です。そこであと15～16年の時間があると考えて、余生を過ごすのか、それとも頑張ってもうひと仕事に真剣に取り組むかの選択です。

そうしたことが当たり前になる社会で、大学は何ができるのかと考えたら、「人生のビジョンやキャリアを転換していくメディア」になるべきです。このメディアというのは媒介項です。そういう役割を大学が果たしていくのがいいのではないでしょうか。

■これからの大学と大学教員が担うものは、人生の転機の学生をつなぐ媒介作用

中原 では、これからの大学教員は、どういう資質・あり方・仕事の仕方が求められるのでしょうか。

吉見　極端ないい方をすれば、大学教員もある種のメディアになるべきではないかという気がします。変な感じだと思いますが、さっきいったように、メディアとは媒介作用であり媒介項です。今後、学生たちが非常に多様化し、人生の転機に「新しい知」を求める人が世代を越えて一緒に学んでいくようになると、必要になってくるのは知的な媒介作用です。つまりそれは、違う世代の人たちや違う経験を積んだ人たちを高度なレベルでつなぐ役割を担う人です。様々な人たちの知の高いレベルのファシリテーターのような役割を、大学教師がまず担う。これは一種のメディアだと思います。

それからもう一つは、今はとにかく知識・情報が相当膨らみ、大量の知識に容易にアクセスできるようになっています。しかも、この傾向はますます強まる。そのときに、知識と知識を組み合わせたり、信頼できる情報を選別しながら、それらの情報の理論化や分析、どうしたら新しい知が生まれてくるのかについての方法論、メタレベルの認識論などがとても重要になってくると思います。

そのとき、大学教師が、世の中にあふれる情報に対してより信頼度が高く、より創造的な役割を果たし得るようなメディアになることにより、21世紀型の教師と学生の、知の共同体をつくっていく役割をも担えるはずだ、と考えます。

ただし、大学や教員がメディアに変化しても、大学の根本には変わらない部分があります。それを二つだけ挙げると、一つは大学の学びが成り立つためには、やはり教師と学生の間の信頼関係が必要なことは今後も変わらない。共同体から出発したということもありますし、信頼関係が壊れたら大学は成り立ちません。

それからもう一つは、そのときの「知」には二つの側面があって、一つは目的に対して役に立つ「知」です。社会が求めている目的に対して、大学が貢献することは重要です。でも、もう一方で目的そのものを創造していく「知」というものがあります。「知」のなかには手段的にではなく、価値的に役に立つ知識というのがあるのです。これを、私たちは「リベラルな知」といってきました。この種の知は、必ずしも手段的に役に立つことにはならないけれども、しかし価値創造的に役立つのです。こうした価値創造的な「リベラルな知」の基盤がないと、実用的に役に立つ知も生まれないのです。つまり、価値創造的に役に立つ「リベラルな知」と目的遂行的に役に立つ「実学的な知」のダイナミックな関係をつくっていく。これは、中世からずっと行われてきた大学の根本です。

■才能は執念。諦めない、逃げない姿勢が夢を達成する

中原　将来、大学の教壇に立ちたいという大学院生に、メッセージをいただけますか。

吉見　今、大学教員を目指している人たちは、本当に大変だと思います。それは、90年代の文部科学省の施策のなかに大学院重点化があり、それに全国各地の大学が競って対応していった結果、大学院生の数がとても増えたのですが、それにも関わらず、高度な専門職や大学教

員になれる就職先が増えたわけでもありませんでした。当然、大学教員職を求めての競争状態が非常に激しくなり、苦労して修士号、博士号を得ても職に就けない人が増えました。そうすると、どうしても大学院で学ぶ過程の半ばで挫折しそうになったり、諦めたくなったりすることがあるでしょう。

　でも、私はよくいうのですが、才能とは執念です。つまり、信じて一つのことをやり続けることが、今の社会ではものすごく大切だと思います。社会がどんどん流動的になり、フレキシブルになっているがゆえに、自分はこの道を進むということを決して諦めない、目前の困難から逃げないことが、今まで以上に大切になります。なぜなら、社会が未来を保証してくれないからです。自分自身が頑張るしかない。多くの若者たちを教え、そこで諦めないことがいかに大切なのかを見てきましたから、才能とは執念だと思い続け、あなた自身の執念を持ち続けて欲しいというのが、私からのメッセージです。

吉見　俊哉

東京大学大学院情報学環教授／副学長。東京大学大学院社会学研究科博士課程単位取得退学。同大学新聞研究所助手・助教授、社会情報研究所教授、大学院情報学環教授・学環長を経て、現職。専門は、都市論、文化社会学。主な著書に、『都市のドラマトゥルギー』（河出文庫）、『博覧会の政治学』（講談社学術文庫）、『メディア時代の文化社会学』（新曜社）、『カルチュラル・ターン、文化の政治学へ』（人文書院）、『万博幻想』（ちくま新書）、『親米と反米』（岩波新書）、『ポスト戦後社会』（岩波新書）、『メディア文化論』（有斐閣）、『大学とは何か』（岩波新書）、『夢の原子力』（ちくま新書）、『アメリカの越え方』（弘文堂）。

資料・付録

1. 確認問題の解答・解説

第1章

1.1. 解答　1, 2, 4

　アクティブ・ラーニングとは学生がただ聞いたり、ノートをとったりするだけでなく、能動的に学習を行う方法の総称であり、その実現のための授業方法の設計が必要となります。

　3にあるように、アクティブ・ラーニングは、少人数に限られた授業方法ではありません。本章ではこの点についてまだ、言及をしておりませんが、第2章において大人数講義におけるアクティブ・ラーニングの方法についても紹介していきます。

1.2. 解答　2, 3, 4

　アクティブ・ラーニングが注目されるようになった背景として、「社会人基礎力」にみられる知識伝達型の授業では培えない能力への産業界からの期待、学校や大学の選択に際して偏差値などに変わる新しい基準の希求、大学において培われるべき能力としての「汎用的技能の育成」を養う方法への注目が挙げられます。

1.3. 解答　1, 2, 3

　アクティブ・ラーニングの方法はその方法を用いることで達成したい目的に応じたものを選ぶことが第一ですが、その他にその方法に使える時間、クラスのサイズ、方法の難易度などを考慮する必要があります。知名度に関わらず、学生さんの学びのために最適な方法を選択しましょう。

1.4. 解答　1, 2

　一般的に「一方向の講義を聴く」「実演を見る」「実習を行う」「自分で人に教える」の順に従い学ぶことへの主体的な態度が促され、学習の定着がしやすいといわれていますが、アクティブ・ラーニングはちょっとした工夫で実現することができます。

第2章

2.1. 解答　1, 4

　Think-Pair-Share は、まず、自分一人で「考え」、そして、ペアになってその考えを「共有したり意見交換」を行うための方法です。自分の意見をしっかりもってから議論に進むことができるので、話しあいに慣れていない授業初期には特に有効です。頭で「考える」だけよりも、ノートや付箋などにアイデアを書かせたほうがよりスムーズな共有ができます。

2.2. 解答　2, 3

　　ジグソー法は、アロンソンがグループ活動の支援方略として考案したものが発展したものです。最初のグループで学習し、新グループで元グループでの知識を持ち寄るというプロセスが特徴的で、「自分しか知らない」知識をもつ状態が生まれるため、各自に責任感をもたせ、また、意見の相違を許容しやすくなるという効果があります。ただし、課題の選定やファシリテーションなどジグソー法を学びに活かすには注意すべき点が多くあります。

2.3. 解答　2, 4

　　ポスターツアーは与えられたテーマについて、グループで調べ、ポスターにまとめた後、異なるポスターをつくった者がポスターをめぐり、テーマについての理解を深める活動です。各人自分のグループが作成したポスターを他グループメンバーに説明する機会をもちます。全体としてかなりの時間を要するグループワークとなります。

2.4. 解答　1, 4

　　ピア・インストラクションはE. マズールによって1997年に考案された、知識獲得型の授業科目に適したアクティブ・ラーニングの方法です。コンセプテストと呼ばれる多肢選択式テストを使い、正答率によって教員による解説や次の課題にいく判断をコントロールします。大規模講義においても学生の議論によって主体的な学びが促される方法として注目されています。

第3章

3.1. 解答　1, 3, 4

　　モチベーションに影響を及ぼす要因として、「目標の主観的価値」、「予期」、「環境」の三つを挙げることができます。

3.2. 解答　1, 2

　　一般に協力的な環境、つまり学ぶ仲間および教員との良好な関係や雰囲気はモチベーションの向上や維持に貢献します。また、目標設定については、高過ぎたり低過ぎたりすることなく、「少し頑張れば手が届く」目標を設定すると良いでしょう。

3.3. 解答　1, 2

　　熟達に至るための要素は、部分スキルの獲得、部分スキルの統合、そのスキルの適時の使用です。熟達に至った専門家は「無意識的有能」という位置にありますが、学生を熟達に導く場合、説明の飛躍が生じるなどして、必ずしもうまくできるとは限りません。

3.4. 解答　2, 3

　　効果的な練習とは、具体的な目標設定を行い、学生それぞれに適切なレベルのチャレンジができるようにデザインし、十分な練習量を与えることです。また、効果の高いフィードバックは、一般的にある行動が発生した直後にすぐ与えると良いでしょう。

第4章

4.1. 解答　4

　　ADDIE モデルは、A: Analysis 分析、D: Design 設計、D: Development 開発、I: Implementation、実施、E: Evaluation 評価という要素によって構成されるモデルです。

4.2. 解答　2, 3

学生が自分なりの価値を見いだすことができるよう、目標は具体的に提示すると良いでしょう。

4.3. 解答　1, 2, 4

ADDIE モデルは、一コマのクラスのデザインだけでなくコース全体のデザインにも使える枠組みです。ADDIE モデルという名称は、五つの要素の頭文字をとることで構成されており、最初は「A:Analysis」の分析からスタートします。

4.4. 解答　2, 3

クラスデザインは、導入、展開、まとめ、という構成を意識すると良いでしょう。まとめの部分には、目標が達成できたかどうかの振り返りが入ることが多いですが、必ずしも毎回の評価を求めるものではありません。

4.5. 解答　2, 3

クラスデザインシートは、90 分の授業を計画するためのシートですが、実際の授業では学生の理解度等に応じて、臨機応変な対応が必要です。また、これはあくまでも計画のためのツールですので、学生に配布する必要はありません。

第 5 章

5.1. 解答　1, 2, 4

シラバスは契約書としての役割がありますが、書かれている内容を双方が守り実行することで授業を円滑に進めるためのものであり、緊張感や距離をもたせるためのものではありません。

5.2. 解答　1, 3, 4

授業の目的は、学生にとっての授業の存在意義を記します。授業の目標は学生を主語にし、授業を通して達成することが可能な行動を記します。

5.3. 解答　2, 3

スケジュールは、学生の学習計画に役立てられるよう、課題提出日も明記しておくと良いでしょう。また、詳細な計画が立てられない場合も「未定」と書くよりは、「数回にわたって学生の希望するテーマで議論を行う」といった大まかな情報だけでも書いておくと良いでしょう。

5.4. 解答　1, 2

グラフィック・シラバスは、授業の構造の説明として完成したものを学生に配るのが一般的ですが、授業の進行に沿って作成されていく場合もありますし、変更が生じた場合は通常のシラバスと同様、変更を行い学生に再度提示を行います。

5.5. 解答　1, 4

評価情報は、学生の自学自習を促す観点から、採点基準や内容についても、予めわかっていれば提示しておくと良いでしょう。

第 6 章

6.1. 解答　2, 3, 4

期末試験は、成績評価に向けた最終的な判断のための評価が求められ、この場合は総括的評価となります。

6.2. 解答　1, 2

信頼性は同じ集団に対して、同等の試験を行ったときに同じ結果が得られる程度のことを指し、評価のいわば精度の指標です。効率性は、その評価の実施がどの程度容易であるかを指します。

6.3. 解答　3, 4

ルーブリックはレポート課題やプロジェクト、実技などについて、評価基準を具体化して評価を行う方法です。また、課題を示すときに同時にルーブリックも渡すことで、学生の学習指針としても機能します。

6.4. 解答　3, 4

ルーブリックの評価観点は、課題の目的や学生の学習促進から考えるとむやみに多くないほうが望ましいでしょう。また、作成の手順として評価尺度を定めてからでなければ、評価基準を作成することはできません。

第7章

7.1. 解答　4

日本の大学の総数は約 800 で、私立大学の割合は約 77.5％、大学進学率は約 50％です。また、大学全入時代とは大学進学希望者と大学の入学定員総数がほぼ同じということを指しています。

7.2. 解答　1

大学教員の責務は教育、研究、管理運営、社会貢献の四つですが、これらのバランスは専門領域やキャリアステージ、所属機関の特徴によって多様です。これまでは採用場面においては、研究能力が採用基準として重視されてきましたが、シラバスの作成や模擬授業実施をとりいれる機関の増加に象徴されるように、教育能力も重視されるようになってきました。

7.3. 解答　2

大学教員としてのキャリア・パスを考えることは、自分の長期的な方向を明らかにするプロセスで、現在の活動の整理や改善にもつながります。

第8章

8.1. 解答　1, 4

構造化アカデミック・ポートフォリオには、SAP チャートが用意されており、項目がチャートと対応するように作られています。また、教育や研究だけでなく、管理運営・社会貢献を含む「サービス」およびそれらの相互関係についてもとりあげます。

8.2. 解答　4

SAP チャートは構造化アカデミック・ポートフォリオ作成の最初に取り組み、大学教員としての自分のあり方を内省し、整理し、将来の目標を明らかにすることが目的です。

8.3. 解答　1, 2

SAP チャートの教育の部分は、自身の活動から順に抽象化する形で作成を進めていきます。「GOAL」には、自分の理想を実現するための、長期目標および短期目標を記入します。

8.4. 解答　4

SAP チャートの研究の部分は、「RESEARCH THEME」から書き始め、今行っているテーマ、これから行いたいテーマを挙げます。そして、これらに関連する形で、「OUTCOME」に業績

を挙げていきます。

8.5. 解答　1, 2, 3

「ACADEMIC GOAL」には、大学教員としての総合的な目標を記入しますが、その大きな目標のマイルストーンとなるような短期的な目標も可能であれば記入します。

2. クラスデザインシート

クラスデザインシート

名前（　　　　　　　　　　　）

基本情報

学　　年		科目名	
受講者数			
教　　室			

このクラスのタイトル（トピック、テーマ）

第　　回

このクラスの目的

このクラスの達成目標	対応する評価方法
・ ・ ・	・ ・ ・

確認事項
- ☐ 導入・展開・まとめの構成になっていますか？
- ☐ 学生の興味や関心を喚起していますか？
- ☐ 学習目標は意味があり、かつ明確ですか？
- ☐ 内容をつめ込んでいませんか？
- ☐ 理解のしやすい流れになっていますか？
- ☐ 難しい語句を使っていませんか？
- ☐ 一方向になり過ぎていませんか？
- ☐ ワークは学習目標にかなったものですか？
- ☐ ワークの時間は十分ですか？
- ☐ ワークの指示はクリアですか？
- ☐ 達成感を与えていますか？
- ☐ その後の学習につながる工夫がありますか？

クラスデザインシート

スケジュール

経過時間	所要時間	構成	トピック	詳細	方法	発問、ワーク、留意点など	使用資料その他

資料・付録

3. クラスデザインシートの記入例

名前（　　　　　　　　　　）
基本情報

学　　年	学部 3、4 年大学院修士課程・博士課程	科目名	量的データ解析法
受講者数	30 名		
教　　室	スクール形式		

このクラスのタイトル（トピック、テーマ）

第　　回	偏相関と重回帰分析：重回帰分析の仕組み

このクラスの目的

重回帰分析の仕組みを理解する

このクラスの達成目標	対応する評価方法
・重回帰分析をベクトルで理解し説明できる。 ・従属変数と独立変数の関係が重相関係数に及ぼす影響について説明できる。 ・多重共線性の発見法と解決方法を説明できる。	・模型の完成、翌週の小テストによる確認、期末テスト。 ・模型による相互説明、翌週の小テストによる確認、期末テスト。 ・翌週の小テストによる確認、期末テスト。

スケジュール

経過時間	所要時間	構成	トピック	詳細	方法	発問、ワーク、留意点など	使用資料その他
	15	開始前	授業準備	配布資料のセット 到達目標の板書 TAとの打ちあわせ			
0:00 0:05	5 10	導入1	復習	口頭による前回の復習 小テスト確認	説明 教えあい	2〜3人グループで答えあわせ	小テストプリントNo.12
0:15 0:17	2 3	導入2	概要説明 目標	授業の見通し説明 これまでの内容との接続 到達目標の提示	説明 説明		ノート
0:20	15	本論1	重回帰分析 ベクトル表現	式の解説 通常の回帰式からのベクトルへの拡張	説明＋板書 質問	Q1 重回帰式 Q2 予測変数の表現の特徴 Q3 重相関係数について	ノート
0:35	20	本論2	重回帰モデル模型作製	重回帰モデルの模型つくり 1. x_1, x_2, y をつくる 2. 白紙にのせる 3. e の決定 4. $\hat{y}$ の決定 5. $b_1 x_1, b_2 x_2$ の決定	演習（模型つくり）	乾麺と紙粘土、モールを使い重回帰モデルを作成	乾麺 紙粘土 モール 白紙
0:55 1:02	7 7	本論3	重相関係数の特徴	従属変数との相関と重相関係数 独立変数間の相関と重相関係数	模型を使いながら説明＋板書＋質問	模型を動かしながら理解 Q それぞれ重相関係数の変化を推測	つくった模型とノート
1:09	16	本論4	多重共線性	多重共線性について ・特徴 ・対策	模型を使いながら説明＋板書＋質問	模型を動かしながら理解	つくった模型とノート
1:25	5	まとめ	まとめ	全体のまとめ 宿題の指示 次回のプレビュー	説明		
1:30							

合計　90

4. シラバスの事例：東京大学フューチャーファカルティプログラム

東京大学フューチャーファカルティプログラムシラバス
（第8期版）

科目名	大学教育開発論
英科目名	Teaching Development in Higher Education
講義題目	「学生が学ぶ授業」を学ぶ
担当教員	栗田佳代子
他研究科との合併	大学院共通科目
繰り返し履修の可否	不可
他研究科生履修の可否	可

授業の概要

　現在、大学教員としてのキャリアを進むにあたっては、研究者としてだけでなく、教育者としての資質も問われています。本授業は、東京大学フューチャーファカルティプログラムとして、学生が主体的に学ぶために必要な学生のモチベーションの高め方、授業デザインやシラバス、評価方法などを実践的に学びます。また、アクティブ・ラーニングの手法をとりいれたグループワークを多く経験し、模擬授業の実践も行います。多様な研究領域から集う受講者相互の学びあいは、新しい視点の獲得につながり、また、プログラムの修了後も継続するネットワークを培います。本授業で学んだことは「目的・目標を達成するためのデザイン」や「伝えたいことが確かに相手に伝わるコミュニケーション」を学ぶという点で研究活動の向上にも活きることでしょう。

目的と目標

（目的）

　未来の大学教員として、責務としての「教育」の重要性を認識し、学生の立場に立った教育の設計と実行を可能にすることを目的とする。そのために、授業実施に向けた実践的な知識やスキルを多様な専門領域の受講生とともに学びあいながら獲得し、さらに、研究だけでなく教育についても探究し続ける姿勢を身につける。

（目標）

◇高等教育の現状の概要について説明できる。

◇デリバリースキルの観点を知り、自分のスキルの向上につなげる。

◇グループワークに積極的に参加し、当事者およびファシリテーターとしてのコミュニケーション力をつける。

◇学生が主体的に学べるデザイン（コース、クラス）ができる。

◇評価の基礎知識をふまえた評価をデザインできる。

◇学んだ知識を模擬授業に活用し実施できる。

◇キャリアパスについて考え、日頃の活動や今後の展望について整理できる。

キーワード

東京大学フューチャーファカルティプログラム　大学教授法　大学教員としてのキャリア　シラバス作成　クラスデザイン　アクティブ・ラーニング　評価　ルーブリック　模擬授業　ポートフォリオ

授業の方法

　本授業では、講義スタイルのほかに、アクティブ・ラーニングの実際の方法を体験的に学ぶことを目的として、グループワークやペアワークをはじめとする相互学習形式を多くとりいれますので、積極的な授業参加が求められる授業です。

　また、実践を重視するため、実際に授業のデザインやシラバス作成、模擬授業の設計・実施などの課題への取り組みを通して学びます。

授業計画

　授業は原則下記に従って、進みます。変更がある場合には予めお知らせします。また、各内容の関係については、本シラバス末の「本プログラムの構成」をご覧ください。

項目 日程	内容	この日に出る課題 （〆切日）
		事前課題として研究紹介の準備（次回授業）
DAY1 木：10/6 金：10/7	**プレワークショップと研究紹介演習** 　プレワークショップでは、高等教育の変化について学び大学のおかれている状況を理解し、東京大学フューチャーファカルティプログラムの概要と意義を確認します。 　また、「教員としての各自の1分間研究紹介」の実践と相互評価を通して、受講者相互の連携を高め、学ぶ環境を整えます。本授業の理念を理解し、受講生が学び獲得することを期待される知識・技能および授業方針について知ります。 　演習：1分間研究紹介と相互評価	研究紹介の振り返り（1w後） シラバス案作成（次々回授業）
DAY2 木：10/13 金：10/14	**クラスデザイン** 　授業設計の基礎を学びつつ、構成の指針や観点もふまえて、自身が設定した授業科目の一コマを設計します。 　学生の主体的な学習が『実る』ために不可欠なモチベーションについてケース・スタディを通して理解します。学習者主体の授業方法として注目を集めているアクティブ・ラーニングの複数の手法を体験を通して学びます。 　演習：クラスデザインシートの作成	クラスデザインシート作成（2w後）
DAY3 木：10/27 金：10/28	**コースデザイン（シラバス）** 　シラバスの基本的構成を知り、作成の目的と役割の重要性について理解します。 　自身の専門についての初年次教育を担当すると仮定したシラバスを作成します。また、特に授業の構造化に役立つグラフィックシラバスに取り組みます。 　演習：シラバスのブラッシュアップとグラフィックシラバスの作成	シラバスの作成（4w後） グラフィックシラバスの作成（4w後）

DAY4 木:11/8 金:11/4	**評価** 　授業における評価の方法や意義について理解します。 　学生の学びを促し、レポート課題等の評価に役立つルーブリックを作成します。 　演習：ルーブリックによる採点とルーブリックの作成、	
DAY5 木:11/24 金:11/28	**ファシリテーションと振り返り** 　模擬授業を例に、学生参加を促すようなファシリテーションについて学びます。 　これまでの授業全体を通した振り返りを行い学んだこと等について共有します。 　演習：ポスターツアー	模擬授業のデザイン （次回授業）
DAY6 木:12/8 金:12/9	**模擬授業　～実施(1)と改善～** 　各グループ内で模擬授業の演習を行います。メンバー同士で議論を重ねつつ、授業デザインや教授方法について学びを深めながら、模擬授業の改善を図ります。 　演習：模擬授業トライアルとブラッシュアップ	模擬授業の改善 （次回授業）
DAY7 木:12/15 金:12/16	**模擬授業　～実施(2)～** 　模擬授業を実施し相互評価を行います。 　演習：模擬授業実施と相互評価	模擬授業の振り返り （次回授業）
DAY8 木:1/12 金:1/6	**SAPチャート作成によるキャリアパス展望** 　自分の教育・研究活動について振り返って俯瞰し、大学教員としてのキャリアパスを展望します。 　演習：ポートフォリオ・チャート作成	

成績評価方法

授業への参加状況 25%

課題の提出状況および質的評価 75%

（内訳）100点満点とした場合の各配点

　授業の参加状況　25

　　　個人ワークへの取り組み　10

　　　グループワークへの貢献　15

　課題の提出状況および質的評価　75

　　　研究紹介の実施　5

　　　研究紹介の振り返り　5

　　　シラバス・グラフィックシラバス　20

　　　クラスデザイン　15

　　　模擬授業　25

　　　模擬授業の振り返り　5

＊授業の参加状況については、基本的な受講態度を考慮します。授業に集中し、真面目に取り組んでいる姿勢を高く評価します。授業中に他用を行う、グループワークの進行を妨げる、加わらない、などの態度が見られる場合に減点とします。

各課題の目的と採点基準

- **研究紹介の実施　5%**
  教員視点からの研究紹介の実践を行い、初回講義時の自己紹介の意義と重要性を実感する。
  採点基準：研究内容を専門外の人に理解してもらおうとする姿勢。

- **研究紹介の振り返り　5%**
  他者からのフィードバックおよび自分の研究紹介の動画を見て、振り返る。
  採点基準：自身の特徴の把握、改善点への気づき、他者から学んだことの記述。

- **シラバス・グラフィックシラバス　20%**
  授業内容をふまえ、学生の学びを促進するようなシラバスを作成する。
  採点基準：http://trc.virginia.edu/wp-content/uploads/2014/05/Syllabus-Rubric-Guide-11-24-14.pdf

- **クラスデザイン　15%**
  90分のクラスを学習目標が達成できるように構成し、実行可能な形式でデザインする。
  採点基準：目標の設定と内容の整合性、導入・展開・まとめの構成。
  　　　　　学生が主体的に学ぶ工夫（ワーク、双方向性）、実行可能性。

- **模擬授業　25%**
  これまで学んだことをふまえ初年次教育を想定した6分間の授業を実施する。
  採点基準：目標の設定と内容の整合性、導入・展開・まとめの構成。
  　　　　　学生が主体的に学ぶ工夫（ワーク、双方向性）、デリバリー。

- **模擬授業の振り返り　5%**
  他者からのフィードバックおよび自分の動画を見て、自身の客観評価を行う。
  採点基準：自身の特徴の把握、改善点への気づき、他者から学んだことの記述。

教科書

教科書は特に定めません。配布資料によって授業を進めますので、2穴のバインダ（厚み3cm程度）を用意して下さい。

参考書

参考書・リーディングリストについては適宜指示しますが、代表的なものを下記に示します。

- バーバラ・グロス・デイビス著　香取草之助監訳、光澤舜明、安岡高志、吉川政夫訳（2002）『授業の道具箱』東海大学出版会
  　"良い授業"をどうやって実施するかについて書かれた、定番といっても良い本です。

- 夏目達也・近田政博・中井俊樹・齋藤芳子（2010）『大学教員準備講座』玉川大学出版部
  　授業のほか、タイトル通り、大学教員になるための準備になるような知識やスキルが説明されています。

- 佐藤浩章編（2010）『大学教員のための授業方法とデザイン』玉川大学出版部
  　授業方法とそのデザインについて、わかりやすく実践的な内容がまとめられています。

- スーザン・A・アンブローズ他著　栗田佳代子訳（2014）『大学における「学びの場」づくり：よりよいティーチングのための7つの原理』玉川大学出版部
  　モチベーションやフィードバックなど、研究の知見に基づいた理論の解説と具体的な適用方法について解説された良書です。

履修条件

前提知識は特に必要としません。本学の正規大学院生は「大学教育開発論」として2単位が認められます。単位取得を希望する者は、各研究科にて受講登録を行ってください。

履修上の注意

(受講ルール)

- 本授業は一日で二コマ連続の実施ですが基本的に全ての回に出席してください。四コマ分（二日間）を超えて休んだ場合はいかなる理由でも不可とします。（原則登録曜日の受講としますが、やむを得ない場合異なる曜日開講の授業の振替受講が可能です。）
- 欠席の場合には授業日午前10時までに下記に欠席届を予め提出すること。無断欠席の場合には、減点の対象とします。http://goo.gl/forms/xrjCgy7xdKLPZex83
- 連絡事項はすべてサイボウズlive上で行います。初回までにグループへの招待を行いますので、各自登録手続きをしてください。
- 欠席した当日の資料は、翌週に配布することはしません。サイボウズliveにアップロードされているので、それをダウンロードしキャッチアップをしてください。欠席者には別途課題を指示します。

(受講者決定方法)

- 履修希望者が多数の場合は、原則的に申し込みフォームの記載項目による選考を行います。
- 申し込みフォームの記載事項については、博士課程在籍者、日本学術振興会の特別研究員を優先しますが、研究科のバランスを考慮する場合があります。また、申し込みフォームの研究紹介について「専門領域外の人にわかりやすく伝えられているかどうか」という観点も重視します。

(科目履修登録について)

大学教育開発論は大学院共通科目です。受講を許可された方のうち単位取得を希望する人は申し込みフォームへのエントリーだけでなく、各自所属研究科の方法に従い、必ず科目履修登録を行ってください。

(履修証)

所定の活動を修了した受講者には、履修証を交付します。

その他

- 本シラバスおよび授業内容は、2014年度には、2013年度修了生有志による東大FFP授業改善勉強会による提案をもとに改訂される等、受講生の協力によって進化を続けているプログラムです。
- 東大FFPには修了生のネットワークがあり、学振申請書類のワークショップや各種勉強会の企画実施等の活動が続けられています。非常勤講師ポストの紹介なども行われています。このネットワークには修了者およびオブザーバーのみ加入できます。
- 本授業は東京大学フューチャーファカルティプログラムの一環として東京大学在籍者を対象に提供されていますが、他の所属機関の方々には、オブザーバーという制度で若干名の受け入れを行っています。お問いあわせフォーム（http://www.utokyofd.com/contact/）にて個別にご相談ください。また、本学学内教員の方々のご見学も歓迎しております。お問いあわせフォームにてご連絡ください。

受講生の皆さんへのメッセージ

本授業は、2013年度から始まった東京大学フューチャーファカルティプログラム（東大FFP）の一部です。今回は第8期の募集となります。教育について真剣に考え続けることで拓かれる自他の可能性を体感してみませんか。

受講者は多様な研究科から集まるため、このプログラムでともに学ぶ多彩な仲間の考え方や研究内容

は、教育だけでなく自分の研究にとっても視野を広げたり、知的好奇心が喚起されたりするなど、大きな刺激となることでしょう。

　また、本授業で扱う課題は、シラバス作成や模擬授業の実施など非常に実践的です。ある日非常勤を任されることになった、公募書類でシラバスを求められた、などの状況にそのまま対応できるようなものを作成するつもりで取り組みましょう。

関連ホームページ

　http://www.utokyofd.com/

連絡先

・メールアドレス：×××××@he.u-tokyo.ac.jp
・問いあわせの場合には「FFP8＜トピック＞」という件名（＜トピック＞には適宜相談内容を示してください）にしてください。

本プログラムの構成

　教員と学生を「ロッククライミングをしている先輩と後輩」に例え、教育とは、先輩（教員）が後輩（学生）の主体的なゴール到達を促すことであると考えています。下の図をご覧ください。本プログラムでは、下記を相互に関連させながら進めていきます。

・状況の理解（高等教育の現状）
・学生のそもそものやる気（モチベーション）
・教員から学生に渡して登る力にしてもらうもの（コースデザイン・シラバス、クラスデザイン、アクティブ・ラーニング、評価、模擬授業）
・教員自身が登ること（キャリアパス）

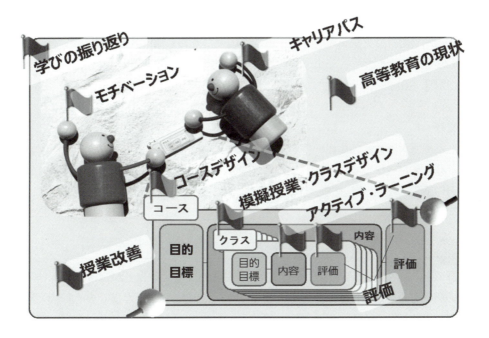

5. ルーブリック採点用レポート課題とルーブリック

以下の課題に対する、四つのレポートを採点してください。

> **課題** 「大学の授業にアクティブ・ラーニングをとりいれるべきである」という主張に賛成か、反対か。いずれかの立場を選び、根拠となる文献を参照・引用しながら論じなさい。参考文献リストを除いて、150〜300字で論じること（下記レポートは150〜300字でおさまっています）。
>
> **このレポートの目標**
> ・適切に根拠を明らかにして自分の立場を明確に記述できる。
> ・適切な文章で正しく記述できる。
> ・参考文献を参照し、その書誌情報を正しく記述できる。

レポート1

　私は、「大学の授業にアクティブ・ラーニングをとりいれるべきである」という主張に賛成である。
　その理由は、佐藤（2010）が指摘するように、「学生が主体的に考えるきっかけを作る」「能動的な参加の機会を持たせる」「競争を促すことで、積極性を引き出すことができる」というメリットがあるからである（p.17）。また、バークレイ・クロス・メジャー（2009）は、グループで行うアクティブ・ラーニングの一つである協同学習に関して、学習効果と学生の満足度の両面から、その効果の高さを示す多くの実証研究があることを指摘している（pp.11-16）。

参考文献
佐藤浩章編『大学教員のための授業方法とデザイン』、玉川大学出版部、2010年
エリザベス＝バークレイ、パトリシア＝クロス、クレア＝メジャー『共同学習の技法：大学教育の手引き』、安永悟監訳、ナカニシヤ出版、2009年

レポート2

　佐藤（2010）が指摘するように、「学生が主体的に考えるきっかけを作る」「能動的な参加の機会を持たせる」「競争を促すことで、積極性を引き出すことができる」というメリットがある（p.17）。だから、アクティブ・ラーニングがとりいれるといいと思います。
　また、私は先生が話すばっかりの授業だとずっと寝ていた。でも、一度だけ教育実習の先生が来たときにしたグループ活動の内容はイマでも覚えているから、アクティブ・ラーニングは効果があると思います。

参考文献
佐藤浩章編（2010）『大学教員のための授業方法とデザイン』、玉川大学出版部、2010年

レポート3

　私は、大学の授業にアクティブ・ラーニングをとりいれるべきだと思う。その理由は、学生の学びを深めるには、アンブローズほか（2014, 第3章）がいうように、学生のモチベーションを高めることが重要だからである。モチベーションを高めるには、学生にとっての「主観的価値」の高い目標、すなわち学生自身にとって重要な目標を立てることが重要である。また、実際に授業を履修することで、その価値を達成できるというポジティブな結果予期をもたせることと、協力的な環境をつくることも重要である。このような仕方で、学生のモチベーションを高めるべきである。

参考文献
スーザン・A. アンブローズ、マイケル・W. ブリッジズ、ミケーレ・ディピエトロ、マーシャ・C. ラベット、マリー・K. ノーマン『大学における「学びの場」づくり：よりよいティーチングのための7つの原理』、栗田佳代子訳、玉川大学出版部、2014年

レポート4

　私はこれまで、アクティブ・ラーニング形式の授業を受けたことがない。しかし、ぜひ受けてみたかったと感じている。特に、初年次に受けた選択科目の教育思想の授業では、先生の話が全く理解できず、寝てしまうことも多かった。テストでも失敗し、単位を得ることもできなかった。あの授業の問題点は、アクティブ・ラーニングをとりいれなかったことにある。初等・中等教育ではなおさらである。

　私は、中学校の教員を目指している。中学での授業には、大学以上に、飽きさせないための工夫が必要である。このため、アクティブ・ラーニングの手法についてこれからも学んで、授業を改善していきたい。

採点用のルーブリック

　下記は評価に用いるルーブリックです。各レポート課題を読み、例えば、構成の「立場の表明」に関して、理想的／標準的／要改善のいずれかの評価基準に照らし、該当する基準に○をつけていきます（このルーブリックには各評価尺度に点数を付していませんので、○をつけるところで採点作業は終わりです）。

課題　「大学の授業にアクティブ・ラーニングをとりいれるべきである」という主張に賛成・反対いずれかの立場を選び、根拠となる文献を参照・引用しながら論じなさい。参考文献リストを除いて、150〜300字で論じること。

	観点	理想的	標準的	要改善
構成	立場の表明	冒頭または末尾に立場に関する記述がある。	冒頭または末尾以外に立場に関する記述がある。	立場に関する記述がない。
	立場をとる根拠	立場をサポートする根拠となる文献が二つ以上示されている。	立場をサポートする根拠となる文献が一つ示されている。	立場をサポートする根拠となる文献が示されていない。もしくは、そもそも立場に関する記述がない。
	立場のサポートとは関係のない記述	立場のサポートとは関係のない記述がない。	立場のサポートとは関係のない記述が全体の二割未満である。	立場のサポートとは関係のない記述が全体の二割以上である。
表現	誤字・脱字	誤字・脱字、文法上の誤りがない。	誤字・脱字、文法上の誤りが一〜二カ所ある。	誤字・脱字、文法上の誤りが三カ所以上ある。
	文体		常体（だ、である調）もしくは敬体（です、ます調）で統一されている。	常体と敬体が混じっている。
	書誌情報		引用文献の書誌情報が全て書かれている。	引用文献の書誌情報が一部しか書かれていない。もしくは、全く書かれていない。

6. SAPチャート

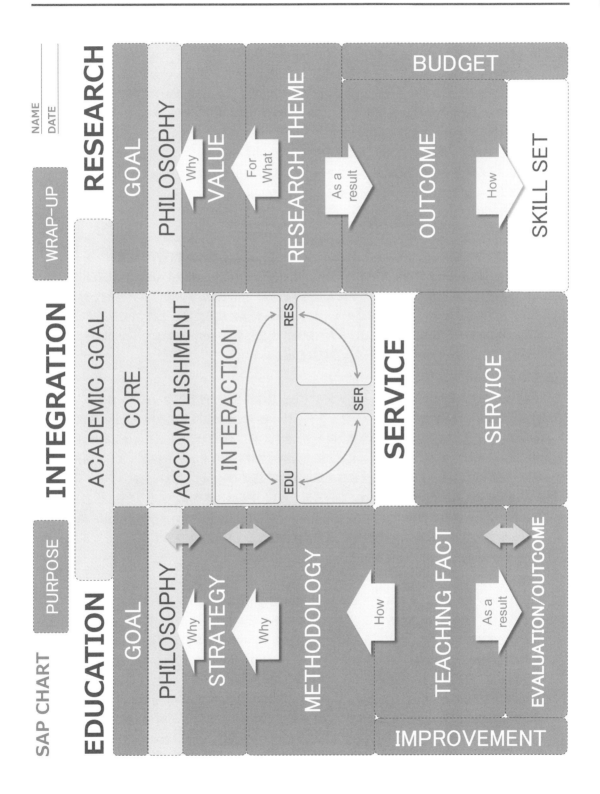

7. オンライン講座「インタラクティブ・ティーチング」講師・スタッフ紹介

栗田 佳代子

本講座の主任講師。ナレッジ・セッションと全体設計を担当。東京大学大学総合教育研究センター教育課程・方法開発部門准教授。博士（教育学、東京大学）。東京大学教育学部卒業、東京大学教育学研究科単位取得退学の後、特別研究員(PD)、カーネギーメロン大学 Visiting Scholar、大学評価・学位授与機構准教授、スタンフォード大学 Visiting Scholar 等を経て、2015年11月より現職。専門は、高等教育開発（ファカルティ・ディベロップメント）、ポートフォリオの開発と普及支援および大学評価・質保証。現在大学教員を目指す大学院生を対象にした「東京大学フューチャーファカルティプログラム」を担当している。好きな言葉は「歩けばそれが道」。

中原 淳

本講座の主任講師。ストーリー・セッションを担当。東京大学大学総合教育研究センター教育課程・方法開発部門准教授。東京大学大学院学際情報学府（兼任）。博士（人間科学、大阪大学）。東京大学教育学部卒業、大阪大学大学院人間科学研究科単位取得退学の後、メディア教育開発センター（現放送大学）、米国・マサチューセッツ工科大学客員研究員等を経て、2006年より現職。専門は経営学習論。企業における人材開発、大学-企業へのトランジション（移行）などをテーマに研究を行っている。好きな言葉は "Just do it!"。

佐藤 浩章

本講座のゲスト講師。ナレッジ・セッション第5週の「もっと使えるシラバスを書こう」を担当。大阪大学教育学習支援センター副センター長。全学教育推進機構准教授。博士（教育学、北海道大学）。北海道大学教育学部卒業、同大学大学院教育学研究科博士後期課程単位取得退学。ポートランド州立大学 Visiting Scholar、愛媛大学大学教育総合センター教育システム開発部講師・准教授、教育・学生支援機構教育企画室准教授・副室長、キングス・カレッジ・ロンドン Visiting Research Fellow を経て、2013年10月より現職。専門は、高等教育開発、技術・職業教育学。大学教員や将来大学教員を目指す大学院生向けのFDプログラムの企画・講師、教育・学習に関わる個別コンサルティング活動を担当している。好きな言葉は "When life gives you lemons, make lemonade"。

成田 秀夫

本講座のゲスト講師。ナレッジ・セッション第1週の第3セッション「アクティブ・ラーニングの現状」を担当。河合塾教育イノベーション本部開発研究職。修士（哲学、中央大学）。中央大学文学部哲学科卒業、同大学大学院文学研究科哲学専攻博士後期課程単位取得退学。1988年より河合塾現代文科講師。衛星講座やテキスト・模試の作成も担当。2000年に日本語表現講座を開発し、自らも大学の教壇に立つ。2006年、経済産業省「社会人基礎力」事務局を経て、2008年より現職。大学の教育力調査、ファカルティ・ディベロップメントセミナーの企画を実施。2012年には大学生のジェネリックスキルを育成・評価するPROGの開発に携わる。現在、初年次教育学会理事も務める。好きな言葉は「ここがロードスだ、ここで飛べ」。

藤田 将範

本講座のゲスト講師。スキル・セッションを担当。音楽座ミュージカル（※）俳優／プロデューサー。日本大学芸術学部演劇学科在学中に、劇団四季に入団。退団後、2004 年より音楽座ミュージカルに参加し数々の作品に出演。学校、教員、企業などあらゆる世代を対象に年間 100 回以上のワークショップでファシリテーターとして活躍する一方、研修の企画や設計も行う。好きな言葉は「すべてを良きことに」。

渡辺 修也

本講座のゲスト講師。スキル・セッションを担当。音楽座ミュージカル俳優／プロデューサー。早稲田大学在学中にパントマイム集団"舞夢踏"に所属。理工学部数学科を中退した後、舞台芸術学院ミュージカル部本科で学び、卒業後 2004 年から音楽座ミュージカルに参加し数々の作品に出演。ワークショップのファシリテーターとしても活躍。特に学生を対象にしたワークショップには定評がある。好きな言葉は「量は質に転化する」。

※音楽座ミュージカル

1988 年の創立以来、一貫してオリジナルミュージカルを創作・上演している。独自の創作システム「ワームホールプロジェクト」を確立。そうして生まれてきた作品は「生きる」ことの根源を問い続ける独自の精神性とオリジナリティを高く評価され、文化庁芸術祭賞、紀伊國屋演劇賞、読売演劇大賞など、日本の演劇賞を数多く受賞している。全 12 作品で、観客動員数は 170 万人にのぼる。

＊以上 6 名は通常コース（MOOC コース）の担当講師です。

おもなスタッフ

市川（齋藤）桂

本講座のスタッフ。講座の運営支援を担当。東京大学大学総合教育研究センター教育課程・方法開発部門特任研究員。筑波大学第三学群国際総合学類卒業、京都大学大学院教育学研究科博士後期課程研究指導認定退学、愛知江南短期大学専任講師を経て、2015 年より現職。修士（教育学、京都大学）。専門は比較教育学。アメリカにおけるマイノリティに対する教育、テスト政策について研究している。好きな言葉は "Veritas liberabit vos"。
※ 2016 年 9 月 1 日より東京農工大学大学教育センターに異動。

小原 優貴

本講座のスタッフ。講座の運営支援（おもに進捗・課題管理）を担当。東京大学大学総合教育研究センター教育課程・方法開発部門特任研究員。博士（教育学、京都大学）。関西学院大学総合政策学部卒業、京都大学大学院教育学研究科博士課程・研究指導認定退学。アクセンチュア株式会社、インド国立教育計画経営大学（NUEPA）リサーチ・インターン、日本学術振興会特別研究員（PD）（早稲田大学）などを経て、2014 年 4 月より現職。専門は比較教育学。好きな言葉は「これを知る者はこれを好む者に如（し）かず。これを好む者はこれを楽しむ者に如かず」。
※2015 年 4 月 1 日より、東京大学大学院総合文化研究科・教養学部附属 教養教育高度化機構アクティブラーニング部門に異動。

川瀬 和也
　　本講座のスタッフ。講座の運営支援（おもに課題）を担当。東京大学大学総合教育研究センター教育課程・方法開発部門特任研究員。修士（文学、東京大学）。東京大学文学部卒業、同大学大学院人文社会系研究科博士課程単位取得満期退学。在学中に日本学術振興会特別研究員（DC2）を経て、2014年度より現職。専門は、哲学・倫理学。「東京大学フューチャーファカルティプログラム」の修了生。現在、同プログラムの広報・運営も担当。好きな言葉は「すべて不可解なものは、それでも依然として存在する」。
　　※2014年11月1日より徳島大学総合教育センター教育改革推進部門に異動、2016年4月1日より宮崎公立大学人文学部国際文化学科に異動。

山辺 恵理子
　　本講座のスタッフ。講座の運営支援（おもに広報）を担当。東京大学大学総合教育研究センター教育課程・方法開発部門特任研究員。博士（教育学、東京大学）。東京大学教育学部卒業、同大学教育学研究科修士課程修了。同大学博士課程在学中に、フルブライト奨学生としてスタンフォード大学客員研究員などを経て、2014年4月より現職。専門は、西洋教育思想・教師教育学。「東京大学フューチャーファカルティプログラム」修了生。好きな言葉は「世の中のあらゆる進歩は、世の中に適応できない人間にかかっている」。
　　※2015年4月1日より、東京大学大学総合教育研究センター「高校アクティブ・ラーニング推進プロジェクト」に配属。

吉野 絵美子
　　本講座のスタッフ。講座の事務全般、会計、広報を担当。東京大学大学総合教育研究センター教育課程・方法開発部門共同研究員。好きな言葉は「実るほど頭を垂れる稲穂かな」。

インタラクティブ・ティーチングの出演者・協力者一覧

主任講師
　栗田佳代子　　　中原淳
ゲスト講師
（ナレッジ・セッション）　　佐藤浩章　　成田秀夫
（スキル・セッション）　　　藤田将範　　渡辺修也
（ストーリー・セッション）　平岡秀一　　髙木晴夫　　本田由紀　　三宅なほみ
　　　　　　　　　　　　　　渋谷まさと　上田信行　　斎藤兆史　　苅谷剛彦
　　　　　　　　　　　　　　ヘルマン・ゴチェフスキ　山邉昭則　　入江直樹
　　　　　　　　　　　　　　加藤雅則　　山内祐平　　浅田孝紀　　吉見俊哉

ナレッジ・セッションとスキル・セッションの大学院生キャスト（出演当時の所属）
　東京大学大学院新領域創成科学研究科博士課程　小澤暁人
　東京大学大学院新領域創成科学研究科博士課程　金子ちほり
　東京大学大学院医学系研究科博士課程　寺本千恵
　東京大学大学院総合文化研究科博士課程　中村長史
　東京大学大学院教育学研究科博士課程　堀内多恵
　東京大学大学院医学系研究科博士課程　水越真依
　東京大学大学院新領域創成科学研究科博士課程　吉田塁

東京大学大学院工学系研究科・日本学術振興会特別研究員（PD）　山下健二ホドリーゴ

スタッフ

市川桂　　　小原優貴　　　山辺恵理子　　　川瀬和也　　　吉野絵美子

協力者一覧

　財団法人日本教育研究イノベーションセンター　評議員　山本康二
　財団法人日本教育研究イノベーションセンター　事務局長　高井靖雄
　学校法人河合塾東北本部　本部長　谷口哲也
　学校法人河合塾進学教育事業本部教務統括部　坂上紀子
　学校法人河合塾教育イノベーション本部教育研究部　野吾教行
　学校法人河合塾教育イノベーション本部教育研究部　中條恵理奈
　音楽座ミュージカル　チーフプロデューサー　石川聖子
　音楽座ミュージカル　俳優／プロデューサー　大須賀勇登
　音楽座ミュージカル　俳優／プロデューサー　北村祥子
　音楽座ミュージカル　俳優／プロデューサー　冨永波奈
　音楽座ミュージカル　俳優／プロデューサー　宮崎祥子
　株式会社スイベルアンドノット
　有限会社光学姉妹
　有限会社原宿春夏
　有限会社プロダクション12
　株式会社アトリエニキティキ
　一般財団法人日本教育研究イノベーションセンター

8. 講座スタッフの編集後記「オンライン講座の舞台裏」

小原優貴 第1期の立ち上げから、第1期のリアル・セッションまで関わり、プロジェクトマネジメントを担当。
市川　桂 第2〜4期のプロジェクトマネジメントを担当。
山辺恵理子 第1期の立ち上げから、第1期のリアル・セッションまで関わり、主に広報を担当。
吉野絵美子 立ち上げから全ての期に関わり、主に事務を担当。

【コンセプトづくり】

市川　まず、インタラクティブ・ティーチング講座の背景や内容、ターゲットの設定、プラットフォームの選定などの経緯についてお聞かせください。

小原　TED Talksのようなエンターテイメント性にあふれるものでもないし、放送大学よりも双方向性のあるものにしたい。ではどこにオリジナリティを求めるか、という話になりました。インタラクティブな映像を配信する工夫として、大学院生役の方に動画に出演してもらったり、「ここの部分を見ながら一緒に考えてみましょう」というテロップを出して、受講者にこちらから意識的に働きかけるような仕組みを入れたりしました。また教える立場にある多様なバックグラウンドの人たちに視聴いただくための工夫の一つとして、ナレッジ・セッション、ストーリー・セッション、スキル・セッションの3部構成というアイデアが出てきました。

市川　最初から3部で一つの講座として完成するという考え方だったのですか。

山辺　ナレッジ・セッションは質がとても高いけれども、それだけだとモチベーションを保てないと思ったのです。だから、ストーリー・セッションで自分の理想をもう一回思い描いて元気をとり戻すような時間をつくりたい、そしてスキル・セッションでは体を動かしたり楽しんだりしてもらおうと考えました。この3つを組み合わせるからこそ8週間続けられるのではと思いながらつくりました。

市川　ストーリー・セッションの15人のゲスト講師はどう選んだのですか。

小原　既に豊富な教育経験をお持ちの方たちだけではなくて、若い先生方や高校の先生、企業の方にも入ってもらった方がいいだろうという議論をしました。プロジェクトチームのリソースをフル動員して。駒場キャンパスにある駒場アクティブラーニングスタジオ（KALS）で、教え方のうまい若手の先生を探してもらって、「理系のアクティブ・ラーニング」について平岡秀一先生にお話いただいたり、情報収集するなかで決まっていった感じです。

【インタラクティブ・ティーチングの強み】

市川　裏方だからこそわかる、この講座の良いところは何でしょう。

山辺　第1期ではイタリア在住の80代の方が受講してくれました。その方以外にも世界中から

受講者がすごく積極的にディスカッションボード（受講者限定で閲覧・投稿できるオンラインの掲示板）に書いてくださいました。インターネットを介さないと、こんなに幅広い方々に届けることって滅多にできないので、MOOCの仕組みは素晴らしいなと思いました。モンゴルや中東とか南米とか、本当にいろんな国から受講してくださっていて、面白いなと思いました。

市川　無料で、インターネットを介して誰もが受けられる状況だと、登録だけしたけれど、忙しいから内容を見ないことが多々あるのではと思いますが、この講座は最初から受けるつもりで登録してくださっている人が多く、また口コミでの広がりが予想以上で、そのあたりも強みかなと思います。

小原　私たちが企画していない「オフ会」（受講者同士で集まって対面する会）が受講者たち自身の手で企画され、盛り上がっているのをディスカッションボードを見て知ったときも、素晴らしいと思いました。それから、インタラクティブ・ティーチングは専門性が高い講座なので、そんなに受講者数が伸びないのではないかと、実は最初はgacco（講座を配信する日本語版MOOCプラットフォーム）の方も思われていたそうです。それにも関わらず、当初の目標の3,000人を超えてグラフが伸びていって、最終的には第1期で9,600人にまで伸びたというのは、皆びっくりしました。

市川　第4期までで2万5,000人を超えましたものね。

【リアル・セッション】*

山辺　リアル・セッションは様々な世代の方が参加されましたが、世代ごとの違いを何か感じましたか。

吉野　大学院生は、気持ちは熱いものを持っていても、あまり表面上には見えなくて、その上の世代の若手の教員の方の熱心さが伝わってきたような気がしました。

市川　受講者の比率として一番多いのは40代だったはずです。応募された方々も、教員歴が15年以上という人が多かったです。リアル・セッションについては、私は第2期、第3期、第4期の3回をやってきましたが、受講者の熱意がすごいです。だれもサボろうと思ってない。どれだけ事前課題を与えられても、予想を超えるものをつくろうと努力する。睡眠時間を削れと先生方がにこやかにいっても、それに懸命に応える。そこが普通のイベントやワークショップとは違うなと思いました。

山辺　セレクションがとても厳しかったじゃないですか。何千人も受講していて、そのなかで10%くらいが修了して、更にそのなかからたった20人だけがリアル・セッションに参加できる。しかも、重いレポート課題をクリアしないと応募できない。そのプロセスを辿ってこられたからこそ、熱意のある人だけが残るのか、それとも、そのプロセスがあるからこそ、余計燃えてくるのかはわかりませんが。

吉野　はじめからリアル・セッションに来るつもりでオンラインを受けていたという人もかなり

＊オンライン講座修了者に対して、20名の定員で3日間にわたり開催された対面講座。「ここだからできること、ここでしかできないこと」をモットーに、オンライン講座で学んだ知識の深化や活用を目的とした。

山辺　そうなるともう、オンラインも手を抜けないで8週間やってきている、ということですね。

市川　リアル・セッションについては、やる気がみなぎっている受講者ばかりなので、裏方の私たちが引っ張られる感じでした。それに負けないように、第3期、第4期と重ねるごとに、こちらもレベルアップしないといけないと思ったり、準備もできるだけ早く始めたりとか、そういったことで追いつこうと必死でした。でも最後まで熱意にはちょっと置いてけぼりでした（笑）。

吉野　配布するファイルも一人何センチもあるぐらいの分厚さでしたね。その準備だけじゃなく、お弁当やおやつの準備にも気を遣いました。3日間缶詰状態にさせるのだから、お弁当の時間で参加者を癒さなければいけないという使命感もありました（笑）。

【ディスカッションボードとコミュニティ】

山辺　オンライン講座でのディスカッションボードの運営も初めてだったので少し大変でした。私が担当した第1期では、講座内容とは関係なく自分の教育論のようなことをひたすら書く人が出てきたりして、若干荒れました（笑）。

市川　最初はそんなことがあったのですか。受講者側のメディアリテラシーも期を追うごとに高まっていったと思います。大学院生や教育歴が浅い先生方も、もっと書き込んで質問しやすい雰囲気を、運営側でつくれたら良かったというのが反省点としてあります。

吉野　講師からの毎週のメールで、日々のディスカッションボードの言葉を拾っていましたね。

山辺　例えば、「Week ○が公開されます」というメールを毎週、全員に流すのですが、そこでハンドルネームを挙げて、講師が「この人の先週の発言が面白かった」ということをメール本文に書くのです。それが、受講者のモチベーションにつながっていたそうです。

市川　ディスカッションボードでは、講師が講座の内容についての質問に答えてしまうと、もうそれで完了だととらえられて、そこからまったくディスカッションが発展しない可能性を心配しました。そうなってしまうともったいないので、なるべく講師が出ないようにルール化しました。受講者からは「講師ともっと話がしたかった」という感想が受講後のアンケートに毎回出てきて、すれ違っているのが残念という気持ちはありました。

山辺　最初広報の段階からコミュニティをつくろうって話していたのです。でもまさかオンラインでここまでのつながりができるとは思っていませんでした。リアル・セッションまで来てはじめてコミュニティと呼べるものになると思っていました。

市川　オンライン講座だとface to faceではないので、どうしてもつながりが弱くなってしまいがちです。それでコミュニティ感覚は築きにくいものだと思います。それなのに、オンライン講座でインタラクティブを謳うのって、「え？」みたいなことになりませんでしたか。

山辺　企画段階ではスタッフ自身がまずたくさんMOOCを受講しました。そのなかには自分も熱中して受けられるようなMOOCはあって、なぜその講座は熱中できたのかを考えながら、その仕掛けを参考にしました。そこまでやればインタラクティブになると感じましたが、一方で講座を配信するMOOCのプラットフォームごとに異なる制約もあって、私たちの講座では真似できない仕掛けもありました。それで、講師と受講者との直接的なインタ

ラクションは少なくても、大学院生を入れて映像のなかではインタラクティブにやっている姿を見せよう、ということになって、大学院生が8人入る形式になりました。

【キャッチコピーについて】

市川　「聞くだけの授業は終わりにしよう」のキャッチコピーについては、受講後のアンケートでも「インパクトがあった」「自分もこういう思いがあったから受けた」と書かれている方が多かったです。どのような経緯でこのキャッチコピーをつくられたのですか。

山辺　結構とんがって考えていました。「聞くだけの授業は終わりにしよう」の前段階は、「身にならない授業は終わりにしよう」でした。そこから、どういう授業は身にならないのかと考えて、「聞くだけの授業は終わりにしよう」に言い換えました。でも「これはとんがり過ぎだ」ということになって、「これから教える、今教えている『学びの場』を変えたい全ての人へ」をメインにして、これはサブキャッチコピーという形で表に出しました。ただ、デザイナーの方にコースカードやMOOCの講座のバナーをデザインしてもらうときに、やっぱり「聞くだけの授業は終わりにしよう」の方が、印象に残りやすいよねという意見が出て、サブコピーであるこっちがやや前面に出る形になりました。結果的に参加者からも好評だったのは嬉しい驚きでした。過激だと感じた人もいたかもしれませんが、マスコットキャラクターの「イタルくん」（Interactive TeachingとActive Learningの頭文字をとって命名されたオンライン講座のキャラクター）がかわいかったから、中和されたのかもしれません（笑）。

【終わりに】

山辺　この書籍をどういう風に活用して欲しいですか。

市川　書籍自体の構成が、ナレッジ中心なので、ワークもふんだんに入っていますよね。そのワークに取り組むとともに、じゃあ自分の専門で同じようにワークをするとしたら、どういう課題が考えられるだろうかとか、問いについてもっと考えてみないといけないとか、そういうところに立ち返っていただくきっかけになればと思います。

小原　この本を使って議論を盛り上げていってもらいたいです。

吉野　私は、とにかくボロボロになるまで使って欲しいと思います。

小原　そして2冊目も買ってね、って（笑）。

山辺　内容が古くなる本ではないと思うので、長く本棚に置いて欲しいですね。

市川　このプロジェクトに関わって良かったことは何ですか。

小原　本当に大学の大きな教育改革の渦中にある課題に取り組むわけで、若手教員として知っておくべきことを、プロジェクトに関わる様々な立場の方たちとの出会いを通じて学べたことは良かったです。

市川　何かイベントや講座をつくる人に役立つ話があれば教えてください。

小原　やってみないとわからない。

市川　それは正しいかもしれない（笑）。

小原　期日までに準備を終えるためには、どういうトラブルが発生し得るのか見通しも含めて立て

おくことが大切だと感じました。

市川　プロジェクトマネジメント業務をやっていると、いつまでに何をやらなければいけないかを把握して、そのためにはここでスタートしなければいけないという細分化と逆算の視点が養われますよね。

山辺　ただ一方で、本当の一番コアのターゲットに届いたかというと、実はちょっと疑念があって。大学院生ってどこにいるのでしょうか。

市川　本当に。大学の先生になりたい大学院生に向けて最初はつくったはずだったのに、ふたを開けてみると、会社員の人が多かったりとか、大学の現職の先生方が多かったり、高校の先生方が非常に多く受けてくださったり。狙いとはだいぶ違うところで広がったのはありがたかったのですが……。大学院生は本当の忙しさをまだ知らないから、今の状態が過去最高に忙しくて、そんな先までは考えられない、とりあえず論文を書かないとね、ということなのかと感じました。

山辺　あと、大学院生は普段から授業やゼミを受ける機会があるので、MOOCを自主的に受講してまで更に学ぼうとは思わないのかもしれないですね。その点、大人の方が学びに飢えているのかも……。

市川　では最後に、この講座に関わるなかで感じたことを、一言でお願いします。

山辺　さっきの「聞くだけの授業は終わりにしよう」のキャッチコピーが意外に受け入れられたということを受けて、「とんがっても大丈夫」です。教育に関わっている人たちのなかには、意外に同じ思いの人たちがいて、根っこの思いは割に共感が得られるのだなと思いました。

市川　私がこの講座で関わるなかで感じたことを一言でいうならば、「学び続ける教員」かな。教育の世界は広いので、正直いって先生方も玉石混淆なのかなと思っていました。でも、この講座を通して教育の世界を見てみると、実は同じような問題意識を持っていて、それをどうにかしたいと頑張っていらっしゃる先生方がたくさんいることがわかったのが自分自身の収穫だったと思います。

吉野　精神論的な感じですが、「気持ちは通じる」です。私は事務として関わりましたが、こちらがいい加減にやってしまえば参加者に伝わってしまう。逆に一生懸命やれば、満足度が違ってくると強く感じました。

小原　「踏み出せば見えてくる」かな。第1期の立ち上げのときは、「撮影って何？」「MOOCって何？」「プロジェクトマネジメントって何？」というように「？」がいっぱい浮かぶなかで始めたのですが、とにかく走り始めて、やっているなかで見えてくることがたくさんありました。踏み出せば結構わかることができてきて、その積み重ねでいろんなことが見えるようになったりできたりするから、「踏み出せば見えてくる」です。

市川　ありがとうございます。裏方だけで集まって振り返れたのがとても良かったと思います。本当にお忙しいなか、皆さんありがとうございました。

一同　ありがとうございました。

執筆者一覧

栗田佳代子	東京大学大学総合教育研究センター准教授　（編者　第1章，第9章）	
野吾教行	学校法人河合塾教育イノベーション本部教育研究部（第1章 1-2）	
市川桂	東京農工大学大学教育センター特任助教（第2章、座談会）	
川瀬和也	宮崎公立大学人文学部国際文化学科助教（第3章）	
中村長史	東京大学大学総合教育研究センター特任研究員（第4章）	
佐藤浩章	大阪大学全学教育推進機構教育学習支援部准教授（第5章）	
重松尚	東京大学大学院総合文化研究科博士課程（第5章　図2）	
川原一晃	東京大学大学院新領域創成科学研究科博士課程（第5章　図3）	
正岡美麻	東京大学大学院総合文化研究科博士課程（第5章　図4）	
天沢逸里	東京大学大学院新領域創成科学研究科博士課程（第5章　図5）	
上岡雄太郎	東京大学大学院理学系研究科博士課程（第5章　図6）	
小原優貴	東京大学大学院総合文化研究科・教養学部附属教養教育高度化機構アクティブラーニング部門特任准教授（第6章、座談会）	
山辺恵理子	東京大学大学総合教育研究センター特任研究員（第7章、座談会）	
吉田塁	東京大学大学院総合文化研究科・教養学部附属教養教育高度化機構アクティブラーニング部門特任助教（第8章）	
藤田将範	音楽座ミュージカル　俳優／プロデューサー（第9章）	
渡辺修也	音楽座ミュージカル　俳優／プロデューサー（第9章）	
中原淳	東京大学大学総合教育研究センター准教授（第10章編者）	
平岡秀一	東京大学大学院総合文化研究科教授（第10章 10-1）	
山内祐平	東京大学大学院情報学環教授（第10章 10-2）	
入江直樹	東京大学大学院理学系研究科准教授（第10章 10-3）	
本田由紀	東京大学大学院教育学研究科教授／日本学術会議連携会員（第10章 10-4）	
浅田孝紀	東京学芸大学附属高等学校教諭（第10章 10-5）	
斎藤兆史	東京大学大学院教育学研究科教授（第10章 10-6）	
髙木晴夫	法政大学経営大学院イノベーション・マネジメント研究科教授／慶應義塾大学名誉教授（第10章 10-7）	
渋谷まさと	女子栄養大学短期大学部教授（第10章 10-8）	
ヘルマン・ゴチェフスキ	東京大学大学院総合文化研究科教授（第10章 10-9）	
苅谷剛彦	オックスフォード大学社会学科教授／同大学ニッサン現代日本研究所教授（第10章 10-10）	
三宅なほみ	元・東京大学大学総合教育研究センター教授／大学発教育支援コンソーシアム推進機構副機構長（第10章 10-11）	
上田信行	同志社女子大学現代社会学部現代こども学科特別任用教授（第10章 10-12）	
山邉昭則	東京大学大学院総合文化研究科教養学部附属教養教育高度化機構講師（第10章 10-13）	
加藤雅則	株式会社アクション・デザイン代表（第10章 10-14）	
吉見俊哉	東京大学大学院情報学環教授／副学長（第10章 10-15）	
吉野絵美子	学校法人河合塾教育イノベーション本部教育研究部／東京大学大学総合教育研究センター共同研究員（座談会）	

おわりに

　本書で学んでいただきありがとうございました。
　ただ、本書でふれることができたのは、教育者として在るための知識や技術としてはほんの一部にすぎません。さらに言えば、「知っている」だけでは不十分です。新しく学んだことを日ごろの教育活動にとりいれ、うまくいったかどうかを真摯に振り返り、失敗を糧にして改善するというサイクルを続けることによって、初めてここでの「学び」が活きてきます。目の前にいる学習者の誰よりも、もっとも「学び続ける者」であることが教育者としての重要な姿勢であるといえるのではないでしょうか。本書が、学び続ける第一歩となり、この先本書を越えて新たに知りたいこと、学びたいことをご自身で見いだし、探究を続けていかれることを願っております。
　ところで、オンライン講座の修了者から「この講座からもっとも学んだことの一つは、先生が学習者を尊重する姿勢です」と言われたことがあります。大変嬉しいお言葉なのですが、正確なところをいえば、尊重しようと意識しているわけではなく、「尊重しない」という選択肢がないのです。教える立場にあっても実際には学ぶことがむしろ多く、学問を前にすれば、学習者に対して数歩先じているにすぎないというのが正直なところです。もちろん「教える立場」にある以上、周到な準備をして授業を行うことを心がけていますが、それは「数歩先じている責任」を果たしているにすぎず、その学問を学ぶ者の一人であるという意識が常にあります。
　学習者の学びを促すということにおいて、文字通り「インタラクション」（双方向性）をいくらデザインしたとしても、それが実質的に機能するためには、学習者と教授者、そして、学習者相互の尊重しあう関係性が決定的に重要です。私の授業では、相互のフィードバックを行う前に必ず確認するルールがあります。これは「３Ｋ」と称しますが、「敬意をもって、忌憚なく、建設的に」を意味します。これを全員が理解し実行できてはじめて、多様な方法がアクティブラーニングを促します。本書では、この点は、第３章のモチベーションに関する節でとりあげた「協調的な環境」が近い内容になりますが、それほど明示的にはなっていません。この点、最後に補足させていただきます。

　本書の出版にあたっては様々な方にお世話になりました。まず、出版に向けて導いていただいたのは一般財団法人日本教育研究イノベーションセンターの山本康二さん、高井靖雄さん、学校法人河合塾の野吾教行さん、中條恵理奈さんです。書籍化にあたり、構成に関して様々なアイデアをいただきました。ありがとうございました。そして、株式会社河合出版には、本書の出版をご決断いただき、全体のデザイン・編集・校閲を迅速かつ丁寧に進めていただきました。心より感謝申し上げます。日本語の校閲は、小川幸江さんにもお世話になりました。また、株式会社日新印刷の方々にも過密なスケジュールをご対応いただきました。ありがとうございました。また、素敵な装丁とデザインを施してくださいました INABA STUDIO にもあわせて感謝申し上げます。
　そして、「インタラクティブ・ティーチング」の書籍化という点では、何よりオンライン講座を受講いただいた方々からの声に大きく後押しをされました。オンライン講座の修了時や閉講時には

多くの方より「書籍はでないのですか」というメッセージをいただきました。こうした声に励まされ、オンライン講座に登場した全講師および大学院生役の出演者、運営側のスタッフの手により本書が完成しました。執筆者一同、非常に貴重な機会をいただきました。ありがとうございました。編者より執筆者を代表して感謝申し上げます。

　最後になりましたが、本書が、「聞くだけの授業」を一掃し、学習者が活き活きと学び合い、日本の教育がより良くなっていくことの一助になれば幸いです。

栗田佳代子